1228

Imputação Objetiva

**Lavagem de dinheiro e
outros temas de Direito Penal**

C157i   Callegari, André Luís
Imputação objetiva: lavagem de dinheiro e outros temas
de Direito Penal / André Luís Callegari. 2. ed. rev. ampl. –
Porto Alegre: Livraria do Advogado Editora, 2004.
204 p.; 16x23 cm.

ISBN 85-7348-325-3

1. Responsabilidade penal. 2. Lavagem de dinheiro.
3. Crime. I. Título.

CDU   343.2
343.222
343.232

Índices para o catálogo sistemático:

Responsabilidade penal
Crime
Lavagem de dinheiro

(Bibliotecária responsável: Marta Roberto, CRB-10/652)

André Luís Callegari

Imputação Objetiva

Lavagem de dinheiro e outros temas de Direito Penal

Segunda edição
revista e ampliada

livraria
DO ADVOGADO
editora

Porto Alegre 2004

© André Luís Callegari, 2004

Capa, projeto gráfico e diagramação de
Livraria do Advogado Editora

Revisão de
Rosane Marques Borba

Direitos desta edição reservados por
Livraria do Advogado Editora Ltda.
Rua Riachuelo, 1338
90010-273 Porto Alegre RS
Fone/fax: 0800-51-7522
livraria@doadvogado.com.br
www.doadvogado.com.br

Impresso no Brasil / Printed in Brazil

Aos meus pais,
Nelson e Vera,
pela inesgotável
dedicação.

Prefácio à segunda edição

O autor já não requer aquela apresentação que se faz necessária aos que esboçam os primeiros passos na árdua, mas realizadora arte de bem escrever. André Luís Callegari já é nome reconhecido em todo o território nacional, para orgulho de seus pais Nelson e Vera, seja como um brilhante e bem-sucedido advogado criminal, quanto como exímio jurista e excelente professor. Os últimos casos criminais rumorosos ocorridos no Rio Grande do Sul, inclusive envolvendo sujeitos de outros Estados e países, estão a cargo do Escritório Callegari. As avaliações feitas pelos alunos da Escola Superior da Magistratura do Rio Grande do Sul e das universidades onde ministra seus cursos falam por si só. Também há que se fazer referência ao sucesso obtido na aprovação, junto à CAPES, do Projeto de Mestrado em Direitos Fundamentais, que está sendo ministrado na Universidade Luterana do Brasil, na cidade de Canoas-RS, tendo Callegari como coordenador.

A competência de Callegari ultrapassa as fronteiras do Brasil, alastra-se pelo continente e atinge solo europeu, como se pode observar nos últimos artigos publicados, na tradução de sua tese de doutorado – lavagem de dinheiro –, ao idioma espanhol, e na participação em projeto de pesquisa na *Universidad Autónoma de Madrid*.

Atualmente, falar em imputação objetiva no Direito Penal é fazer referência obrigatória ao nome de André Luís Callegari, profundo conhecedor deste novo paradigma jurídico e tradutor da obra de *Jakobs*. Foi Callegari quem trouxe ao Brasil e ao Rio Grande do Sul Günther Jakobs, um dos mais renomados juristas europeus, em memorável seminário de vários dias, realizado nas dependências da Universidade Federal.

A segunda edição da obra de André Luís Callegari chega às livrarias devido à grande aceitação que recebeu do mundo jurídico. Isso é inegável. A realidade dos fatos é a resposta. Tal fato ocorreu em face da vigorosa e competente análise que o autor outorgou tanto a temas clássicos do Direito Penal – concurso de pessoas e tentativa –, quanto a assuntos pouco ou quase nada explorados pela doutrina brasileira – imputação objetiva e lavagem de dinheiro.

Esta segunda edição vem ampliada com citações doutrinárias e jurisprudenciais, necessárias aos objetivos propostos pelo jurista – homem de seu tempo. O sucesso desta segunda edição é certo. Brevemente estaremos diante da terceira edição.

Impressiona, na obra de Callegari, a clareza, objetividade e profundidade da análise, desvinculada de compromissos com esta ou aquela corrente dogmática e/ou filosófica. Maneja, com honestidade e vigor científicos, a melhor doutrina estrangeira e nacional, compromissado unicamente com o estudo científico do direito e com sua aplicação na realidade quotidiana.

A norma não resulta unicamente de um texto legal, ou de diversos diplomas legais, mas da realidade cultural e social em que se insere. Tudo isso é a pedra bruta a ser lapidada pelos construtores do Direito. Caso o direito resultasse unicamente da interpretação de um texto legal, não necessitaríamos de Faculdades de Direito, de Magistrados, de Promotores e de advogados; bastaríamos formar leitores de leis. O objeto da interpretação vai além do texto produzido pelo legislador; é apenas o marco inicial. Outros textos vão se sucedendo no mesmo tempo e ao mesmo caso, inclusive o "texto social". Nesse processo, ganha relevância o jurista, sempre que comprometido com a realidade social, como o que está ocorrendo no mundo dos fatos – não que abstrações não sejam relevantes. Nessa perspectiva, Callegari se debruça sobre temas de importância jurídica e social, com o intuito de fornecer subsídios aos construtores do Direito, aos que extraem a norma dos textos legais e da realidade social. Não é um mero "repetidor de ciência", mas um construtor do pensamento jurídico criminal.

Após a leitura e meditação da obra de Callegari, os construtores da norma poderão lapidar a pedra bruta – caso, lei e realidade –, extraindo dela a melhor solução ao caso concreto.

Os leitores têm à disposição uma obra escrita com honestidade científica, séria e grande valor para a comunidade jurídica.

Nereu José Giacomolli
Doutor em Direito e Desembargador no TJRS
Professor no Programa de Pós-Graduação em Direito da Ulbra

Prefácio à primeira edição

Thomas Paine disse certa vez que "a juventude é um defeito que o tempo corrige com rapidez". Disse isso sem conhecer André Luís Callegari. Tivessem sido contemporâneos, e a frase não existiria, ou conteria a necessária ressalva ou teria Paine outra noção do que fosse a juventude.

O jovem penalista gaúcho, lapidado em Madrid, é dos raros talentos de uma nova geração que não fez concessões ao vil metal, ganho facilmente com a publicação de pobres e porcos manuais que outro serviço não têm feito senão aprofundar o fosso entre a ciência do direito penal e a cultura jurídica brasileira, alimentando vícios que estimulam a preguiça intelectual e deformando as perspectivas das funções e dos métodos do direito penal.

Estudioso, empreendeu-se na tarefa de uma delicada tradução da *imputação objetiva*, de Günther Jakobs, e saiu-se bem. Foi à Espanha e depositou na Universidad Autónoma de Madrid seu doutorado sobre *el blanqueo*, tema dos mais instigantes nos domínios do direito penal econômico.

É assíduo colaborador do fascículo penal da Revista dos Tribunais, publicação da qual sou coordenador editorial e foi justamente aí que conheci André Callegari. A qualidade de seus trabalhos apresentaram a mim credenciais que a amizade, desde então estabelecida, apenas serviu de referendo.

A escolha dos temas apresentados nesta seleção é de rara felicidade e revelam o ecletismo por onde transita a cultura jurídica do autor. Ao contrário de certos recentes descobridores nacionais da teoria da imputação objetiva, André Callegari foi dos primeiros a trazer o tema ao debate, e seu aprofundamento levou à tradução da obra de Jakobs, seguramente não lida ou não compreendida por vários dos que hoje se arvoram introdutores da teoria nos domínios nacionais.

Para a confecção de sua pesquisa de doutoramento na Espanha, escolheu o tema da lavagem de capitais e deteve-se em cuidadoso estudo da legislação brasileira, apresentando aspectos de inédita abordagem.

Um dos temas mais relevantes de toda a história do direito penal sempre foi o do concurso de pessoas, imortalizado na obra de Claus Roxin e da qual serviu-se e sorveu, sem plagiar ou resumir, o espírito da tese do penalista tedesco, transportando-a para limites compreensíveis ao nosso sistema de direito positivo.

Outro desses temas emblemáticos da parte geral de qualquer código penal é o da tentativa, que no trabalho de André Callegari ganha a aproximação da figura do crime impossível para explicar nosso sistema positivo de composição do problema.

Assim também se dá com diversas questões em torno da lei brasileira sobre os delitos de circulação, objeto de crítica constante e consistente de André Callegari em importantes estudos sobre o dolo eventual e a culpa consciente; o teste de alcoolemia; os delitos de perigo concreto e abstrato.

Com vários desses temas, não apenas expõe a nu o ridículo de uma legislação de trânsito literalmente extravagante e bizarra, como ainda desfila com elegância acadêmica ímpar temas de reflexão indispensável na análise da parte geral do Código Penal. É o que se dá também com o estudo sobre o princípio da confiança, um dos elos mais importantes entre seus estudos e a explicação para a teoria da imputação objetiva.

Comungamos de não poucas preferências temáticas (a análise da lei de trânsito é apenas uma delas). O estudo do princípio da intervenção mínima, que de certa forma apresenta-se discutido em quatro de meus trabalhos, é também apresentado por André Callegari com reflexões as mais importantes.

Mas apresentar seus trabalhos não é o bastante para um prefácio e isso a leitura das pérolas recolhidas nesta antologia poderá certificar.

Importa-me, mais, como amigo que me tornei pela admiração intelectual e ética com as posturas perante o direito penal assumidas, apresentar aos que apreciarem saber não apenas sobre o livro mas sobre o autor alguns traços de seu perfil.

André Callegari é dos mais talentosos advogados criminais que conheci. Nunca emprestou sua ciência à vilania, que só faz desmerecer e desacreditar a justiça criminal, e nem fez concessões profissionais ao ideal de liberdade que sempre o movimentou.

Professor dos mais brilhantes é admirado por seus alunos na UNISINOS, das mais respeitáveis e tradicionais Universidades brasileiras, cuja honra de integrar o corpo docente não é atribuída sem mérito. De suas virtudes como professor, a mais invejável é a capacidade de despertar em seus alunos o desejo do aprofundamento nos temas, com mergulhos em farta bibliografia sempre criteriosamente indicada e que no futuro imediato estará reabastecida com esta obra.

Agitador cultural do direito penal no Rio Grande do Sul com a organização rotineira de eventos sobre temas sempre atuais das ciências criminais, tornou-se uma das referências básicas de todos aqueles que organizam simpósios e conferências para convidar como expositor por sua elegância, brilho, simpatia e inteligência. Nessa condição, foi trazido recentemente para o Seminário Internacional do Instituto Brasileiro de Ciências Criminais em outubro de 2000.

Mauricio Antonio Ribeiro Lopes
Professor Livre-Docente da Faculdade de
Direito da Universidade de São Paulo

Sumário

Nota à segunda edição 17

Apresentação 19

1. Estudo introdutório
A teoria da imputação objetiva com base na doutrina de Günther Jakobs 21
  1.1. Primeiro nível: imputação objetiva do comportamento
    (atribuições de papéis) 22
  1.2. Segundo nível: realização do risco no resultado 30

2. A imputação objetiva no Direito Penal 31
  2.1. Introdução 31
  2.2. Criação de um risco não permitido 37
  2.2.1. Risco permitido 37
  2.2.2. Exclusão da imputação no caso da diminuição de risco 38
  2.2.3. A exclusão da imputação se falta a criação do perigo 39
  2.2.4. O princípio da confiança 40
  2.2.5. A proibição de regresso 41
  2.3. A realização do risco não permitido 43
  2.3.1. A exclusão da imputação se falta a realização do perigo 43
  2.3.2. A exclusão da imputação se falta a realização do risco não permitido 44
  2.3.3. A exclusão da imputação em caso de resultados que não estão cobertos
    pelo fim de proteção da norma de cuidado 46
  2.3.4. Conduta alternativa conforme ao Direito e teoria do incremento
    do risco 48

3. Problemas pontuais da Lei de Lavagem de Dinheiro 55
  3.1. Introdução 55
  3.2. Fases ou técnicas de lavagem de dinheiro 56
  3.2.1. A primeira fase consiste na ocultação 57
  3.2.2. A segunda fase denomina-se mascaramento 58
  3.2.3. Por fim, a última fase denomina-se integração 58
  3.3. Problemas específicos da lei brasileira 59
  3.3.1. O crime antecedente na lei de lavagem 59
  3.3.2. O problema da prova do crime antecedente 62

3.3.3. Indícios suficientes da existência do crime para o oferecimento da denúncia (art. 2º, § 1º, da Lei 9.613/98) 65

3.3.4. Crimes antecedentes previstos na Lei de Lavagem e cometidos no estrangeiro 67

3.4. Participação no delito prévio e no delito de lavagem 72

4. O concurso de pessoas – teorias e reflexos no Código Penal 77

4.1. Introdução 77

4.2. Autoria. Teorias e conceito de autor 77

4.2.1. Conceito restritivo de autor 78

4.2.2. Teoria objetivo-formal 79

4.2.3. Teoria objetivo-material 79

4.2.4. Conceito extensivo de autor e a teoria subjetiva da participação . . . 79

4.2.5. Teoria do domínio do fato ou objetivo-subjetiva 80

4.3. Co-autoria 82

4.3.1. Teoria do domínio do fato na co-autoria e abrangência maior de condutas 83

4.3.1.1. O organizador 84

4.3.1.2. O que subjuga a vítima 85

4.3.1.3. O motorista 85

4.4. Autoria mediata 86

4.5. Participação e teorias 89

4.5.1. Teoria da acessoriedade máxima 89

4.5.2. Teoria da acessoriedade mínima 90

4.5.3. Teoria da acessoriedade limitada 90

4.5.3.1. Espécies de participação 91

4.5.3.2. Instigação 91

4.5.3.3. Cumplicidade ou auxílio 92

4.6. Autoria, participação e delito culposo 93

4.7. Autoria e participação nos delitos omissivos 94

4.7.1. Autoria colateral 96

4.8. Teorias 97

4.8.1. Monística ou unitária 97

4.8.2. Dualística 98

4.8.3. Pluralística 98

4.9. Requisitos do concurso de pessoas 99

4.9.1. Pluralidade de condutas 99

4.9.2. Relevância causal das condutas 99

4.9.3. Liame subjetivo ou vínculo psicológico entre os participantes 100

4.9.4. Identidade de infração 100

4.10. Cooperação dolosamente distinta 101

4.11. Participação de menor importância 102

4.12. Participação impunível 102

4.13. Circunstâncias incomunicáveis – art. 30, CP 103

4.13.1. Circunstâncias objetivas 103

4.13.2. Circunstâncias subjetivas 104

4.13.3. Circunstâncias comunicáveis – elementares do crime 104

4.14. Participação e arrependimento 105

4.15. Autoria e participação nos delitos especiais - a comunicabilidade das circunstâncias elementares do art. 30 do Código Penal 106

4.15.1. Colocação do problema 106

4.15.2. Delitos especiais próprios e impróprios 107

4.15.3. Delitos especiais como delitos de infração de dever. Classificação de Roxin 108

4.15.4. A co-autoria nos delitos de infração de dever 110

4.15.5. Autoria mediata nos delitos de infração de dever 114

4.15.5.1. Utilização de um instrumento não-qualificado que obra dolosamente 114

4.16. Homicídio e lesões culposas do Código de Trânsito como delitos de mão própria 117

4.17. Conclusão 124

5. A tentativa e o crime impossível no Código Penal brasileiro 125

5.1. O *iter criminis*, ou também denominado caminho do crime 125

5.2. Teorias sobre o início da execução. Considerações 128

5.2.1. Teoria formal objetiva 128

5.2.2. Teoria objetivo-material 128

5.2.3. Teoria objetivo-subjetiva 128

5.3. Teorias sobre a punibilidade da tentativa 130

5.3.1. Teoria objetiva 130

5.3.2. Teoria subjetiva 131

5.3.3. Teoria subjetivo-objetiva ou teoria da impressão 131

5.4. Elementos da tentativa 132

5.5. Tentativa imperfeita ou inacabada e tentativa acabada, perfeita ou crime falho 133

5.5.1. Tentativa inacabada ou imperfeita 133

5.5.2. Tentativa acabada, perfeita ou crime falho 133

5.6. Considerações sobre alguns crimes que não admitem tentativa 134

5.6.1. Crimes culposos 134

5.6.2. Crimes preterdolosos 135

5.6.3. Crimes unissubsistentes 136

5.6.4. Crimes omissivos puros 136

5.6.5. Tentativa no crime complexo. Roubo próprio e impróprio 137

5.7. O crime impossível no Código Penal brasileiro – art. 17 139

5.7.1. Teorias 144

6. Desistência voluntária e arrependimento eficaz – art. 15, CP 147

6.1. Introdução 147

6.2. Desistência voluntária 148

6.3. Voluntariedade da desistência 149

6.4. Conseqüências da desistência voluntária 150

6.5. Arrependimento eficaz 150

6.6. Conseqüências do arrependimento eficaz 151

6.7. Os institutos em estudo são hipóteses de atipicidade ou causas inominadas de extinção de punibilidade? 151

6.8. Pontos em comum e diferenças entre tentativa, desistência e arrependimento eficaz 153

7. Arrependimento posterior – art. 16, CP 155

7.1. Requisitos 155

8. Dolo eventual, culpa consciente e acidentes de trânsito 157

9. O Princípio da confiança no Direito Penal 169

10. A inconstitucionalidade do teste de alcoolemia no Código de Trânsito brasileiro 173

11. Delitos de perigo concreto no Código de Trânsito brasileiro 181

12. Delitos de perigo concreto e delitos de perigo abstrato - algumas considerações sobre a contravenção prevista no art. 34 185

13. O princípio da intervenção mínima no Direito Penal 191

Bibliografia 199

Nota à segunda edição

A nova edição sofreu algumas modificações, acrescentando-se um pequeno estudo intrudutório à teoria da imputação objetiva na linha de pensamento de Jakobs, pois este autor é, sem dúvida, um marco de uma nova realidade jurídica. Além disso, algumas correções e acréscimos também foram feitos nos capítulos do concurso de pessoas e da tentativa, temas estes sempre controvertidos e de interesse geral.

A obra também ganhou uma continuidade de idéias, pois inserimos um capítulo sobre a desistência voluntária, arrependimento eficaz e arrependimento posterior, completando o ponto que lecionamos há anos na Escola Superior da Magistratura.

Assim, fruto de discussão com colegas e alunos, a nova edição está amadurecida em alguns temas, pronta jamais, pois a pesquisa continua em andamento.

Aos meus colaboradores que sempre estiveram comigo, bel. Santiago Medeiros, acadêmicas Lúcia Kalil e Mariana Balestro, agradeço-lhes a dedicação.

Ao colega e fiel amigo de sempre, prof. Pedro Krebs, pela troca constante de idéias.

A Cristina Motta, pela compreensão, carinho e ajuda em tudo que faço.

Por fim, cabe o agradecimento ao espírtio emprendedor da Livraria do Advogado e ao Walter pela aposta neste trabalho, hoje já coroado de sucesso.

Outono de 2004.

O Autor

Apresentação

Há muito vínhamos pensando sobre a idéia de publicar um livro, principalmente pela carência de maiores explicações sobre determinados temas de Direito Penal.

Notamos isso com a experiência do magistério e os constantes pedidos de alunos sobre uma bibliografia mais profunda sobre determinados temas, considerados fundamentais na teoria geral do delito.

A importância da teoria do delito é que ela não estuda os elementos de cada tipo contido na Parte Especial, senão, os componentes do delito que são comuns a todos os fatos puníveis. Trata-se, particularmente, das categorias da tipicidade, ilicitude e culpabilidade, que se dividem em sua vez em numerosos subconceitos, como elementos subjetivos e objetivos do tipo, pressupostos objetivos e subjetivos das causas de justificação e elementos positivos e negativos da culpabilidade. Por isso, interessa a questão sobre quais condições é possível imputar ao autor um determinado delito.

Nesse pequeno estudo, buscamos, além de outros, dois temas que até hoje não possuem acordo na doutrina: o concurso de pessoas e a tentativa. Fundamentais para a resolução dos fatos ocorridos em sede de Direito Penal. Além disso, trouxemos uma exposição sobre a teoria da Imputação Objetiva, que cada vez mais ganha espaço na Europa e começa a ser introduzida no Brasil. Por fim, não poderíamos deixar de analisar a lei de Lavagem de Dinheiro, já que o tema se reveste de grande atualidade em nosso país, o que nos levou a fazer um estudo da problemática trazida pelo legislador no controle desse tipo de criminalidade.

Assim, o livro dá uma idéia de uma parte dos problemas gerais que mais atormentam os operadores do direito e, se conseguirmos de alguma forma ajudar, já estaremos felizes.

Primavera de 2000.

O Autor

1. Estudo introdutório
A teoria da imputação objetiva com base na doutrina de Günther Jakobs

Inicialmente, cabe esclarecer ao leitor que há uma série de trabalhos publicados sobre a teoria da imputação objetiva, muitos deles como se a teoria fosse uma teoria da imputação do resultado. Em nossa primeira edição, como apenas queríamos dar uma idéia do que representava a teoria da imputação objetiva, não houve a preocupação de fazermos uma clara distinção em determinados pontos. Porém, agora com a reedição do livro, introduzimos um pequeno esboço da teoria com o aporte de Jakobs, mantendo-se, depois, o estudo anteriormente feito.

É claro que aqui apenas haverá noções introdutórias da teoria enunciada, ou seja, um pequeno resumo do que consiste a teoria e como ela está assentada, pois num trabalho conjunto com o professor Cancio Meliá poderá compreender-se, de forma mais abrangente, o significado e a importância da teoria.

Assim, a teoria da imputação objetiva trata de definir a conduta típica, mais além de elementos fático-naturais e de acidentes particulares da infração, normativamente como conduta com significado (objetivo) típico. Desde esta perspectiva, o peso essencial da teoria – aplicável a qualquer infração – estaria nos mecanismos dogmáticos da *imputação da conduta* como típica, passando os problemas de *imputação objetiva do resultado* a converter-se numa especialidade dos delitos de resultado. Vista assim, a teoria da imputação objetiva é a tradução dogmática na teoria do tipo das correntes jurídico-dogmáticas funcionais das últimas décadas.[1]

---

[1] CANCIO MELIÁ, Manuel; CALLEGARI, André Luís. *Aproximação à teoria da imputação objetiva*. Artigo inédito.

Uma vez assentados os pressupostos que antecedem, resulta possível chegar ao nível dogmático concreto, é dizer, oferecer uma ordenação do material destinado a ser aplicado na resolução de casos. Cabe afirmar, de acordo com o já exposto, que toda a teoria da imputação objetiva responde a duas raízes distintas: por um lado, trata-se de determinar se as características da conduta realizada pelo autor se correspondem com a previsão do delito. Por outro lado, nos delitos de resultado, trata-se de comprovar – uma vez verificado o caráter típico da conduta – se o resultado conectado causalmente a essa conduta pode conduzir-se normativamente a esta, é dizer, se também o resultado é típico. A estas duas raízes respondem os dois níveis de análises que a continuação examina-se: imputação objetiva do comportamento e imputação objetiva do resultado.[2]

1.1. PRIMEIRO NÍVEL: IMPUTAÇÃO OBJETIVA DO COMPORTAMENTO (ATRIBUIÇÃO DE PAPÉIS).

Separação de âmbitos vitais

Explicação preliminar: inicialmente, imputa-se o resultado àquele que o causou, ou seja, mesmo que seja para algo meritório ou para algo reprovável. Homicídio: pode ser em legítima defesa (meritório), ou reprovável, morte sem motivo. Diante deste fato, as correntes existentes questionariam, para imputar o resultado, o seguinte:[3]

Causalistas: causou a morte de modo adequado?

Finalistas: causou a morte dolosamente?

A teoria da imputação objetiva do comportamento interpreta o resultado posto em marcha por uma pessoa como um acontecer socialmente relevante ou irrelevante. Sem esta interpretação, o resultado causado não é nada mais do que um conglomerado naturalista, um curso causal sobredeterminado, que não adquire significado social algum.

De qualquer modo, esta morte foi *causada* por um círculo incalculável de autores, ainda que quem a tenha causado de modo adequado

---

[2] CANCIO MELIÁ, Manuel; CALLEGARI, André Luís, art. cit.

[3] JAKOBS, Günther. *A imputação objetiva no Direito Penal*. Tradução de André Luís Callegari. São Paulo: Revista dos Tribunais, 2000, p. 18.

ou dolosamente restrinja tal círculo. Portanto, a conduta (causação), ainda como conduta adequada ou dolosa, apresenta-se insuficiente para fundamentar, por si só, a imputação. A conduta (causação) unicamente afeta o aspecto cognitivo (percepção, conhecimento) do fato ocorrido, sem aportar orientação social alguma.[4] Isso porque não se tem, ainda, o significado da conduta de matar, ao menos o significado típico.

Exemplos: o projetista de automóveis faz o projeto conforme o padrão, nada mais lhe diz respeito; quem vende bebidas alcoólicas deve-se preocupar de não vendê-las aos menores, nada mais, etc. Assim, caso ocorra um acidente com o automóvel ou com a pessoa que ingere a bebida, nem o engenheiro nem o dono do bar serão responsáveis, ao menos em princípio.

Isso porque o delito não deve ser construído tão-somente com dados naturalistas: causalidade – dolo, o essencial é a violação de um papel.

A Imputação atribuída aos papéis (rol) que desempenha o cidadão na sociedade divide-se em quatro instituições jurídico-penais, que vão do mais genérico ao mais específico:

- Risco permitido;
- Princípio de confiança;
- Proibição de regresso;
- Capacidade (competência) da vítima.

Nos delitos de omissão – os limites dos papéis funcionam como limites da responsabilidade e divide-se em:

1) deveres institucionais: papel daqueles que participam das organizações constitutivas da sociedade (pai e mãe como garante dos filhos; Estado, como garante da segurança; determinados médicos, etc.).

2) deveres em virtude de organização: que pertencem ao papel daqueles que assumem a liberdade de organização (tráfego em geral).

Exemplos: o médico só é responsável pela cura da enfermidade do paciente; se este não segue o tratamento, o médico não responde pelo resultado.

---

[4] Idem, p. 18.

Imputação Objetiva

Estrutura da imputação

1) Risco permitido

Não é possível uma sociedade configurada sem riscos,[5] porque o risco é inerente à configuração social, portanto, este risco tolerado é vital para a existência da sociedade (risco permitido). Uma sociedade configurada sem riscos ficaria estagnada e não se desenvolveria, portanto, o risco é inerente à vida social e, num cálculo de custos e benefícios, pode-se verificar que as atividades arriscadas trazem benefícios à sociedade, ainda que se produzam determinadas lesões. Ex. tráfego viário, aéreo, determinadas atividades perigosas (usinas), etc.

De outro lado, existe o risco não permitido e, cria este risco, quem dirige embriagado ou em velocidade não permitida; quem vende armas a pessoas não habilitadas; quem manipula materiais perigosos sem observar as regras, etc. Portanto, deixa de estar permitido o que o Direito proíbe, penal ou administrativamente.

De acordo com isso, quando não há norma prevendo a atividade desenvolvida pelo sujeito, o que se toma como relevante é o padrão (*standard*) de comportamento. Claro que em alguns casos isto não estaria adequado a nossa legislação, porque, por exemplo, para Jakobs, dirigir embriagado causa um risco não permitido, o que, interpretado somente pela condução embriagado transforma o delito em delito de perigo abstrato e isso vai contra as disposições do Código de Trânsito brasileiro, onde se exige a prova do perigo concreto.

Porém, Jakobs propõe um sistema de compensações para verificação do risco permitido, ficando dentro desta esfera o que não está proibido pelo direito, ainda que em alguns casos a conduta seja realizada por uma pessoa pouco experiente.

Exemplo: motorista ligeiramente ébrio, ainda que experiente, realiza um comportamento não permitido. O principiante que se mantém dentro das regras, ainda que principiante, realiza um comportamento permitido.

Exemplo: dirigir sob neblina com gelo no asfalto constitui um grande risco (permitido), ainda que gere tal risco. Dirigir sob condições ideais, mas excedendo a velocidade em 10% do permitido constitui um risco não permitido, ainda que em condições ideais.

---

[5] Ibidem, p. 34 e ss.

Diante destas considerações, Jakobs propõe uma fórmula para que se possa imputar ao sujeito a realização de um risco não permitido:

1) Regras de comportamento – O caráter relativo do papel correspondente às regras de comportamento. Aqui se verificam as regras de comportamento em relação a determinados papéis (atribuições) que são desenvolvidas na vida social.

2) Juízo de comparação para que se possa imputar – Como se faz o juízo de comparação para que se possa imputar? Através da comparação com um *expert*?

3) Fórmula: toma-se o juízo do titular de um papel que pode realizar a conduta de modo socialmente adequado e com base nisso se faz a comparação.

Exemplo: mãe que veda com um pedaço de tecido o ferimento do filho atua ainda dentro do risco permitido, já o médico que faz a mesma coisa atua no marco do risco não permitido – falta de assepsia.

Portanto, a um único risco descrito de modo naturalista, podem corresponder várias permissões de riscos de acordo com os papéis distintos em que se possam administrar o risco de modo socialmente adequado. (A origem do risco permitido não está numa calculadora, mas na configuração da sociedade – Jakobs).

Exemplo: O médico que injeta soro fisiológico não pode praticar um homicídio, mas o leigo que lê na ampola que se trata de cloreto de sódio pode acreditar que a substância mata.

Conhecimentos especiais

De acordo com Jakobs, existem hipóteses em que o autor está em condições de prever um dano em virtude de suas faculdades especiais, enquanto o titular (sujeito) modelo do papel não pode fazê-lo.

Exemplo: engenheiro que aluga um carro e, graças aos seus conhecimentos especiais, descobre que logo os freios falharão. Apesar disso, devolve o carro, e o próximo cliente sofre um acidente. Não responde.

Exemplo: garçom estudante de biologia serve um prato com uma planta exótica e venenosa. Não responde pelo resultado, ainda que saiba que a planta mata.

Os conhecimentos especiais, em regra, não entram em jogo para a imputação. O que interessa é o papel que desempenha o sujeito no caso concreto. A idéia que se deve levar em consideração é a de que as expectativas relativas a um comportamento que também um leigo pode desenvolver de modo socialmente adequado se determinam com base no arsenal das capacidades próprias desse referido leigo, portanto, nos exemplos supra, exclui-se a responsabilidade. Isso porque ninguém espera de quem aluga um automóvel que tenha especial conhecimento em matéria técnica, como do mesmo modo ninguém conta com que um garçom tenha profundos conhecimentos de biologia.

Combinação de conhecimento e papel

Nos casos de conhecimento e papel, o autor é responsável porque os conhecimentos especiais integram o papel que desempenha o autor. Por isso, deve-se determinar quando se vinculam conhecimentos e papel, e a solução é a competência por organização e competência institucional, que permite verificar quando o autor realiza algum tipo.

1) *Competência por organização* – o autor é garante no sentido de assegurar que em seu âmbito de organização se respeitem os padrões habituais de segurança.

Exemplo: o motorista é garante no tráfego viário e responde pela segurança de seu automóvel, o proprietário pelas telhas da casa. Nestes casos, qualquer conhecimento – independentemente do modo como foi adquirido – de que não estão sendo respeitados os padrões, obriga a explicar uma atividade no seio do papel, ou seja, o sujeito deve restabelecer a situação padrão (normal).

Por que no caso do engenheiro (exemplo anterior) não tem importância o conhecimento especial? Porque ele se encontra no papel de arrendatário. É claro que a situação se modifica quando o proprietário do automóvel sabe que os freios não estão em condições usuais, pois aqui há uma competência por organização, é dizer, o papel do proprietário é o de manter-se dentro dos padrões de segurança exigíveis para a circulação de veículos automotores.

2) Competência institucional. Esta competência decorre de um vínculo institucional, ou seja, de uma determinada posição de garantia em que o sujeito se vê obrigado a garantir determinadas situações do favorecido. Aqui se inclui todo o conhecimento que o garante tenha, ou seja, este não pode deixar de lado alguns conhecimentos especiais adquiridos (exemplo: pais em relação aos filhos, médicos quando estão em serviço, etc.). Nestes casos, os conhecimentos especiais entram em jogo e devem ser postos em marcha quando o papel correspondente assim o exigir.

2) Princípio de confiança

O princípio de confiança, que também se insere dentro do risco permitido, porque se trata de determinar quando existe a obrigação de levar em conta as decisões de outros sujeitos que também intervêm na referida atividade e quando se pode confiar licitamente na responsabilidade desses sujeitos. É claro que nesses casos também existe um risco permitido, ou seja, inicialmente tolerado, como as intervenções médico-cirúrgicas, o trânsito, operações em plantas industriais, o tráfico aéreo, etc. Nesse contexto, pode-se confiar que a atuação em conjunto, é dizer, daquele que também reparte o trabalho, ou está obrigado a respeitar determinadas regras, será lícita, porque se não fosse assim o risco já inicialmente gerado deixaria de estar permitido.

Como o princípio de confiança é tratado em capítulo separado neste livro, remetemos o leitor às explicações tratadas no apartado específico, apenas ficando aqui uma breve noção para que não se percam as bases da edificação de Jakobs.

3) Proibição de regresso

A proibição de regresso pretende limitar a participação criminal,[6] ou, enquadrá-la dentro da teoria da imputação objetiva. Inicialmente, com a necessidade de limitar o âmbito do comportamento punível, no que diz respeito aos comportamentos dolosos e também culposos, com base em critérios objetivo-normativos. Esse critério obedece a uma conhecida frase de Jakobs que diz: "nem tudo é assunto de todos".[7]

Assim, a teoria pode ser considerada como o reverso da participação criminal, configurando-se num limite da responsabilidade criminal. A proibição de regresso diz respeito àqueles casos em que um comportamento que favorece a prática de um delito por parte de outro sujeito não pertence, em seu significado objetivo, a esse delito, podendo ser afastado dele.

Para que se explique melhor, a proibição de regresso limita a responsabilidade quando o sujeito que intervém facilitando o comportamento delitivo não tem de aceitar como algo comum o delito cometido.

---

[6] Ver sobre o tema, JAKOBS, Günther. *Fundamentos do Direito Penal*. Tradução de André Luís Callegari. São Paulo: Revista dos Tribunais, 2004, p. 72 e ss; JAKOBS, Günther. *A imputação objetiva no Direito penal*, p. 54 e ss.

[7] PEÑARANDA RAMOS, Enrique; SUÁREZ GONZÁLES, Carlos; CANCIO MELIÁ, Manuel. *Um Novo Sistema de Direito Penal. Considerações sobre a teoria de Günther Jakobs*. Tradução de André Luís Callegari e Nereu José Giacomolli. Manole: Barueri, 2003, p. 89.

Segundo o ponto de vista de Jakobs, "...o caráter conjunto de um comportamento não pode impor-se de modo unilateral-arbitrário. Portanto, quem assume com outro um vínculo que de modo estereotipado é inócuo, não viola seu papel (rol) como cidadão ainda que o outro incorpore dito vínculo numa organização não permitida. Por conseguinte, *existe uma proibição de regresso* cujo conteúdo é que um comportamento que de modo estereotipado é inócuo não constitui participação numa organização não permitida". Para *Jakobs*, no que se refere ao seu enquadramento sistemático – e este é, como se disse, o ponto de vista que aqui se defende –, a proibição de regresso exclui a imputação objetiva do comportamento.[8]

Como casos em que se pode aplicar esta instituição, mencionam-se habitualmente os ocorridos em que existe uma contribuição inicial subjetivamente dolosa, mas objetivamente ambivalente, a um posterior desenvolvimento delitivo ou a uma auto-lesão: assim, por exemplo, quando o empregado de um posto de gasolina enche o tanque de combustível de um automóvel cuja tampa se encontra de modo tão evidente em mal estado que é cristalino que se produzirá um acidente (que produza lesões ao condutor ou aos ocupantes do veículo ou a terceiros) se se segue circulando com o veículo, esta contribuição causal do empregado não pode dar lugar a uma responsabilidade por um delito de lesão – doloso ou culposo, dependendo do lado subjetivo.

4) Competência (responsabilidade) da vítima

A última instituição da imputação do comportamento se refere à relevância que pode ter para a tipicidade da conduta a atuação de um sujeito que, ao realizar a mesma, também conte com a intervenção, de algum modo, do sujeito que resulta lesionado posteriormente, a "vítima" (ao menos aparente) desse comportamento.

A instituição que traduz em termos dogmáticos esta necessidade de levar em conta o valor da auto-responsabilidade no marco da teoria da imputação objetiva pode denominar-se *imputação ao âmbito de responsabilidade da vítima*. Esta instituição opera nos casos em que o titular de um bem jurídico ("vítima") empreende conjuntamente com outro ("autor") uma atividade que pode produzir uma lesão desse bem jurídico. A atividade geradora do risco deve ser imputada ao âmbito

---

8 CANCIO MELIÁ, Manuel; CALLEGARI, André, ob. cit.

de responsabilidade preferente da vítima, na medida em que – em primeiro lugar – a atividade permaneça no âmbito do organizado conjuntamente pelo autor e vítima, – em segundo lugar – a conduta da vítima não tenha sido instrumentalizada pelo autor, por carecer esta da responsabilidade ou da base cognitiva necessárias para poder ser considerada auto-responsável, e – finalmente, em terceiro lugar – o autor não tenha um dever de proteção específico frente aos bens da vítima.[9]

Nos casos de responsabilidade da vítima, não se deve imputar o resultado ao autor, ainda que de modo aparente este tenha contribuído para o resultado. Exemplos clássicos são os que um sujeito entrega drogas a um consumidor e este vem a falecer. O fornecedor somente pode responder pelo delito de tráfico, mas não pelo homicídio causado; também se aplica a responsabilidade da vítima nos casos de transmissão de doenças infecto-contagiosas, onde o parceiro sexual tem conhecimento de dita doença mas recusa o uso de preservativos.

Nesse ponto de responsabilidade da vítima é que reside a controvérsia e falta de esclarecimento da doutrina e da jurisprudência brasileiras. Os juízes e os tribunais não levam em consideração, na maioria dos casos, o papel desempenhado pela vítima, principalmente, nos acidentes de trânsito. Nos casos concretos freqüentemente julgados de competição automobilística ("racha") em que alguém resulta morto ou ferido, mesmo que seja aquele que tenha sugerido tal competição, condena-se o condutor e os demais participantes da competição, desprezando-se a auto-responsabilidade da vítima.

No mesmo sentido são as decisões no Brasil quando o condutor está visivelmente embriagado, e a vítima aceita o transporte oferecido por aquele, porém, ela mesma é a que resta lesionada. Nestas constelações, em que a vítima se colocou em perigo livremente, também se acaba condenando o condutor do veículo, porque aqui não se leva em consideração o critério de responsabilidade da vítima. Parece fundamental que esta posição comece a sedimentar-se no Brasil para que se introduza, em nível de imputação, o critério de competência da vítima. Assim, ainda que se verifique um resultado lesivo, não será imputado ao autor dito resultado se, no caso concreto, a vítima era responsável e "participou" dele ou, em outras palavras, contribuiu para a sua ocorrência.

---

[9] CANCIO MELIÁ, Manuel; CALLEGARI, André, ob. cit.

1.2. SEGUNDO NÍVEL: REALIZAÇÃO DO RISCO NO RESULTADO

Como no âmbito da imputação objetiva normalmente separam-se dois tipos de problemas. O primeiro diz respeito à separação do comportamento não permitido, ou seja, do que já foi tratado nos itens supra (risco permitido, princípio da confiança, proibição de regresso e responsabilidade da vítima).

Como assinalou com particular clareza *Jakobs*, do que se trata neste segundo escalão de análises é de explicar o resultado lesivo produzido. Só poderá considerar-se o resultado conseqüência da conduta típica quando esta apareça como o fator causal determinante do resultado. Neste sentido, como é natural, esta questão adquire relevância quando concorre junto ao comportamento típico outra explicação alternativa, como pode ser um acidente ou a conduta de outro sujeito.[10]

A análise destas constelações de casos em determinadas ocasiões conduz a uma discussão acerca de se certas questões devem situar-se realmente no plano da imputação objetiva do resultado, ou pertencem mais bem ao primeiro nível da imputação objetiva. Em um número considerável de casos, constatar-se que são acertadas as palavras de *Luzón Peña* – expressando uma preocupação crescente em determinados setores da doutrina que se ocuparam do âmbito que aqui interessa – no sentido de que "...se esta sobrecarregado indevidamente o âmbito da imputação objetiva do resultado com problemas que podem e devem resolver-se em outro lugar distinto dentro da estrutura do tipo...". Concretamente, observar-se-á que algumas das constelações de casos que vêm tratando-se pela doutrina como problemas pertencentes à imputação do resultado – provavelmente, por razão da existência de uma seqüência temporal entre conduta do autor e outro fator concorrente – devem considerar-se questões que afetam já ao caráter típico da conduta.[11]

---

[10] CANCIO MELIÁ, Manuel; CALLEGARI, André, ob. cit.
[11] Idem.

2. A imputação objetiva no Direito Penal[12]

2.1. INTRODUÇÃO

A teoria da imputação objetiva impõe-se cada vez mais na doutrina estrangeira. Neste pequeno trabalho, procuramos apenas demonstrar alguns pontos desta teoria que, na Alemanha, segue em constante desenvolvimento. Teoria que conduz a um filtro objetivo para a imputação de um resultado. Como não existe acordo na doutrina, pretendemos, de modo simples, trazer alguns pontos fundamentais desta teoria, sem aprofundá-los.

Segundo Roxin, a dogmática antiga partia da base de que com a causalidade da conduta do autor, a respeito do resultado, cumpria-se o tipo objetivo. E nos casos em que parecia inadequada a punição, tentava-se excluir a pena nos delitos comissivos dolosos, negando-se o dolo. Assim, podemos encontrar inclusive em Welzel o "exemplo freqüentemente utilizado" de que alguém, "ao começar uma tempestade, envia a outro ao bosque com a esperança de que lhe mate um raio". Se, contra toda a probabilidade se produz efetivamente esse resultado, segundo a teoria da equivalência, não se pode duvidar que há causalidade naquele que deu o conselho; mas se com isso se considera realizado o tipo objetivo, somente se pode elidir o castigo negando o dolo. E isso é o que efetivamente faz Welzel, ao opinar que neste caso no sujeito "detrás" há certamente uma esperança ou um desejo, mas não

---

[12] O presente trabalho teve sua origem numa exposição apresentada pelo autor em janeiro de 1999 no curso de doutorado "La protección jurídico-penal del medio ambiente en el ordenamiento español, coordenado pelos Profs. Drs. Agustín Jorge Barreiro e Manuel Cancio Meliá, na Universidad Autónoma de Madrid. Não posso deixar de agradecer especialmente ao Prof. Cancio Meliá, responsável direto pela orientação.

a vontade com poder de influência real no ocorrido que exige dolo. Entretanto, esta não é uma fundamentação convincente: pois é indiscutível que o autor subjetivamente queria exatamente aquilo que produziu objetivamente; e a planificação e o curso real coincidem entre si. Se apesar disso não consideramos correta a punição, isso se deve de modo primário ao caráter objetivamente causal do ocorrido. Se uma causação de morte é puramente causal e não se discute já objetivamente como homicídio em sentido jurídico é porque um dolo tendente a isso não é um dolo homicida, senão dirigido a algo impune.[13]

Algo similar ocorre no caso de manual de que "A" dispara contra "B" com dolo homicida, e este só sofre uma lesão leve e vai a um hospital para receber tratamento, mas perece num incêndio que se produz no mesmo. Existe acordo unânime em que em constelações como está só se pode aceitar uma tentativa de homicídio. Entretanto, quando a jurisprudência e a doutrina fundamentam o caso aduzindo que falta o dolo homicida, porque este deve estender-se ao curso causal concreto, volta a passar sem razão o problema para a parte subjetiva; pois a morte pelo incêndio do hospital, já no plano objetivo, não se pode afirmar como obra de "A", de modo que a consumação do fato não fracassa só pela falta de dolo. E como a tentativa, que em todo caso há que afirmar que ocorre, também pressupõe um dolo homicida, só se pode negar o dolo a respeito do concreto resultado homicida se a causação de morte, tal como se desenvolveu, já não se considera como uma "ação de matar" no sentido do tipo. Isto é uma questão de imputação objetiva, e não um problema de dolo.[14]

A dogmática mais recente acolheu os pontos de vista que oferecem as teorias da adequação e da relevância para a restrição da responsabilidade jurídico-penal e, com ajuda de ulteriores argumentos, desenvolveu uma teoria da imputação objetiva, que, se bem todavia não foi formulada de forma acabada, já revela que grupos de casos se devem contemplar e que critérios devem guiar sua solução.[15] O fundamento da teoria da imputação objetiva é a observação, deduzida da essência da norma jurídico-penal, que se encontra também na base da teoria da adequação: só é objetivamente imputável um resultado cau-

---

[13] ROXIN, Claus. *Derecho Penal*, parte general, tomo I, traducción y notas Diego-Manuel Luzón Peña, Miguel Díaz García Conlledo y Javier de Vicente Remesal, Civitas, 1997, p. 362.

[14] Idem, p. 362/363.

[15] JESCHECK, Hans-Heinrich. *Tratado de Derecho Penal*, Parte General, Traducción de S. Mir Muig y F. Muñoz Conde, v. I., Bosch, p. 389.

sado por uma ação humana (no sentido da teoria da condição), quando *dita ação criou um perigo juridicamente desaprovado que se realizou no resultado típico.*[16]

Esta teoria reconhece as suas origens na teoria da relevância, e seu ponto de partida é a substituição da relação de causalidade, como único fundamento da realização entre a ação e o resultado, por outra relação elaborada sobre a base de considerações jurídicas e não naturais. Neste ponto, a verificação de causalidade natural será um limite mínimo, mas não suficiente para a atribuição de um resultado.[17]

Roxin, que sem dúvida é o máximo representante de uma perspectiva da imputação objetiva vinculada ao "princípio do risco", sintetiza o estágio de evolução desta teoria – e, ao mesmo tempo, o conteúdo deste princípio – do seguinte modo: "um resultado causado pelo sujeito que atua somente deve ser imputado ao causante como sua obra e somente cumpre o tipo objetivo quando o comportamento do autor criou um risco não permitido para o objeto da ação (1), quando o risco se realizou no resultado concreto (2) e quando o resultado se encontra dentro do alcance do tipo (3).[18] Cabe estimar que esta também é a perspectiva que adota a doutrina atualmente majoritária tanto na Alemanha como na Espanha:[19] com efeito, a teoria da imputação ob-

---

[16] JESCHECK, Hans-Heinrich, ob. cit., p. 389; CUELLO CONTRERAS, Joaquin. *El Derecho Penal Español*, parte general, *Nociones Introductorias, Teoria de delito* 1, 2ª ed., Editorial Civitas, p. 443 e ss.; CANCIO MELIÁ, Manuel. *Conducta de la víctima e imputación objetiva en Derecho Penal*, J. M. BOSCH Editor, p. 53 e ss.

[17] BACIGALUPO, Enrique. *Principios de Derecho Penal*, Parte General, 4ª ed., Akal, p. 188.

[18] ROXIN, Chengchi. *Law Review* 59 (1994), p. 221 e ss., em CANCIO MELIÁ, Manuel, ob. cit., p. 58.

[19] LUZÓN PEÑA, Diego-Manuel. *Derecho penal de la circulación*, p. 36 e ss.; CUELLO CONTRERAS, ob. cit., p. 488 e ss. CANCIO MELIÁ, Manuel, ob. cit, p. 57 e ss., citando a vários autores, traça uma panorâmica básica dos distintos elementos que foram utilizados para alcançar a definição da imputação objetiva de Roxin. Um dos primeiros âmbitos da aplicação da teoria da imputação objetiva se constitui nos chamados "comportamentos alternativos ajustados ao direito", referidos a casos nos quais o resultado se produziria igualmente, ainda que o autor adotasse um comportamento conforme ao dever. Gimbernat Ordeig propôs para a solução destes casos a utilização do critério do "fim de proteção da norma". De acordo com o mesmo, se o resultado produzido pelo comportamento não é um dos que se queria evitar com o estabelecimento do dever derivado da norma de cuidado, o autor estará isento de responsabilidade. Roxin, pelo contrário, elaborou para estes casos a doutrina do "incremento do risco", conforme a qual o decisivo é determinar se a conduta do autor gerou um risco acima do permitido. Mas além destas constelações de casos, propôs-se utilizar como critério geral de imputação, no âmbito do delito imprudente, o critério do fim de proteção da norma antes mencionado. Este operaria em substituição da idéia de previsibilidade objetiva. Sua aplicação pretendia evitar as dificuldades que apresenta o juízo de previsibilidade e permitir determinar de modo mais correto se concorre a necessária relação de antijuridicidade entre a lesão do dever de cuidado e o resultado lesivo.

jetiva se conecta habitualmente com a questão da atribuição de um resultado à conduta do autor.

Para Martínez Escamilla, o objeto da teoria da imputação objetiva é o nexo objetivo que deve existir entre a ação e o resultado para que se possa afirmar a responsabilidade do autor pela lesão do bem jurídico. A imputação objetiva, dentro de uma perspectiva histórica, representa, em contrapartida, a situação existente sob o denominado "império do dogma causal": a tipicidade dos delitos de resultado se esgotava na relação de causalidade, a ser decidido, segundo a teoria da equivalência das condições, de tal maneira que todo comportamento pelo simples fato de haver condicionado o resultado, ainda que de forma remota ou imprevisível, merecia o qualificativo de típico. Se bem o finalismo atenuou esta situação com a introdução do injusto

---

Estas primeiras aproximações cristalizaram-se numa construção de conjunto, levada a cabo sobretudo por Roxin e consistente na elaboração de uma série de critérios normativos situados num mesmo marco sistemático. O denominador comum destes critérios, desde esta perspectiva, no "princípio do risco" antes mencionado, de acordo com o qual, partindo do resultado, a questão estriba em determinar se a conduta do autor criou ou não um risco juridicamente relevante de lesão típica de um bem jurídico em relação com dito resultado. Sobre esta base, Roxin propôs os seguintes parâmetros concretos para determinar o juízo de imputação objetiva do resultado: a) a diminuição do risco; b) a criação ou não-criação de um risco juridicamente relevante; c) o incremento ou falta de aumento do risco permitido e d) a esfera de proteção da norma. A idéia da diminuição de risco, válida segundo Roxin para todos os casos nos quais se modera pela conduta de um sujeito um acontecido que comportaria um dano mais grave, exige a exclusão da imputação apesar da relevância causal da intervenção. No âmbito da criação ou falta de criação de um risco juridicamente relevante, Roxin incluiu, por um lado, casos de irrelevância do risco, e, por outro, diversas constelações agrupadas em torno das chamadas "desviações do curso causal". Roxin seguiu reservando o incremento do risco para a problemática dos comportamentos alternativos ajustados ao Direito, conforme os critérios por ele desenvolvidos já com anterioridade; por último, recorreu ao fim de proteção da norma, como critério destinado, basicamente, a abarcar casos de danos sobrevindos posteriormente, casos nos quais se produz um segundo dano, e, precisamente, casos de provocação de acidentes de salvamentos arriscados e de favorecimento de "autopuestas" em perigo. Nesse contexto, a expressão "fim de proteção da norma" estava sendo utilizada com duas distintas acepções. Por uma parte, o critério vinha sendo referido ao alcance que tinha a "norma objetiva de cuidado" dos delitos imprudentes – sentido original no que a empregaram, por exemplo, Gimbernat Ordeig y Rudolphi –; por outra, o fim de proteção da norma fazia referência ao alcance da norma da correspondente figura delitiva. Inicialmente, Roxin a utilizou em ambos os sentidos de forma indistinta. Mais recentemente, entretanto, para evitar confusões, recorre à expressão "alcance do tipo" quando utiliza o critério na sua segunda acepção; nesse sentido, no marco do "alcance do tipo", apesar de concorrer a realização de um risco não permitido, "...a imputação todavia pode fracassar porque o alcance do tipo, o fim de proteção da norma típica... não abarca resultados das características que mostra o (resultado) que se produziu, porque o tipo não está destinado a evitar tais casos". Estes critérios propostos sobretudo por Roxin – menos o escalão do "alcance do tipo" – logo se cristalizaram na fórmula dominante citada ao princípio, segundo a qual para que um resultado seja objetivamente imputável a um comportamento causal em relação com dito resultado, é necessário que o comportamento incorpore um risco juridicamente desaprovado que seja o que se realiza no resultado.

pessoal deixa, entretanto, intacto o tipo objetivo. Para sua afirmação seguia bastando a comprovação do nexo causal. Neste contexto, a teoria da imputação objetiva aparece não somente com a intenção de dar solução aos problemas concretos que surgem no marco do mencionado nexo entre ação e resultado, senão que constitui a realização, no âmbito do injusto, da atual corrente da ciência jurídico-penal, que se denominou funcionalismo ou pensamento teleológico-racional. Essa tendência afasta o método axiomático-dedutivo inspirado em verdades ontológicas próprias do finalismo e propugna a renormativização da teoria jurídica do delito, inspirada teleologicamente nos fins do Direito Penal. Conseqüentemente, com essa colocação se afasta de forma concreta que a relação de causalidade possa decidir por si mesma quando um acontecimento, já desde um ponto de vista objetivo, é ou não relevante para o Direito Penal, empreendendo o trabalho de definir o nexo entre a ação e o resultado sobre critérios eminentemente normativos".[20]

Assim, conforme comprovada a causalidade natural, a imputação do resultado requer, ademais, verificar:[21]

1) Se a ação do autor criou um perigo juridicamente desaprovado para a produção do resultado;

2) Se o resultado produzido por dita ação é a realização do mesmo perigo (juridicamente desaprovado) criado pela ação.

Ambos os juízos de partida são deduzidos da função do Direito Penal. Este só tem por objeto ações que criam para o bem jurídico um risco maior que o autorizado e a produção de um resultado que se pudesse evitar. Disso, podem-se deduzir critérios que permitem esclarecer, já no nível da tipicidade, comportamentos que são irrelevantes para o Direito Penal.[22]

Como é certo, nem toda criação de um risco de resultado pode ser objeto de uma proibição do Direito Penal, pois isso significaria uma

---

[20] MARTÍNEZ ESCAMILLA, Margarita. *La imputación objetiva del resultado*, EDERSA, 1992, p. XXIII Y XXIV.

[21] Roxin, nesse sentido, afirma que: a) um resultado causado pelo agente somente se pode imputar ao tipo objetivo se a conduta do autor criou um perigo para o bem jurídico não coberto por um risco permitido e esse perigo também se realizou no resultado concreto; b) se o resultado se apresenta como realização de um perigo criado pelo autor, por regra geral, é imputável a este, de modo que se cumpre o tipo objetivo. Mas, não obstante, excepcionalmente pode desaparecer a imputação se o alcance do tipo não abarca a evitação de tais perigos e suas repercuções. ROXIN, Claus. *Derecho Penal*, Parte General, Tomo I, Traducción y notas de Diego-Manuel Luzón Peña, Miguel Díaz García Conlledo y Javier de Vicente Remesal, Civitas, 1997, p. 373.

[22] BACIGALUPO, Enrique, ob. cit., p. 188.

limitação intolerável da liberdade de ação. Por isso, existem *riscos permitidos*, que excluem a tipicidade da conduta que os cria, ainda que daqueles se possa derivar um resultado típico. Exemplo: o motorista que dirige seu carro dentro dos limites de velocidade e com respeito às regras de trânsito, ainda assim, cria um perigo, porém, permitido. Se, como conseqüência disso, atropela um pedestre que inesperadamente cruza por um lugar não autorizado e este resulta com lesões (resultado do delito do art. 129, CP), não haverá dúvidas de que o motorista causou o resultado, pois se o motorista não tivesse circulado por esse lugar, não haveria produzido o mesmo, mas, esse resultado não será objetivamente imputável ao motorista.[23]

Os princípios da imputação objetiva surgem em primeiro lugar do *fim do Direito Penal*, de garantir expectativas normativas. Desde este ponto, deduz-se que as *condutas socialmente adequadas*, é dizer, que se desenvolvem dentro da ordem social,[24] não podem ser alcançadas pelo tipo penal ou, com outras palavras, nunca serão típicas. Do fim do Direito Penal se deduzem especialmente os critérios do *risco permitido*, o *princípio da confiança*, a *proibição de regresso*, e a *comissão em posição de garante*.[25] A outra fonte dos princípios da imputação objetiva concerne a realização do risco criado pela ação no resultado produzido e provém da estrutura dos tipos de resultado, que requerem que só o resultado que seja a realização do perigo criado pela ação dê lugar à consumação do delito.[26]

Assim, é necessário sublinhar que a seqüência da comprovação da imputação objetiva requer que em primeiro lugar se estabeleça uma relação de causalidade entre um resultado típico e uma determinada

---

[23] BACIGALUPO, Enrique, ob. cit., p. 189; CANCIO MELIÁ, Manuel. *Conduta de la víctima e imputación objetiva en Derecho penal*, J.M. BOSCH Editor, 1998, p. 53.

[24] Nesse ponto, deve-se estudar a teoria da adequação social desenvolvida por Welzel, que difere da imputação objetiva. Para este autor a adequação social é a "interpretação de sentido dos tipos", conforme a qual ficam excluídas do "conceito de injusto... todas as ações que se localizem funcionalmente dentro da ordem historicamente gerada". Tão-só com a adequação social se entra "no âmbito do tipo, ...nas regiões do injusto tipificado", WELZEL, Hans. ZStW 58 (1939), p. 259, em CANCIO MELIÁ, Manuel, ob. cit., p. 76.; para aprofundar, CANCIO MELIÁ, Manuel. *La teoría de la adecuación social en Welzel, Anuario de Derecho Penal y Ciencias Penales*, Ministerio de Justicia, Tomo XLVI, Fasciculo II, mayo-agosto, 1993, p. 697 e ss.

[25] JAKOBS, Günther. *Derecho Penal*, Parte General – Fundamentos y teoría de la imputación, traducción de Joaquin Cuello Contreras y Jose Luis Serrano Gonzales de Murillo, Marcial Pons, 1997, p. 243 e ss.; BACIGALUPO, Enrique, ob. cit., p. 189.

[26] JAKOBS, Günther, p. 243 e ss.; REYES ALVARADO, Yesed. *Imputación objetiva*, Temis, 1994, p. 50 e ss.

ação. Em seguida, deve-se verificar: 1°) se esta ação *no momento de sua execução* constituía um perigo juridicamente desaprovado (se era socialmente inadequada) e 2°) se esse perigo é o que se realizou no resultado típico produzido.[27]

Portanto, passaremos a analisar algumas hipóteses que excluem a imputação objetiva.

2.2. CRIAÇÃO DE UM RISCO NÃO PERMITIDO

2.2.1. Risco permitido

Compreende-se por risco permitido uma conduta que cria um risco juridicamente relevante, mas que de modo geral (independentemente do caso concreto) está permitida e, por isso, diferentemente das causas de justificação, exclui a imputação ao tipo objetivo.[28] Assim, a imputação objetiva se exclui quando a ação que causalmente produziu o resultado não supera os limites do risco permitido. JAKOBS afirma que não é possível uma sociedade sem riscos.[29] Exemplo de risco permitido é a condução automobilística observando-se todas a regras de trânsito, pois não se pode negar que o tráfego viário constitui um risco relevante para vida, saúde e bens materiais, coisa que prova irrefutavelmente a estatística de acidentes.[30] Não obstante, o legislador permite o tráfego viário (com determinadas regras de cuidado) porque os interesses preponderantes são nesse sentido. Portanto, neste âmbito, também se incluem o tráfego aéreo, fluvial, o funcionamento de instalações industriais (especialmente perigosas), as intervenções médico-curativas dentro do marco da *lex artis*, as práticas esportivas que implicam risco, etc.

Normalmente, o risco permitido está normativamente regulado (por exemplo: regras de trânsito, segurança do trabalho, etc.). As regras que estão nestes regulamentos são, de todos os modos, critérios

---

[27] BACIGALUPO, Enrique, ob. cit., p. 189.

[28] ROXIN, Claus, ob. cit., p. 371; BUSTOS RAMÍREZ. *Manual de Derecho Penal*, Parte general, 4ª Ed., 1994, PPU, Barcelona, p. 320.

[29] JAKOBS, Günther. *La imputación objetiva en derecho penal*, traducción de Manuel Cancio Meliá, AD-HOC, p. 44.

[30] ROXIN, Claus, p. 371/371; BACIGALUPO, Enrique, p. 189/190; MARTÍNEZ ECAMILLA, Margarita, ob. cit., p. 125 e ss.

orientadores para a ponderação dos limites do risco autorizado. Em todo caso, a determinação do risco permitido, quando não existe uma autorização legal expressa, provém de uma *ponderação de bens*, é dizer, de um juízo pelo qual "não só é calculável a magnitude do risco, senão também a utilidade ou dano como vantagem ou perda segundo critérios juridicamente relevantes".[31]

Questão fundamental posta pela doutrina é que o risco permitido exclui a tipicidade e não é causa de justificação. Um comportamento que gera um risco permitido considera-se socialmente normal, não porque no caso concreto esteja tolerado em virtude do contexto em que se encontra, senão porque nessa configuração é aceito de modo natural.[32] Portanto, os comportamentos que criam riscos permitidos não são comportamentos que devem ser justificados, pois não realizam tipo algum. Assim, aqueles comportamentos que geram riscos permitidos não têm por que estar inscritos num contexto especial para serem tolerados socialmente, senão que são tolerados de modo geral.[33] A situação é distinta no âmbito da justificação; aqui é o contexto especial que permite que se tolerem comportamentos que *per se* são perturbadores.[34]

2.2.2. Exclusão da imputação no caso da diminuição de risco

Já de início falta a criação de risco e, com isso, a possibilidade de imputação se o autor modifica um curso causal de tal maneira que reduz ou diminui o perigo já existente para a vítima, e, portanto, melhora a situação do objeto da ação.[35] Exemplo: quem vê como uma pedra voa perigosamente em direção à cabeça de outro e, ainda que não possa neutralizá-la, somente logra desviá-la a uma parte do corpo

---

[31] JAKOBS, Günther. *Derecho Penal*, p. 243 e ss.

[32] Idem. *Imputación*, p. 49; Nesse sentido, ROXIN, Claus, ob. cit., p. 372.

[33] Idem, ob. cit., p. 50.

[34] Id., ibid. Ademais, Jakobs coloca o seguinte exemplo: um motorista que dirige a uma velocidade de 69 quilômetros por hora por um lugar que está permitido e é adequado dirigir a 70 quilômetros por hora, não defrauda nenhuma expectativa, com independência da finalidade que persiga com sua viagem, mas o motorista de uma ambulância que circula pelo mesmo lugar a uma velocidade de 75 quilômetros por hora para dirigir-se ao lugar em que deve prestar seu serviço, necessita da situação de necessidade como contexto para que, de modo excepcional, seu comportamento seja tolerado (devido ao contexto).

[35] ROXIN, Claus, ob. cit., p. 365; JESCHECK, Hans-Heinrich, ob. cit., p. 389; MIR PUIG, Santiago. *Derecho Penal*, Parte General, 4ª, ed., PPU, 1996, p. 231 e ss.; BUSTOS RAMÍREZ, Juan, p. 319.

que é menos perigosa, apesar de sua causalidade, não comete uma lesão corporal, igualmente que tampouco comete o médico que, com suas medidas, somente pode retardar a inevitável morte de seu paciente.[36] Casos desse tipo, que não são raros, tampouco podem ser solucionados com a teoria da adequação, já que o curso causal que modifica o resultado é totalmente previsível para o autor e, muitas vezes, pretendido por ele. Entretanto, deve-se excluir a imputação do resultado porque seria absurdo proibir ações que não pioram, senão que melhoram o estado do bem jurídico protegido.[37] É certo que, segundo a doutrina tradicional, poderiam solucionar-se os casos de redução ou diminuição de risco desde o ponto de vista da antijuridicidade, aceitando um estado de necessidade justificante. Mas isso pressupõe que se comece por considerar a redução do risco como lesão do bem jurídico típica de um delito e isso é precisamente o que falta.[38] Para Bacigalupo, aqueles autores que pensam que estes casos deveriam ser resolvidos em nível de justificação se vêem obrigados a estender o âmbito da tipicidade a extremos, formalmente possível, mas materialmente incompatível com o direito penal da liberdade.[39]

2.2.3. A exclusão da imputação se falta a criação do perigo

Roxin diz que se deve afastar a imputação ao tipo objetivo quando o autor certamente não diminuiu o risco de lesão ao bem jurídico, mas tampouco o aumentou de modo juridicamente considerável.[40] Para que se entenda esta hipótese, a doutrina coloca freqüentemente o mesmo exemplo, ou seja, um sobrinho, no momento que inicia uma tormenta e com a intenção de receber a herança de seu tio, envia este a um bosque com a esperança de que lhe mate um raio.[41] Neste caso, como em outros como qualquer incitação a realizar atividades normais e juridicamente irrelevantes como passear por uma grande cidade, subir escadas, banhar-se, subir montanhas, etc., não se imputa objetivamente o resultado. Inclusive, ainda que tais condutas em situações excepcionais possam dar lugar a um acidente, o Direito não toma em conta os

---

[36] ROXIN, Claus, ob. cit., p. 365.
[37] Idem, p. 365/366.
[38] Idem, p. 366; BUSTOS RAMÍREZ, Juan, ob. cit., p. 319.
[39] ROXIN, Claus, ob. cit., p. 191.
[40] ROXIN, ob. cit., p. 366.
[41] JESCHECK, Hans-Heinrich, ob. cit., p. 390.

mínimos riscos socialmente adequados que vão unidos a elas, por isso, de início, não é imputável uma causação do resultado produzida pelas mesmas. Como a provocação de uma conduta socialmente normal e geralmente não perigosa não pode estar proibida, não haverá uma ação homicida tipicamente delitiva, ainda que excepcionalmente tal atuação seja causal a respeito de uma lesão de um bem jurídico.[42]

2.2.4. O princípio da confiança

De acordo com este princípio, não se imputarão objetivamente os resultados produzidos por quem obrou confiando em que outros se manterão dentro dos limites do perigo permitido.[43] O princípio da confiança significa que, apesar da experiência de que outras pessoas cometem erros, se autoriza a confiar – numa medida ainda por determinar – em seu comportamento correto (entendendo-o não como acontecimento psíquico, senão como estar permitido confiar.[44] Exemplo: "A", conduzindo o seu carro, atravessa um cruzamento com o semáforo verde, sem tomar medida alguma de precaução para o caso de que algum automóvel que circule na outra direção não respeite o semáforo vermelho que proíbe sua passagem. "B" desrespeita o semáforo vermelho e colide com o carro de "A", resultando a morte de "B". Este resultado não se imputa a "A" objetivamente pelo efeito do princípio da confiança. Isso é assim porque não se pode imaginar que todo motorista tenha que dirigir seu carro pensando continuamente que o resto dos participantes no trânsito podem cometer imprudências ou que existem crianças ou idosos frente aos quais se deve observar um maior cuidado; se fosse assim, as vantagens que o tráfego rodado nos oferece seriam bastante escassas. Não obstante, ainda que desenvolvido para o trânsito, o princípio de confiança pode-se aplicar em todas aquelas atividades em que concorrem distintas condutas perigosas numa mesma situação. O princípio da confiança manifesta sua eficácia naqueles casos em que com a atuação infratora de um sujeito se misturam outros

---

[42] ROXIN, Claus, ob. cit., p. 366/367.

[43] BACIGALUPO, Enrique, ob. cit., p. 191; MARTÍNEZ ESCAMILLA, Margarita, ob. cit., p. 333 e ss.; CANCIO MELIÁ, Manuel. *La Exclusión de la tipicidad por la responsabilidad de la víctima* ("imputación a la víctima"), *Revista de Derecho Penal y Criminologia*, Universidad Nacional de Educación a Distancia, 2ª época, n. 2, p. 49 e ss.

[44] JAKOBS, Günther. *Derecho Penal*, p. 253.

participantes na atividade de que se trate, que se encontram imersos no mesmo perigo criado pela infração.[45]

2.2.5. A proibição de regresso

A teoria da proibição de regresso, de acordo com sua compreensão habitual, pretende recortar já no tipo objetivo (de autoria) as ampliações que a teoria da equivalência das condições introduziu no tipo objetivo dos delitos de resultado.[46] Conforme a teoria da proibição de regresso, deve-se renunciar aos resultados que se obtenham com a teoria da equivalência a respeito daquelas condições nas quais, para a produção do resultado, mediou a atuação dolosa e culpável de um terceiro. Ditas condições não cumprem nenhum tipo objetivo de autoria; por conseguinte, em caso de imprudência, sua criação é impune, e, havendo dolo, ficam abarcadas pelas ampliações do tipo de autoria: os preceitos relativos à participação.[47] Para que se entenda melhor, a teoria da proibição de regresso afirma que a intervenção culposa numa realização dolosa e plenamente responsável do tipo é impune: quem deixa um revólver carregado ou uma faca não é responsável, segundo esta teoria, por homicídio culposo, se outra pessoa mata a um terceiro com este elemento.[48] No Brasil, o sujeito que deixa ditos objetos poderia responder como autor culposo do homicídio. A proibição de regresso é um critério para limitar a imputação de um resultado a certos comportamentos que podem ser causais, mas que estão fora do interesse do direito penal. Inicialmente, sustentou-se que "não são causas as condições prévias de uma condição". Em sua versão moderna, a teoria da proibição de regresso já não se formula como uma negação do caráter *causal* das "pré-condições de uma condição", dado que nestes casos a causalidade é inegável. Agora se trata de excluir a imputação naqueles casos em que a causa (ou a "pré-condição" no sentido de *Frank*) foi posta por alguém que não tem por que responder pelo resultado que produz diretamente um terceiro ou que é imputável a

---

[45] CORCOY BIDASOLO, Mirentxu. *El delito imprudente – criterios de imputación del resultado*, PPU, 1989, p. 327.

[46] JAKOBS, Günther. *La prohibición de regreso en derecho penal*, traducción de Manuel Cancio Meliá, Universidad Externado de Colombia, p. 102.

[47] Idem, p. 103/104.

[48] ROXIN, Claus. *Observaciones sobre la prohibición de regreso*, traducción de Marcelo Sancinetti. *La prohibición de regreso en derecho penal*, Universidad Externado de Colombia, p. 151.

própria vítima.[49] Resumidamente, a teoria da proibição de regresso é um limite da participação criminal, ou seja, o comportamento doloso de um autor interromperia a imputação do resultado ao comportamento imprudente anterior unido causalmente com o resultado.

Os exemplos que surgem a respeito da proibição de regresso são os seguintes:

A imputação de um resultado exclui-se em relação às ações de um autor que são causais do mesmo por mediação de um terceiro *que não obra conjuntamente* com o autor. Exemplo: o vendedor legalmente autorizado de armas que vende ao autor o revólver que este utiliza para matar a outro, colocando uma condição do resultado sem a qual este não se produziria (portanto, é causa do mesmo). Entretanto, na medida em que não incumbia ao vendedor custodiar que os compradores das armas, cuja venda está autorizada, não cometam com isso delitos, *não é garante* e não cabe a imputação do resultado diretamente ocasionado por terceiro.[50]

Exemplo: alguém causa um acidente automobilístico por imprudência em que um terceiro resulta lesionado, de maneira que, no trans-

---

[49] BACIGALUPO, Enrique, ob. cit., p. 192; Para aprofundar, FEIJÓO SANCHEZ, Bernardo. *Límites de la participación criminal* – Existe una "proibición de regreso" como límite general del tipo en derecho penal?, 1999, Editorial Comares; NAUCKE, Wolfang. *La prohibición de regreso en derecho penal*, traducción de Manuel Cancio Meliá, Universidad Externado de Colombia, p. 15 e ss., começa explicando a teoria da proibição de regresso com o seguinte exemplo extraído do Tribunal Supremo do Reich alemão (RGSt, T. 64, p. 370): um sujeito havia envenenado dolosamente a sua esposa. Havia recebido o veneno de sua amante. No processo não se pode provar contra a amante que tivesse determinado dolosamente ao marido levar a cabo o homicídio nem que lhe houvesse ajudado dolosamente na realização do mesmo. Neste caso, a problemática da proibição de regresso praticamente se coloca por seu próprio peso. O marido deve ser condenado como autor de um homicídio doloso; segundo a lei, isto é inequívoco. Pelo contrário, é de difícil contestação a questão sobre qual é o tratamento jurídico-penal que corresponde à amante. Ela não é partícipe no fato do marido, pois os preceitos do StGB relativos à participação exigem todos eles dolo do partícipe; ela, entretanto, não atua de modo doloso. O Tribunal condenou a amante como autora de um homicídio imprudente. Essa solução é acorde a da doutrina dominante. Uma opinião divergente, entretanto, pronuncia-se contra essa condenação. Fundamentalmente, esta postura sustenta o seguinte: o decisivo é o homicídio doloso cometido pelo marido; não se pode recorrer ao atuar imprudente da amante, ainda que fosse esta quem fizesse possível o fato do esposo. Esta opinião divergente pode caracterizar-se de modo prático e breve com a palavra "proibição de regresso" introduzida por Frank. Portanto, Naucke afirma que se está limitado a um determinado grupo de casos: parte-se do pressuposto que um autor imputável que atua dolosamente produz diretamente um resultado juridicamente proibido, utilizando ou aproveitando o comportamento imprudente de outro. O problema geral que oferece este grupo de casos é o seguinte: o comportamento consistente em fazer possível em forma imprudente um fato doloso não é punível a título de participação; pode-se castigar este fazer possível de modo imprudente um fato doloso como autoria imprudente?

[50] BACIGALUPO, Enrique, ob. cit., p. 192.

curso da cirurgia a que teve que se submeter, por negligência do cirurgião, morre a vítima. Aqui, ainda que o comportamento anterior seja imprudente, ficaria interrompida a imputação do resultado.[51]

Esta teoria é muito discutida e não há acordo na doutrina para a sua utilização.

2.3. A REALIZAÇÃO DO RISCO NÃO PERMITIDO

O segundo nível em que se trata a questão da imputação objetiva é o da exigência de que o risco (não permitido) criado pela ação seja o que se realiza no resultado.[52] Portanto, formam um segundo ponto essencial da discussão, característico da teoria atual da imputação, as questões em torno da realização do risco desaprovado.[53] Para a imputação de resultados típicos não basta, segundo a teoria da imputação, que alguém tenha provocado os resultados típicos de modo causal e que tenha criado, mediante sua conduta, um risco desaprovado de produção de tais resultados.[54] É necessário, ainda, que estes resultados se configurem como a realização de um risco desaprovado pelo autor.[55]

Nesse sentido, afirma Martínez Escamilla que, atualmente, praticamente toda doutrina afirma que para poder imputar um resultado a um autor não basta que sua conduta imprudente e o resultado estejam unidos por uma relação de causalidade, senão que deve existir um nexo específico entre ambos, de tal maneira que o resultado possa ser considerado a realização do risco penalmente relevante criado pelo autor, a realização que a norma infringida tinha por finalidade combater.[56]

2.3.1. A exclusão da imputação se falta a realização do perigo

A imputação ao tipo objetivo pressupõe que no resultado se realize precisamente o risco não permitido criado pelo autor. Por isso, está

---

[51] CUELLO CONTRERAS, Joaquin, ob. cit., p. 474.

[52] BACIGALUPO, Enrique, ob. cit., p. 195.

[53] FRISCH, Wolfgang. *Tipo Penal e Imputación Objetiva*, traducción de Manuel Cancio Meliá, Beatriz de la Gándara Vallejo, Manuel Jáen Vallejo e Yesid Reyes Alvarado, Colex, 1995, p. 48/49.

[54] Idem, p. 49.

[55] Id., ibid., p. 49.

[56] MARTÍNEZ ESCAMILLA, Margarita, ob. cit., p. 169.

excluída a imputação, em primeiro lugar, se, ainda que o autor crie um perigo para o bem protegido, o resultado se produz não como efeito da realização desse perigo, senão só em conexão causal com o mesmo.[57] São os casos em que um delito doloso em um primeiro momento fica na fase da tentativa, mas, depois, acaba provocando o resultado como conseqüência de um curso causal imprevisível.[58] A doutrina coloca o seguinte exemplo: a vítima de uma tentativa de homicídio não morre no próprio atentado, mas num incêndio do hospital para o qual fora trasladada.[59] Neste caso, o autor criou certamente um perigo para a vida da vítima e também casou a sua morte; mas, como não se pode imputar a ele este resultado porque este não supõe a realização do perigo criado, só haverá cometido uma ação de tentativa de homicídio, e não um homicídio consumado.[60] O exame de realização de perigo é prévio, de tal maneira que o curso dos fatos realmente produzido deve medir-se num segundo juízo de perigo que se deve efetuar após a ação do autor. É dizer que no caso do exemplo devemos perguntar se o disparo efetuado pelo autor aumentou o perigo de uma morte num incêndio de modo juridicamente mensurável; e a tal efeito deve-se aplicar o mesmo critério que no primeiro juízo de perigo.[61] Pois bem, como a questão deve ser respondida negativamente – uma estância num hospital não fundamenta um perigo relevante de ser vítima de um incêndio acidental no mesmo –, deve-se negar a realização do perigo e a imputação do resultado.[62]

2.3.2. A exclusão da imputação se falta a realização do risco não permitido

Nos casos de risco permitido, a imputação ao tipo objetivo pressupõe que se ultrapasse o limite da autorização e com isso a criação de um perigo não permitido. Mas, assim como na criação usual de perigo, a consumação requer mais que a realização do perigo, e no caso

---

[57] ROXIN, Claus, ob. cit., p. 373.

[58] Id., ibid.

[59] JAKOBS, Günther. *Derecho Penal*, p. 274; ROXIN, Derecho Penal, p. 373.

[60] ROXIN, ob. cit., p. 373.

[61] Idem, p. 373/374. Para Jakobs nestes casos a relação com o bem afetado é conforme ao Direito na medida que se expoem tais bens aos riscos usuais do tráfego viário ou da estância num edifício (hospital), pois tais riscos ou outros semelhantes não faltam inteiramente em nenhuma parte – salvo conservando os bens num museu.

[62] Idem, p. 373.

de risco não permitido, a imputabilidade do resultado depende adicionalmente de que no mesmo se realizou precisamente esse risco não permitido.[63] O caso relativamente mais simples é o de que a superação do risco permitido simplesmente não repercuta sobre o resultado em sua concreta configuração.

Para Jakobs, trata-se de casos em que um comportamento não é permitido sempre que não se ponha em marcha um curso causal prévio para diminuir o risco, ainda que esse curso causal não haveria surtido efeito no caso concreto.

Exemplo: o diretor de uma fábrica de pincéis subministra a suas trabalhadoras pêlo de cabra china para a elaboração de pincéis, sem desinfetá-los previamente como estava previsto. Quatro trabalhadoras se infectam com bacilos de carbunco e morrem. Uma investigação posterior dá como resultado que o desinfetante prescrito seria ineficaz contra esse bacilo, não conhecido até este momento na Europa.[64]

Nesse caso, o autor, ao omitir a desinfeção, num juízo *ex ante*, criou um grande perigo, mas o mesmo, como se comprovou posteriormente, não se realizou. Se imputássemos o resultado ao autor, castigaríamos a este por uma infração de um dever, cujo cumprimento havia sido inútil. E isso proíbe o princípio da igualdade; pois se o curso dos fatos coincide totalmente com o que se produziu, mantendo-se dentro do risco permitido, tampouco se pode manejar de modo distinto a imputação do resultado. Portanto, se o fabricante tivesse dolo homicida, somente poderia ser castigado por tentativa; e no caso mais verossímil de mera imprudência se produziria a impunidade.[65]

Em outros casos, a infração do dever que ultrapassa o risco permitido certamente é causal para o resultado, mas o risco de produção do resultado não se aumentou pela superação ou excesso. Exemplo: o autor ultrapassa a velocidade máxima permitida, mas, pouco depois, volta a observar a velocidade prescrita. Então, atropela uma criança que saiu repentinamente detrás de um automóvel, colocando-se em frente ao seu carro; o acidente é objetivamente inevitável para o condutor.[66]

---

[63] ROXIN, ob. cit., p. 375.

[64] JAKOBS. *Derecho Penal*, p. 281; ROXIN, Claus, p. 375.

[65] ROXIN, Claus, ob. cit., p. 375/376.

[66] Idem, p. 376.

Em considerações como esta, o acidente foi causado não só pela (permitida) condução do automóvel em si mesma, senão precisamente também por ultrapassar a velocidade máxima; pois, sem ela, o veículo não estaria nesse lugar preciso ao cruzar a criança pela rua e não sucederia nada. Pese a isso, neste caso tampouco se realizou o risco específico que é imanente ao excesso de velocidade. Pois por uma condução demasiado rápida não se aumenta o risco de que se produza um acidente numa condução novamente regular; desse modo também se pode evitar um posterior atropelamento, porque o carro passou já longe pelo potencial local do acidente. A proibição do excesso de velocidade não quer impedir que os automóveis passem num determinado momento por um determinado lugar. Portanto, o haver experimentado o risco proibido só por causalidade deu lugar ao acidente, de modo que se exclui a imputação do resultado e, para isso, não é preciso uma classe especial de comprovação da causalidade, o que muitas vezes quer a jurisprudência.[67]

O mesmo rege no caso de que se origine um acidente porque durante uma ultrapassagem proibida rompe-se uma roda do veículo que ultrapassava devido a um defeito de material não conhecido (BGHSt 12, 79); pois nesse caso se realizou, não o perigo que radica na ultrapassagem proibida, senão uma circunstância fortuita (causal) para o motorista: ainda dirigindo corretamente, em qualquer momento a roda também poderia romper-se e causar um acidente.[68]

2.3.3. A exclusão da imputação em caso de resultados que não estão cobertos pelo fim de proteção da norma de cuidado

Também há casos em que a superação do risco permitido inicialmente aumentou claramente o perigo de um curso do fato que logo se produziu, mas, em que pese isto, não pode ter lugar a imputação do resultado.[69]

Nesse passo, a imputação objetiva pode faltar, quando o *resultado fica fora do âmbito de proteção da norma* que o autor vulnerou mediante sua ação, já que em tal caso não se realiza no resultado o risco juridicamente desaprovado que criou o autor, senão outra classe de

---

[67] ROXIN, Claus, ob. cit., p. 376.

[68] Idem, p. 377.

[69] Id., ibid.

risco.[70] Afirma Luzon que para a imputação objetiva é preciso, ademais, que o resultado concretamente causado encaixe no fim de proteção ou evitação da norma, é dizer, que coincida com o tipo de causação de resultados que precisamente pretende evitar a norma proibitiva direta ou a norma de cuidado infringida; trata-se, pois, de um critério de interpretação teleológica do tipo.[71]

O critério do fim de proteção da norma pode configurar-se, em geral, como princípio regulador que pode operar em distintos níveis. Entretanto, onde encontra seu âmbito próprio de aplicação é como critério de imputação, na determinação da existência ou não da relação de risco.[72] A função mediata, ou última, do critério do fim de proteção da norma é a comum a todos os critérios de imputação, de raiz essencialmente de política criminal.[73] Trata-se de evitar que, pese a introdução no injusto da infração da norma de cuidado e pese a utilização de princípios reguladores, como o risco permitido, no juízo sobre o injusto típico, continuem existindo castigos que tenham claras conotações "versaristas".[74]

Jakobs menciona que são comportamentos sem procedimentos de segurança. São os casos em que o comportamento do autor não está permitido por haver omitido o processo de determinados procedimentos de segurança, quando, no caso concreto, sua adoção prévia não haveria incorporado, entretanto, segurança adicional alguma em razão de um defeito do próprio procedimento.[75]

A doutrina, para explicar este caso, costuma colocar o seguinte exemplo: um dentista aplica anestesia geral a um paciente sem submetê-lo previamente ao reconhecimento de um médico, o que claramente estava indicado; por não tolerar a anestesia geral, o paciente morre; se houvesse sido consultado o médico, este também não tinha como diagnosticar a incompatibilidade existente.[76] Neste caso, desde o princípio,

---

[70] JESCHECK, Hans-Heinrich, ob. cit., p. 390.

[71] LUZÓN PEÑA, Diego-Manuel. *Curso de Derecho Penal*, Parte General I, Editorial Universitas, p. 382.

[72] CORCOY BIDASOLO, Mirentxu. *El delito imprudente – criterios de imputación del resultado*, PPU, 1989, p. 571/572.

[73] Idem, p. 563.

[74] Id., ibid.

[75] JAKOBS, Günther. *Imputación*, ob. cit., p. 117.

[76] Id., ibid.; ROXIN. *Derecho Penal, com algumas modificações*, p. 377. Afirma-se, por exemplo, que as normas que proíbem aos condutores de automóveis executar perigosas manobras de ultrapassagem não têm como finalidade proteger aos demais condutores de infartos sofridos como

era reconhecível que a intervenção de um médico como mínimo retardaria os riscos de uma intervenção. Contudo, não tem sentido a imputação do resultado: o dever de consultar um médico não tem a finalidade de provocar um retardamento da intervenção e desse modo prolongar ao menos a curto prazo a vida do paciente.[77] Por isso, não se realizou o perigo que queria prevenir o preceito de cuidado infringido e aí fracassa a imputação do resultado.[78]

Roxin adverte que de todos os grupos de caso de falta de realização de risco não permitido ou, como também se formula, de falta de "nexo de risco" se pode inclusive dizer que o fim de proteção da norma não abarca a concreta forma de produção do resultado. Somente se deve ser consciente de que na realização do risco não permitido se trata sempre do *fim de proteção da norma de cuidado limitadora do risco permitido* (do mandato de iluminação, do dever de consultar um médico especialista, etc.), e não do fim de proteção do tipo penal. Em câmbio, os casos propriamente ditos de exclusão da imputação pelo fim de proteção do tipo são aqueles em que a norma típica (a proibição de matar, lesionar, danificar, etc.) não abarca de antemão determinadas condutas e conseqüências. Estes casos se discutem aqui desde a perspectiva do "alcance do tipo", e, contra o que majoritariamente se faz, não deveriam misturar-se com os casos em que a imputação se exclui já porque o fim de proteção dos mandados de cuidado não cobre o resultado produzido.[79]

2.3.4. Conduta alternativa conforme ao Direito e teoria do incremento do risco

Como recorda Reyes, as primeiras tentativas de trabalhar com cursos causais hipotéticos surgiram dentro da teoria da equivalência das condições através da fórmula da *conditio sino qua non*, mecanismo este que foi criticado com razão, porque a multiplicidade de causas de

---

conseqüência da alteração nervosa gerada por uma perigosa ultrapassagem; em consequência, ao condutor que de forma não regulamentar e perigosa ultrapassa a outro carro, não lhe é imputável a título de lesões pessoais o infarto que, devido ao susto, sofre o condutor do veículo ultrapassado, cfr. *Neue Juristischen Wochenschrift (NJW)*, volumen 2, Müchen und Berlin, C. H. Beck'sche Verlagsbuchhandlung, 1959, p. 2320 y 2321, em REYES ALVARADO, Yesid. *Imputación Objetiva*, Temis, 1994, p. 204/205.

[77] ROXIN, Claus, ob. cit., p. 378.

[78] Id., ibid.

[79] Id., ibid.

sucessão que podiam hipoteticamente produzir o mesmo resultado, ainda quando a conduta do autor se suprimisse mentalmente, não permitiam obter resultados satisfatórios na maioria dos casos.[80] Entretanto, uma vez reconhecida amplamente a incapacidade da *conditio sino qua non*, e aceita a necessidade que o direito penal tem de diferenciar entre conceitos de causalidade e imputação, voltou a tomar importância a proposta de recorrer ao emprego de cursos causais hipotéticos, mas esta vez como mecanismo de estabelecer se um risco desaprovado se realizou ou não no resultado; admitindo-se que não se trata já de indagar sobre um problema causal, propõe-se estabelecer uma limitação aos cursos causais hipotéticos que devem ser utilizados, de maneira tal que em lugar da conduta do acusado não teria que se incluir *qualquer outra forma* de comportamento, senão tão-só aquela conduta que o autor deveria haver realizado de acordo com as exigências legais.[81]

Para Roxin o problema mais discutido em conexão com a idéia de risco se refere a questão de se devemos imputar um resultado quando mediante uma conduta alternativa conforme ao Direito o mesmo seria evitado, não com segurança, senão só provavelmente ou possivelmente.[82]

A doutrina colaciona o exemplo da sentença do Tribunal Supremo Federal da Alemanha: o motorista de um caminhão quer ultrapassar a um ciclista, mas, ao fazê-lo, não guarda a distância de separação lateral regular, por acercar-se a uns 75cm do mesmo. Durante a ultrapassagem, o ciclista, que ia fortemente alcoolizado, gira a bicicleta à esquerda, por uma reação de curto-circuito provocada pelo álcool e cai sob as rodas traseiras do caminhão. Comprova-se que provavelmente (variante: possivelmente) o acidente também se produziria, ainda que se houvesse guardado uma distância de separação lateral suficiente segundo as normas de trânsito.[83]

---

[80] REYES ALVARADO, Yesid, ob. cit., p. 231.

[81] Idem, p. 231/232; Cfr. CORCOY BIDASOLO, Mirentxu, ob. cit., p. 451, "o problema que estabelecem as 'condutas alternativas adequadas ao direito' está intimamente relacionado com a relevância penal que se dê a evitabilidade do resultado. Estes casos foram tratados, tradicionalmente, sob a denominação de *cursos causais hipotéticos*. Comum a todos eles é a existência de uma conduta do autor que infringe o dever objetivo de cuidado junto a constatação da existência de relação causal, no sentido da teoria da equivalência das condições, entre essa conduta e o resultado. A peculiaridade de estes casos se estriba em que, *ex post se comprova que o resultado se produziria igualmente com uma conduta diligente do autor*".

[82] ROXIN, Claus, ob. cit., p. 379; JESCHECK, Hans-Heinrich, ob. cit., p. 391.

[83] Id. ibid; JAKOBS. *Imputación*, p. 121.

Está amplamente aclarada a questão de que se exclui a imputação se a conduta alternativa conforme ao Direito conduzisse com segurança ao mesmo resultado; pois então não se realizou a superação do risco permitido no curso real do acontecimento. Em câmbio, no caso do exemplo, segundo a concepção mantida por Roxin, é obrigada a imputação, porque uma condução correta haveria salvado a vida do ciclista, certo que não com segurança, mas possivelmente, e, portanto, a superação do risco por não guardar a distância de separação lateral incrementou de modo juridicamente relevante a possibilidade de um acidente mortal.[84]

Para referido autor, isso se baseia na seguinte reflexão: se apesar de guardar a distância requerida o ciclista morresse, também se realizou nesse curso do fato um risco que sempre existe nas ultrapassagens; mas desse risco o motorista seria liberado pelo legislador que lhe autorizou (por guardar a distância requerida), por isso o resultado não lhe seria imputável. Se, ao contrário, o autor ultrapassa o risco permitido e se produz então o resultado como conseqüência do perigo existente na ultrapassagem, o mesmo é imputável como realização de um perigo proibido. Não existe nenhum motivo para liberar também aqui o autor do risco e absolvê-lo, pois o limite máximo de risco tolerável é traçado pela distância legal de separação lateral. E todo incremento desse risco faz recair as conseqüências sobre o autor.[85]

---

[84] ROXIN, Claus, ob. cit., p. 379.

[85] Idem, p. 379/380. Roxin advoga que ainda quando a conduta exigível tampouco houvesse podido evitar o resultado, este deve ser imputado ao autor porque criou um risco que não é equiparável ao permitido, senão que o excede (ZStW 74, 1962, p. 434), em REYES ALVARADO, Yesed, p. 248. Desta maneira se pretenderam solucionar casos como o do médico que, havendo cometido um grave erro no desenvolvimento de uma operação, quisera defender-se com o argumento de que dada a complexidade do procedimento o paciente quiçá não sobreviveria, ainda quando a operação estivesse livre de erros; nestes casos, a tese de Roxin conduziria à condenação do médico, posto que se bem a conduta conforme ao direito provavelmente não evitaria a morte do paciente, sua conduta gerou um risco que não pode ser equiparável ao que normalmente emerge de uma intervenção cirúrgica, cfr. REYES ALVARADO, Yesid, p. 248. Esta afirmação de Roxin deu lugar a uma reprovação à teoria da elevação do risco já que viola o princípio do *in dubio pro reo*, enquanto propõe que quando não esteja demonstrado se a conduta conforme ao direito evitaria ou não o resultado se condene o acusado por haver estendido um risco maior que o permitido; com este procedimento, afirma-se, estaríamos resolvendo toda a dúvida contra o acusado, cfr. REYES ALVARADO, Yesid, p. 248. Contra esta objeção, contestou-se que a proposta da teoria da elevação do risco contém dois aspectos que devem ser claramente diferenciados: de uma parte, exige-se por parte do juiz o absoluto convencimento de que a conduta do autor gerou um risco superior ao que deveria derivar-se de uma conduta conforme ao direito, de maneira que quando o funcionário judicial não possua certeza sobre a elevação do risco, deve resolver a dúvida em favor do acusado; mas, de outra parte, há oportunidades em que, estando demonstrada a elevação do risco, não existe certeza sobre se a conduta

O fundamento da teoria do incremento do risco baseia-se na afirmação de que a finalidade de proteção da norma de cuidado existe para reduzir o perigo de lesão do bem jurídico, quando a conduta ultrapassou a medida do risco permitido.[86] Contanto que a conduta que infringe o cuidado não produza, no caso concreto, nenhum risco maior que o que produziria a conduta adequada, com base no princípio da igualdade, afirma-se a impunidade do comportamento. Ao contrário, no caso de que a conduta infratora da norma de cuidado, em comparação com a conduta alternativa adequada aumenta o risco, esta elevação do risco não é compatível com a finalidade da norma.[87] Em conseqüência, o resultado produzido tem que ser imputado, quando possivelmente com a conduta alternativa se produziria um menor risco. Em outras palavras, para a teoria do risco haverá imputação quando a conduta imprudente, em relação com a cuidadosa, produziu um aumento do perigo para o objeto da ação.[88] Desde esta perspectiva, para a imputação do resultado é suficiente com que o autor tivesse uma "reale Chance" de evitar o resultado e não o fez.[89]

---

conforme ao direito evitaria com absoluta segurança a produção do resultado, sendo casos nos quais não se deve resolver em favor do acusado porque sua conduta foi geradora de um risco superior ao que normalmente deveria produzir-se. Com esta distinção, afirma-se que a teoria da elevação do risco aplica corretamente o *in dubio pro reo* aos problemas de índole pessoal, mas sem empregá-lo em campos que como o direito material são por completo alheios a dito postulado, cfr. REYES ALVARADO, Yesid, p. 248 e 249. Com esta resposta, surgem inevitavelmente dúvidas sobre se a teoria da elevação do risco é uma tese que busca explicar em forma autônoma a imputação objetiva, ou se refere-se tão-só a um de seus elementos, vale dizer, a criação ou a realização de um risco desaprovado. Com efeito, quando se afirma que se deve sancionar ao autor pelo fato de haver elevado o risco, independentemente de se o resultado se pudesse ou não evitar com segurança mediante uma conduta alternativa conforme ao direito, se está referindo a teoria da elevação do risco a simples criação de riscos juridicamente desaprovados, com absoluta independência da criação do risco, cfr. JAKOBS, Günther, Lehrbuch, Rd 7/99, em REYES ALVARADO, Yesid, p. 248; sobre isto não pode caber dúvida alguma, posto que se sanciona ao autor, ainda quando sua conduta conforme ao direito causasse o mesmo resultado, se está sancionando uma pessoa sem estar seguro de que foi sua conduta irregular a que gerou o resultado nocivo. E se isso é assim, se está violando claramente o princípio *in dubio pro reo*, porque se estaria imputando a alguém um resultado pelo fato de que quiçá sua conduta contrária ao direito pudesse evitá-lo, é dizer, porque talvez foi sua atuação a que produziu o resultado, cfr. REYES ALVARADO, Yesid, p. 249/250.

[86] CORCOY BIDASOLO, Mirentxu. *El delito imprudente – criterios de imputación del resultado*, PPU, 1989, p. 497.

[87] Idem, p. 497/498.

[88] ROXIN, ZStW 74, 1962, p. 411, em CORCOY BIDASOLO, Mirentxu, ob. cit., p. 498.

[89] CORCOY BIDASOLO, Mirentxu, p. 498; Cfr. GONZÁLEZ DE MURILLO, José Luis Serrano. *Teoría del delito imprudente (Doctrina general y Regulación legal)*, Ministerio de Justicia, Centro de Publicaciones, 1991, p. 94, "Com sua teoria do incremento do risco Roxin acredita poder resolver o inconveniente que apresentava a doutrina contrária, consistente em ter que recorrer a processos causais hipotéticos (que levam em conta um comportamento alternativo correto), o que conduziria a impunidade na maioria dos delitos imprudentes, pois, com efeito,

Porém, em que pese a argumentação exposta até o presente, uma parte da doutrina e da jurisprudência chegam a outra conclusão. O Tribunal Supremo Federal (Alemanha) diz que: "Somente se pode aceitar que uma conduta infratora das regras de cuidado é causal a respeito de um resultado danoso se é seguro que com uma conduta correta no trânsito não se produziria o resultado". Em caso contrário, argumenta-se também na doutrina, "se não é seguro que se realizou o perigo não permitido e em virtude do princípio *in dubio pro reo* o autor deve ser absolvido".[90]

Ao aplicar-se o princípio *in dubio pro reo,* a decisão é cristalina: o motorista (caso do exemplo citado) que leva a cabo a ultrapassagem, ao não manter a suficiente distância lateral, gera com seu comportamento um risco não permitido; entretanto, tal risco não está numa relação planificável com o sobressalto que por causa do ruído sofrem os ciclistas ébrios, e tampouco está com o fato de que estes resultem atropelados se realizam um movimento excessivo para um dos lados; pode que seja provável que as coisas ocorressem de outro modo, mas isto não está provado.[91] Por conseguinte, o motorista do caminhão não haveria de responder pela conseqüência sobrevinda, é dizer, pelo homicídio. Em favor do caminhoneiro haveria que partir da base de que o ciclista deveria atribuir-se o acidente a si mesmo como conseqüência da infração de seus deveres de autoproteção: participar no trânsito apesar de sua incapacidade para conduzir.[92]

Para Roxin, as argumentações são incorretas, já que não é lícito dividir um risco em uma parte permitida e outra não permitida e averiguar separadamente para cada uma a realização do perigo. Se o autor ultrapassa o risco permitido e com isso segue incrementando o risco que precisamente ainda era tolerável, cria um risco em conjunto simplesmente proibido. E esse risco proibido em sua totalidade também se realiza se se produz o resultado; disso não cabe a menor dúvida, portanto não há campo de aplicação para o princípio *in dubio pro reo.*[93]

---

como resulta quase impossível averiguar com total segurança o que haveria ocorrido se o autor não houvesse realizado a ação contrária ao cuidado, aquele sempre poderia escudar-se em que quiçá se haveria produzido em todo caso a morte da vítima e haveria que absolvê-lo em virtude do princípio *in dubio pro reo.*

[90] ROXIN, Claus, ob. cit., p. 380.

[91] JAKOBS, Günther. *Imputación*, ob. cit., p. 121.

[92] Id., ibid.

[93] ROXIN, Claus, ob. cit., p. 380.

Para o referido autor, não se pode descompor o risco num *quantum* permitido e outro proibido e exigir uma comprovação da causalidade separada para cada um, pois é algo que se segue necessariamente do fim de proteção da norma de cuidado, que também é em outros casos tão importante para a questão de se se realizou um perigo não permitido. Com efeito, o legislador tem que insistir também no cumprimento da norma de cuidado precisamente ali onde sua observância certamente aumenta claramente a possibilidade de salvaguarda do bem jurídico, mas não a garante com absoluta segurança.[94]

Jakobs, criticando a teoria do incremento do risco, diz que é incorreta a tese fundamental segundo a qual não se pode fracionar um risco numa parte permitida e outra não permitida, senão que, ao contrário, o autor "cria um risco simplesmente proibido em seu conjunto" ao superar o risco permitido e "seguir incrementando o risco que justamente ainda era tolerável" (Roxin, AT, 11/74). Precisamente, esta perspectiva não é certa, e, se quiséssemos tomar como base, isso excluiria que se pudesse negar a responsabilidade do autor quando se provasse que foi o risco da vida que se realizou, pois se a superação do risco permitido criasse um "risco simplesmente proibido *em seu conjunto*", junto a este risco não existiria nenhum tipo de risco da vida: esta seria a idéia do *versari in re illicita*. Frente a isto, a graça da orientação social atual está precisamente em que há uma distinção entre as conseqüências planificáveis de um comportamento e os meros traspasses de riscos vitais que excluem o planejamento e nada aportam para a orientação.[95]

Portanto, a conclusão de Jakobs é de que a necessária aplicação do princípio *in dubio pro reo* deve conduzir a absolvição inclusive nos casos limites de extrema falta de cuidado e sendo pouco provável a explicação através de outro risco; mas não porque não concorra um comportamento desaprovado, senão porque não está provado que o resultado possa ser atribuído ao comportamento.[96] Enquanto todas as

---

[94] ROXIN, Claus, ob. cit., p. 380/381.

[95] JAKOBS, Günther. *Imputación*, ob. cit., p. 124/125.

[96] Id., ibid. No mesmo sentido, GONZÁLEZ DE MURILLO, José Luis Serrano, p. 95, quando afirma que "a teoria do incremento do risco é criticável, ademais das razões processuais, já que vulnera o princípio *in dubio pro reo*, por razões de direito material: Que grau de probabilidade se requer para falar de um aumento do risco, em relação com o processo causal onde não houvesse descuido? Em realidade, somente se pode eleger entre duas possibilidades relevantes: ou há certeza de que a conduta correta haveria evitado o resultado ou não há, e em caso de dúvida o critério de favorecer ao acusado parece decisivo.

tentativas culposas, ainda as extremamente descuidadas, permaneçam impunes, não há nenhuma razão de converter artificialmente este âmbito em algo especial. O que pode resultar perturbador no âmbito da imprudência é a intensa dependência da punibilidade com o resultado, é dizer, com a consumação, mas essa dependência é um problema geral e não pode ser resolvida com um ponto de partida concreto; tendo em conta, ademais, que este ponto de partida conduz simultaneamente, e de modo desbordante, a ter que castigar inclusive em caso de ser mínima a imprudência e provável a explicação do resultado através de outro risco.[97]

Com este breve estudo, procuramos desenvolver alguns pontos que seguem sendo discutidos e aplicados na doutrina estrangeira. Porém, como se pode extrair do texto, em vários deles, não há acordo na doutrina. De qualquer modo, fica lançada a semente para que se comece a pensar nos novos parâmetros a que conduz esta teoria.

---

[97] Id., ibid.; LUZÓN PEÑA, Diego-Manuel, p. 386, com uma posição similar afirma que o critério do incremento do risco não parece correto, pois o decisivo deve ser se o resultado encaixa ou não no fim da norma por realizar o risco típico inicial – maior por certo que o permitido – da ação; e se o concreto resultado não guarda relação com essa periculosidade inicial, que é o que ocorrerá na maioria dos casos destes cursos causais hipotéticos, não haverá imputação objetiva. Por certo que será preciso que haja segurança ou ao menos uma grande probabilidade de que o resultado também se produziria com a conduta correta para poder afirmar, com certeza ou em virtude do *in dubio pro reo*, que o resultado não é precisamente a realização do perigo inerente à ação incorreta sem que baste uma certa possibilidade de que também o causaria a conduta correta.

3. Problemas pontuais da lei de lavagem de dinheiro

3.1. INTRODUÇÃO

O crime organizado, mercê de suas atividades ilícitas (tráfico de drogas, contrabando de armas, extorsão, prostituição, etc.), dispõe de fundos colossais, mas, inutilizáveis enquanto possam deixar pistas de sua origem.[98] Da necessidade de ocultar e reinvestir as ingentes fortunas obtidas, ora para financiar novas atividades criminosas, ora para a aquisição de bens diversos, surge a lavagem de dinheiro com o fim último de evitar o descobrimento da cadeia criminal e a identificação de seus autores. A reciclagem do dinheiro converte-se, assim, em requisito imprescindível para sua impune introdução no circuito econômico. A partir deste momento, o poder econômico do crime organizado se converte em exponencial. O dinheiro lavado pode ser então investido sem levantar suspeitas e contribuir para que seus detentores se adornem com um verniz de responsabilidade sob a cobertura de atividades honráveis. Existe com isso o perigo de que economias inteiras caiam sob seu controle, que se distorça o sistema financeiro e que o sistema democrático, em determinados países, fique sem estabilidade.[99]

Como o objeto deste trabalho não é este, apenas a título de introdução conceituaremos a lavagem de dinheiro, ou melhor, o que signi-

---

[98] COSTA, Renata Almeida. *A Sociedade Complexa e o Crime Organizado: A Contemporaneidade e o Risco nas Organizações Criminosas*. Rio de Janeiro: Lumen Juris, 2004.

[99] RENART GARCÍA, Felipe. *El Blanqueo de capitales en el Derecho suizo, Poder Judicial*, n. 50, 1998, p. 119/120.

fica este fenômeno. A maior parte da doutrina estrangeira entende o fenômeno da lavagem de dinheiro como "o processo ou conjunto de operações mediante o qual os bens ou o dinheiro resultantes de atividades delitivas, ocultando tal procedência, se integram no sistema econômico ou financeiro".[100] Em sentido similar, Gomez Iniesta assinala que por lavagem de dinheiro ou bens entende-se a operação através da qual o dinheiro de origem sempre ilícita (procedente de delitos que se revestem de especial gravidade) é investido, ocultado, substituído ou transformado e restituído aos circuitos econômico-financeiros legais, incorporando-se a qualquer tipo de negócio como se fosse obtido de forma lícita.[101] Diez Ripollés, ao tratar do tema, refere-se aos procedimentos pelos quais se aspira a introduzir no tráfico econômico-financeiro legal os grandiosos benefícios obtidos a partir da realização de determinadas atividades delitivas especialmente lucrativas, possibilitando assim que se desfrute das quantias juridicamente inquestionáveis.[102]

De todas as formas, praticamente todos os autores que analisaram o fenômeno de lavagem de dinheiro acabam por defini-lo de maneira semelhante.

3.2. FASES OU TÉCNICAS DE LAVAGEM DE DINHEIRO

Conceituado o fenômeno, cabe a análise de algumas fases ou técnicas de lavagem de dinheiro. A doutrina estrangeira já escreveu muito sobre os sistemas e métodos empregados para a lavagem de capitais. Como o tema tem recebido cada vez mais importância em nosso país, torna-se freqüente em todos os tipos de publicações. O problema é que o tratamento jornalístico da questão é dirigido a enfatizar os aspectos menos importantes do fenômeno – corrupção, escândalos, conivência do poder público em determinados casos – que abordar de forma rigorosa a explicação dos procedimentos de lavagem. De outro lado, os procedimentos de lavagem são relativamente com-

---

[100] DIAZ-MAROTO Y VILLAREJO, Julio. *El blanqueo de capitales en el Derecho Español*, Dykinson, 1999, p. 5.

[101] GOMEZ INIESTA, Diego J. *El delito de blanqueo de capitales en Derecho Español*, Cedecs, Barcelona, 1996, p. 21.

[102] DIEZ RIPOLLÉS, José Luis. "El blanqueo de capitales procedente del tráfico de drogas", *em Actualidad Penal*, n. 32, 1994, p. 609.

plexos e utilizam instrumentos, mecanismos e técnicas do sistema financeiro, de forma que sua explicação requer um prévio conhecimento deste sistema.

Existem vários métodos ou fases que normalmente se utilizam com a finalidade de lavar o dinheiro, porém, sucintamente, mencionaremos alguns deles.

3.2.1. A primeira fase consiste na ocultação

De acordo com a doutrina, esta é a fase em que os delinqüentes procuram desembaraçar-se materialmente das importantes somas em dinheiro que foram geradas pelas suas atividades ilícitas.[103] O montante arrecadado é normalmente trasladado a uma zona ou local distinto daquele em que se arrecadou. Em continuação, coloca-se este dinheiro em estabelecimentos financeiros tradicionais ou em estabelecimentos não-tradicionais (casas de câmbio, cassinos, etc.) ou, ainda, em outros tipos de negócios de condições variadas (hotéis, restaurantes, bares, etc.).[104]

A característica principal desta fase é a intenção dos criminosos de desfazerem-se materialmente das somas arrecadadas em dinheiro, sem ocultar todavia a identidade dos titulares.[105] Isso ocorre porque os criminosos têm ciência de que a acumulação de grandes somas de dinheiro pode chamar a atenção em relação a sua procedência ilícita. Esta acumulação significa também o perigo constante de furto ou roubo, o que obriga de uma forma ou outra aos criminosos a despachar fisicamente grandes somas para fora do lugar de obtenção, com destino a outro lugar onde seja mais fácil ocultar a sua origem criminosa.[106]

Existem inúmeras formas de ocultação, mas não é objeto deste trabalho a análise de cada uma delas, portanto, somente faremos menção a elas. Assim, pode-se ocultar o dinheiro obtido de forma ilícita colocando-o através de entidades financeiras de forma fracionada; através da cumplicidade do próprio pessoal do banco; através de estabele-

---

[103] VIDALES RODRIGUEZ, Caty. *Los delitos de receptación y legitimación de capitales en el Código Penal*, Tirant lo blanch, Valencia, 1997, p. 72.

[104] ALVAREZ PASTOR, Daniel; EGUIDAZU PALACIOS, Fernando. *La prevención del blanqueo de capitales*, Aranzadi, 1998, p. 35.

[105] ZARAGOZA AGUADO, Javier. "El blanqueo de dinero. Aspectos sustantivos. Su investigación", *Cuadernos de Derecho Judicial*, 1994, p. 134.

[106] BLANCO CORDERO, Isidoro. *El delito de blanqueo de capitales*, Aranzadi, 1997, p. 71 e 72.

cimentos financeiros não tradicionais; misturando-se fundos lícitos com ilícitos, através do contrabando de dinheiro (passando-o pela fronteira de outros países).[107]

3.2.2. A segunda fase denomina-se mascaramento

A função desta fase consiste em ocultar a origem dos produtos ilícitos mediante a realização de numerosas transações financeiras.[108] Se os "lavadores" de capitais têm êxito na primeira fase, tratarão agora de tornar mais difícil e complicada a detecção dos bens mediante a realização de múltiplas transações que, como camadas, irão se amontoando uma depois da outra, dificultando o descobrimento da origem daqueles bens.[109]

Portanto, nesta fase é preciso fazer desaparecer o vínculo existente entre o criminoso e o bem procedente de sua atuação, razão pela qual é usual o recurso à superposição e combinação de complicadas operações financeiras que tratam de dificultar o seguimento do que se conhece como "pegada ou rastro do dinheiro".[110]

Assim, o propósito perseguido nesta fase é "desligar os fundos de sua origem, gerando para isso um complexo sistema de transações financeiras destinadas a apagar as pegadas contábeis destes fundos ilícitos". Esta forma complexa em que as transações são desenvolvidas, mescladas e superpostas tem como finalidade que se torne extremamente difícil para as autoridades detectar estes fundos.

As formas usualmente utilizadas nesta fase são a conversão do dinheiro em instrumentos financeiros; aquisição de bens materiais com dinheiro em espécie; transferência eletrônica de fundos, etc.[111]

3.2.3. Por fim, a última fase denomina-se integração

Nesta etapa, o capital ilicitamente obtido já conta com aparência de legalidade que se pretendia que tivesse. De acordo com isso, o

---

[107] Nesse sentido, ver BLANCO CORDERO, ob. cit., p. 72 e ss.; ALVAREZ PASTOR, Daniel; EGUIDAZU PALACIOS, Fernando, ob. cit., p. 35 e ss.

[108] ZARAGOZA AGUADO, Javier, ob. cit., p. 135.

[109] BLANCO CORDERO, Isidoro, ob. cit., p. 78.

[110] VIDALES RODRIGUEZ, Caty, ob. cit., p. 73.

[111] Sobre estas técnicas, ver em detalhes, FABIAN CAPARROS, Eduardo. *El delito de blanqueo de capitales*, Colex, 1998, p. 140; BLANCO CORDERO, Isidoro, ob. cit., p. 79 e ss.; ALVAREZ PASTOR, Daniel; EGUIDAZU PALACIOS, Fernando, ob. cit., p. 37.

dinheiro pode ser utilizado no sistema econômico e financeiro como se se tratasse de dinheiro licitamente obtido.[112] Consumada a etapa de mascarar, os "lavadores" necessitam proporcionar uma explicação aparentemente legítima para sua riqueza, logo, os sistemas de integração introduzem os produtos "lavados" na economia, de maneira que apareçam como investimentos normais, créditos ou investimentos de poupança.[113]

Assim, os procedimentos de integração situam os valores obtidos com a lavagem na economia de tal forma que, integrando-se no sistema bancário, aparecem como produto normal de uma atividade comercial. Quando se chega nesse estágio, é muito difícil a detecção da origem ilícita destes valores. A menos que se tenha seguido seu rastro através das etapas anteriores, dificilmente se distinguirão os capitais de origem ilegal dos de origem legal.[114]

Os métodos utilizados nesta etapa são: venda de bens imóveis; "empresas de fachada" e empréstimos simulados; cumplicidade dos banqueiros estrangeiros; faturas falsas de importação e exportação; sistemas bancários clandestinos ou irregulares; comércio cruzado; companhias de seguros; agentes da bolsa de valores, etc.[115]

3.3. PROBLEMAS ESPECÍFICOS DA LEI BRASILEIRA

3.3.1. O crime antecedente na lei de lavagem

De acordo com a redação dada a esse dispositivo, o legislador brasileiro menciona no tipo tão-somente a palavra "crime" antecedente, o que leva a doutrina a estabelecer o que significa esse termo. O art. 2°, § 1°, estabelece expressamente: "A denúncia será instruída com indícios suficientes da existência do crime antecedente, sendo puníveis

---

[112] VIDALES RODRIGUEZ, Caty, ob. cit., p. 73 e 74; GOMEZ INIESTA, Diego J., "Medidas Internacionales Contra el Blanqueo de Dinero y su Reflejo en el Derecho Español", em *Estudios de Derecho Penal Económico*, Universidad de Castilla-La Mancha, 1994, p. 140; FABIAN CAPARROS, Eduardo, ob. cit., p. 149.

[113] BLANCO CORDERO, Isidoro, ob. cit., p. 84.

[114] Nesse sentido, ALVAREZ PASTOR, Daniel; EGUIDAZU PALACIOS, Fernando, ob. cit., p. 38.

[115] Sobre estas técnicas, em detalhes, ZARAGOZA AGUADO, Javier, ob. cit., p. 138 e ss.; BLANCO CORDERO, Isidoro, ob. cit., p. 85 e ss.

os fatos previstos nesta Lei, ainda que desconhecido ou isento de pena o autor daquele crime".

A primeira indagação cinge-se a buscar a interpretação que o legislador procurou dar ao termo "crime antecedente". Um setor da doutrina menciona que o crime de lavagem é autônomo e, assim, não estaria condicionado ao processo e julgamento do crime antecedente.[116] Não estamos de acordo com essa posição. É que ela pode ser verdadeira se for complementada, pois ainda que o crime de lavagem seja considerado autônomo, mister se faz alguns requisitos para a verificação da existência do "crime" antecedente que pode gerar bens aptos a serem lavados.

Outro setor da doutrina brasileira posiciona-se de forma diferente quanto à redação desse preceito, sob o fundamento de que o crime antecedente condiciona o tipo de lavagem de dinheiro previsto na lei brasileira. De acordo com isso, não seria possível a condenação do sujeito pelo crime de lavagem se não houvesse absoluta certeza da realização do tipo antecedente. Portanto, o fato antecedente deve ser ao menos típico e antijurídico para a sua caracterização como delito prévio.[117]

A melhor interpretação nos parece ser esta, ou seja, somente os indícios do crime antecedente não são suficientes para a condenação do sujeito pelo delito de lavagem de capitais. Como o legislador exigiu a existência suficiente de indícios do "crime" antecedente, ao menos o fato deve ser típico e antijurídico. Isso porque pode ocorrer no delito antecedente a exclusão da tipicidade (erro de tipo) ou da antijuridicidade, o que levaria à não-existência do crime antecedente. Assim, se não há crime antecedente, torna-se impossível a aplicação do art. 2º, § 1º, da Lei 9.613/98.

Além disso, o legislador adotou para os delitos de lavagem de dinheiro o princípio da acessoriedade limitada, ou seja, há necessidade de que o delito prévio seja ao menos típico e antijurídico, o que torna impossível a comissão de um delito de lavagem se o fato antecedente previsto na lei não possa ser considerado crime. Assim, é necessário

---

[116] TERRA DE OLIVEIRA, Willian, em CERVINI, Raúl; TERRA DE OLIVEIRA, Willian; GOMES, Luiz Flávio. *Lei de Lavagem de Capitais*, RT, 1998, p. 325 e ss.

[117] D'AVILLA, Fábio Roberto. "A Certeza do Crime Antecedente como Elementar do Tipo nos Crimes de Lavagem de Capitais", *Boletim do Instituto Brasileiro de Ciências Criminais*, ano 7, n. 79, junho/1999, p. 4.

que fique provada a existência da tipicidade e da antijuridicidade do crime antecedente, pois o reconhecimento de uma justificante ou a ausência de um dos elementos do tipo leva, necessariamente, à ausência do crime antecedente e, por isso, não haveria a subsunção típica às figuras de lavagem que exigem a comissão daquele.[118]

Na esfera da participação criminal, denomina-se acessoriedade limitada o grau de dependência segundo o qual só se pode castigar a conduta do partícipe quando o fato principal for típico e antijurídico.[119] Logo, se a culpabilidade não é requisito necessário para a configuração do fato prévio como delito, deduz-se que o são a tipicidade e a antijuridicidade. Portanto, é correto afirmar que a relação de dependência do delito de lavagem com relação ao delito prévio é de acessoriedade limitada.[120]

Essa classe de acessoriedade é a que se pode depreender do conteúdo do artigo 2º, § 1º, da Lei nº 9.613/98. A razão não é porque o artigo não estabeleça expressamente que elementos têm que concorrer para determinar que o fato prévio seja um crime, senão porque menciona o que não é necessário para a sua consideração como tal: a culpabilidade (o parágrafo menciona isenção de pena).

Duas conseqüências podem ser extraídas da aplicação do princípio da acessoriedade limitada. A primeira delas é que quando os bens não têm sua origem em um fato típico, não poderá haver um delito de lavagem de dinheiro. O que significa que se o fato prévio que origina os bens não se encontra descrito em algum tipo no Código Penal ou numa lei especial, as condutas de lavagem que recaem sobre estes bens não podem ser típicas.[121]

A segunda conseqüência que se depreende da aplicação do princípio da acessoriedade limitada é que quando ocorre uma causa de justificação no fato prévio que origina os bens, não poderá também haver um delito de lavagem de dinheiro. É dizer, que se as condutas

---

[118] D'AVILLA, Fábio Roberto, ob. cit., p. 4.

[119] JESCHECK, Hans-Heinrich. *Tratado de Derecho Penal*, Parte General, 4ª ed., Comares, p. 596 e ss.; BACIGALUPO, Enrique. *Principios de derecho penal*, parte general, akal/iure, 5ª edición, 1998, p. 379; BATISTA, Nilo, *Concurso de Agentes*, Liber Juris, 1979, p. 124 e ss.; PIERANGELLI, José Henrique. *Escritos Jurídicos Penais*, RT, 1992, p. 62; CALLEGARI, André Luís, "Breves Anotações Sobre o Concurso de Pessoas", *Revista dos Tribunais*, vol. 761, ano 88, março de 1999, p. 454 e ss.

[120] Nesse sentido, CARPIO DELGADO, Juana, ob. cit., p. 128; BLANCO CORDERO, Isidoro, ob. cit., p. 237.

[121] Idem, p. 129; Idem, p. 238.

Imputação Objetiva

que podem constituir lavagem recaem sobre bens que têm sua origem num fato típico mas que não é antijurídico, não se pode apreciar um delito de lavagem de dinheiro.[122]

De acordo com essa posição, é irrelevante para o delito de lavagem de dinheiro o requisito da culpabilidade, pois se a conduta que constitui lavagem recai sobre bens que tiveram a sua origem num fato típico e antijurídico, ainda que o sujeito que interveio no delito prévio seja isento de pena, será possível a apreciação de um delito de lavagem de capitais.

3.3.2 O problema da prova do crime antecedente

Esclarecido o que deve-se entender por crime antecedente, é dizer, que ao menos seja um fato típico e antijurídico para que possa gerar bens aptos a ser lavados, torna-se necessário verificar a problemática da prova para viabilizar a condenação pelo crime de lavagem de capitais. É que o art. 2º, II, da Lei 9.613/98 estabelece expressamente: "Art. 2º. O processo e julgamento dos crimes previstos nesta Lei: II – independem do processo e julgamento dos crimes antecedentes referidos no artigo anterior, ainda que praticados em outro país."

De acordo com o conteúdo deste artigo e seu inciso, pode haver uma sentença condenatória pelo delito de lavagem de dinheiro ainda que não se julgue o crime antecedente que deu origem aos bens que foram lavados. Porém, baseado em que prova o juiz condenaria o sujeito acusado de lavar dinheiro? A sentença condenatória fundamentada somente com indícios do crime antecedente fere o princípio da presunção de inocência, uma vez que sequer restou provado o fato anteriormente imputado ao acusado. Assim, no processo penal dominado pelo princípio da presunção da inocência, a atividade probatória deve atender à verificação dos fatos imputados,[123] e não aos indícios destes. Traduzindo-se isto para o crime de lavagem, torna-se necessária a verificação do crime antecedente para viabilizar a sentença, e não somente os indícios daquele.

Pelo princípio da presunção de inocência, requer-se a prova de que os bens supostamente lavados procedam de um delito prévio.

---

[122] Nesse sentido, CARPIO DELGADO, Juana, ob. cit., p. 129; BLANCO CORDERO, Isidoro, ob. cit., p. 238.

[123] GOMES FILHO, Antonio Magalhaes. *Presunção de Inocência e Prisão Cautelar*, Saraiva, 1991, p. 39.

Nesse sentido, caberiam duas possibilidades para dar crédito à comissão do delito antecedente. A primeira seria no sentido de exigir uma sentença condentatória com trânsito em julgado que reconhecesse a existência de um fato típico e antijurídico. A segunda possibilidade é a de deixar ao juiz que julga o delito de lavagem de capitais que determine se existiu previamente o delito exigido pela lei. De todas as formas, não é suficiente a prova de um delito prévio, senão que também se prove que os bens procederam do mesmo.

O problema da prova do crime prévio é simples nos casos em que uma sentença declare a existência do fato típico e antijurídico, mas torna-se problemático no caso em que ela não exista.[124]

Um setor da doutrina estrangeira utiliza a jurisprudência da receptação para resolver o problema, afirmando que nos casos deste delito não é preciso uma sentença condenatória com relação ao delito prévio, mas exige, em todo caso, um fato minimamente circunstanciado.[125] Porém, é necessário que o juiz responsável pelo julgamento dos atos de lavagem considere provada a existência de um fato delitivo prévio, ou seja, é necessário saber com precisão qual foi o fato criminoso que originou os bens.[126] Nesse sentido, não se faz necessária a sentença condenatória sobre o crime antecedente, mas, ainda assim, a receptação deve estar plenamente acreditada em sua realidade e em sua natureza jurídica, sem que baste para isso uma mera denúncia ou diligências policiais, senão que, por tratar-se de um elemento constitutivo do tipo, é necessário que as provas destinadas a acreditá-la se pratiquem com as garantias constitucionais e processuais que possibilitem respeitar a presunção de inocência.[127] Portanto, ao menos é necessário que fique provado perante o juiz competente para julgar o crime de lavagem de capitais que os bens procedem de um delito grave.[128]

No Brasil, a receptação recebe o mesmo tratamento, ou seja, não há necessidade da sentença penal condenatória que ateste a ocorrência

---

[124] FABIAN CAPARROS, Eduardo, ob. cit., p. 385.

[125] PALOMO DEL ARCO, Andrés, "Receptación y Figuras Afines", em *Estudios sobre el Código penal de 1995* (Parte Especial), Estudios de Derecho Judicial 2, 1996, p. 380.

[126] BLANCO CORDERO, Isidoro, ob. cit., p. 252; VIDALES RODRIGUEZ, Caty, ob. cit., p. 47.

[127] Nesse sentido, STS 20 de enero 1999.

[128] BLANCO CORDERO, Isidoro, ob. cit., p. 252. O legislador espanhol não estabeleceu um rol taxativo de crimes antecedentes aos de lavagem, pois considera como crime antecedente ao de lavagem todo aquele que tenha uma pena grave.

do crime antecedente, mas torna-se indispensável a prova de sua ocorrência.[129]

A adoção do tratamento dispensado ao delito de receptação parece coerente, possibilitando sua utilização em relação ao preceito estabelecido no art. 2°, II, da Lei n° 9.613/98. Assim, para que se viabilize uma sentença condenatória no processo e julgamento de um crime de lavagem de capitais ao menos seria necessário que houvesse uma prova convincente do delito antecedente, prova essa que pudesse ser acreditada em relação a um dos delitos previstos na lei brasileira de lavagem.

Porém, outro setor da doutrina sustenta que o delito prévio é um elemento normativo do tipo, ou seja, que a exigência do delito prévio constitui um autêntico elemento do tipo,[130] ou uma elementar do tipo.[131] Esta última posição é sustentada no Brasil por Fábio D'Avilla, que assinala que a técnica legislativa adotada pelo legislador brasileiro tornou o crime antecedente elementar do tipo previsto no art. 1° da Lei de Lavagem, condicionando-o a sua verificação plena. Para o autor, a incerteza do crime antecedente redundaria na incerteza quanto a um dos elementos objetivos do tipo, impossibilitando, assim, a sua adequação legal.[132] Isso se deve ao fato de que o legislador, ao redigir o tipo penal de lavagem e após definir os verbos que compõem a figura típica, utilizou a palavra "crime", ou seja, para haver lavagem de dinheiro é necessário que os bens ocultados ou dissimulados, por exemplo, provenham de um dos "crimes" definidos pelo legislador nos incisos I a VII da Lei de Lavagem.

Esta posição parece levar a um critério mais rigoroso para que se possa condenar o sujeito pelo delito de lavagem de dinheiro, já que seria necessária a constatação da existência do crime antecedente, ou seja, ao menos que este seja um fato típico e antijurídico. A razão disso é que se o crime antecedente é elementar do tipo de lavagem de dinheiro, a inexistência do crime antecedente (erro de tipo, por exemplo) impossibilita a condenação pelo delito de lavagem. O mesmo ocorreria se fosse reconhecida uma excludente da ilicitude. Portanto,

---

[129] RT 404/288; RT 663/293; RJD 25/338; RT 718/425.

[130] BOCKELMANN, "Über das Verhältnis der Begünstigung zur Vortag", NJW, p. 620 e SCHMID, "Anwendungsfragen der Straftatbestände gegen die Geldwäscherei, vor allem StGB art. 350 bis", em *Schweizerischer Anwaltsverband, Geldwäscherei und Sorgfaltspflicht*, Zürich, 1991, p. 111, citados por BLANCO CORDERO, Isidoro, ob. cit., p. 222 e 223.

[131] D'AVILLA, Fábio Roberto, ob. cit., p. 4.

[132] Id., ibid.

reconhecida uma excludente da ilicitude ou da tipicidade, não haveria o crime antecedente e, por conseqüência, a absoluta impossibilidade de subsunção típica pela ausência da elementar "crime" constante no art. 1º da Lei de Lavagem.[133]

Mencionamos linhas acima que esta posição parecia levar a um critério mais rigoroso do que a utilização do critério da receptação para a condenação do sujeito pelo crime de lavagem de capitais, isto porque exige, como elementar do tipo, a existência do crime antecedente. Porém, como a disposição do art. 2º, II, da Lei de Lavagem é processual, de todas as formas deverá restar provada no processo (como no critério da receptação) a existência do crime antecedente ao de lavagem.

A nosso juízo, por qualquer critério utilizado, exige-se um convencimento acurado ou, ao menos, uma prova segura do crime antecedente, que poderá ser efetivada no próprio processo de lavagem ou em outro em que se apura o crime antecedente. Se houver dúvida sobre a existência do crime antecedente,[134] o juiz não pode condenar o réu pelo crime de lavagem de capitais.[135]

3.3.3. Indícios suficientes da existência do crime para o oferecimento da denúncia (art. 2º, § 1º, da Lei 9.613/98)

O art. 2º, § 1º, da Lei de Lavagem estabeleceu que a denúncia será instruída com indícios suficientes do crime antecedente.

No processo penal, a regra é a de que existam indícios da autoria e prova da materialidade do crime para o oferecimento da denúncia. A Lei de Lavagem inovou ao exigir somente os indícios do crime antecedente. Porém, fica a indagação se este dispositivo não fere as garantias do acusado, é dizer, da mais ampla defesa e da presunção de inocência. Isto porque de acordo com o preceito contido no dispositivo, o acusado terá que se defender de uma acusação de lavagem de capitais

---

[133] Nesse sentido, D'AVILLA, Fábio Roberto, ob. cit., p. 4.

[134] Ver HASSEMER, Winfried. *Crítica al Derecho Penal de Hoy*, Ad-Hoc, p. 88.

[135] Nesse sentido, BARROS, Marco Antonio, ob. cit., p. 84. Ademais, assinala o autor que "a comprovação da ocorrência do crime básico configura uma questão prejudicial do próprio mérito da ação penal em que se apura o crime de *lavagem*. Desse modo, ao fundamentar a sentença condenatória o juiz tem o dever funcional de abordar essa questão, afirmando estar convencido da existência do crime antecedente, apontando as provas dos autos que o levam a formar essa convicção".

baseada num crime antecedente que não restou provado, ou seja, há apenas indícios suficientes deste crime.

É certo que o processo penal é considerado geralmente um instrumento necessário de proteção dos valores recolhidos pelo Direito Penal, cuja função principal consiste em dotar o Estado de um procedimento preestabelecido para a aplicação do *ius puniendi*. A finalidade, portanto, das medidas restritivas de direito fundamentais suscetíveis de serem adotadas no processo penal orientaria-se, assim, em princípio, a permitir aos órgãos do Estado a satisfação dos fins próprios do Direito material, dando deste modo resposta ao interesse de persecução penal que anima sua atuação neste âmbito e que se opõe ao *ius libertatis* dos cidadãos.[136]

O questionamento que se impõe é no sentido de que até que ponto o Estado pode efetivar essas medidas de persecução penal sem ferir os direitos e garantias fundamentais do cidadão. Ainda que o crime de lavagem seja um crime grave, não se pode permitir ao Estado que viabilize uma acusação contra o indivíduo baseada em "indícios suficientes" dos crimes antecedentes.

Montañes Pardo,[137] ao tratar da prova indiciária na Espanha, afirma que é possível a aceitação desta, mas adverte que ela deve observar alguns requisitos e os resume desta forma: a) Os indícios devem estar plenamente seguros. Assim, não valem as meras conjecturas ou suspeitas, pois não é possível construir certezas sobre simples probabilidades; b) Concorrência de uma pluralidade de indícios. É necessário que concorra uma pluralidade de indícios, pois um fato único ou isolado impede fundamentar a convicção judicial com base na prova indiciária; c) Existência de razões dedutivas. Entre os indícios provados e os fatos que se inferem destes deve existir um enlace preciso, direto, coerente, lógico e racional segundo as regras do critério humano.

Talvez, utilizando-se este critério para a verificação dos indícios do crime antecedente, seria possível que se viabilizasse a inicial acusatória pelo crime de lavagem de dinheiro. Acreditamos que o melhor seria uma prova segura do crime antecedente, que, necessariamente, não significa uma sentença condenatória, mas, que permita ao juiz a

---

136 GONZALEZ-CUELLAR SERRANO, Nicolas. *Proporcionalidad y Derechos Fundamentales en el Proceso Penal*, Colex, 1990, p. 243.
137 MONTAÑES PARDO, Miguel Angel. *La presunción de Inocencia*, 1999, p. 106/109.

verificação dos fatos típicos e antijurídicos que geraram os bens aptos a serem lavados.

A doutrina brasileira menciona que a denúncia não precisa descrever minuciosamente o crime antecedente, pois isso deve ser feito em relação ao crime de lavagem. Mas enfatiza que cabe ao Ministério Público demonstrar ao juiz que a inicial acusatória está fundamentada em seguros indícios de que o crime de lavagem provém direta ou indiretamente da prática de um daqueles crimes antecedentes previstos na Lei n° 9.613/98.[138] Assim, se não houver uma base probatória mínima que demonstre a existência do crime antecedente, a denúncia deverá ser rejeitada.[139]

3.3.4. Crimes antecedentes previstos na Lei de Lavagem e cometidos no estrangeiro

Uma das características do delito de lavagem de capitais é a possibilidade de ser realizado em um país distinto daquele onde foi cometido o delito prévio que originou os bens,[140] é dizer, é possível que o delito prévio que dá origem aos bens tenha sido cometido em um país, e o delito de "lavagem", em outro diferente.[141]

Os legisladores, preocupados com a internacionalização deste delito, atendem às recomendações internacionais em matéria de lavagem de capitais relativas aos delitos prévios cometidos no estrangeiro e introduzem nos Códigos Penais dispositivos para prevenção desta forma de delito.[142]

Nossa legislação adotou esta sistemática, pois a Lei n° 9.613/98 trouxe previsão expressa no sentido de que o crime antecedente que gera bem idôneo para o delito de lavagem de dinheiro possa ser cometido no estrangeiro. Assim, o artigo 2°, II, da Lei 9.613/98, estabelece expressamente: "Art. 2°. O processo e julgamento dos crimes previstos

---

[138] Cfr. BARROS, Marco Antonio, ob. cit., p. 82.

[139] GOMES, Luiz Flávio, em CERVINI, Raul; TERRA DE OLIVEIRA, Willian; GOMES, Luiz Flávio, ob. cit., p. 356.

[140] QUINTERO OLIVARES, Gonzalo. *Comentarios a la Parte Especial del Derecho Penal*, Aranzadi, p. 708.

[141] Nesse sentido, CARPIO DELGADO, Juana. *El delito de blanqueo de bienes en el nuevo Código Penal*, Tirant lo blanch, 1997, p. 141; BLANCO CORDERO, Isidoro, ob. cit., p. 244; QUINTERO OLIVARES, Gonzalo. *Comentarios a la Parte Especial del Derecho Penal*, Aranzadi, 1996, p. 703.

[142] Na Espanha há disposição expressa neste sentido, de acordo com o artigo 301, n° 4, do Código Penal. O legislador alemão também fez tal previsão no art. 261, 2, VIII, do Código Penal Alemão.

Imputação Objetiva

nesta Lei: II – independem do processo e julgamento dos crimes antecedentes referidos no artigo anterior, ainda que praticados em outro país."

Em primeiro lugar, cabe esclarecer que o legislador brasileiro adotou um critério fechado ou *numerus clausus* para descrever os crimes que podem gerar bens suscetíveis e idôneos para serem "lavados". Assim, somente serão objeto de "lavagem" os bens que tenham sua origem ou procedam de um dos delitos previamente enumerados na Lei n° 9.613/98.[143]

Como nosso legislador fez esta opção, é dizer, trouxe um rol taxativo dos delitos prévios que podem gerar bens que serão objeto material do delito de "lavagem", não importa a gravidade da pena destes delitos.

Assim, de acordo com o art. 1° da Lei n° 9.613/98, os crimes antecedentes que podem gerar bens idôneos para "lavagem" são: tráfico ilícito de substâncias entorpecentes ou drogas afins; contrabando ou tráfico de armas, munições ou material destinado à sua produção; extorsão mediante seqüestro; contra a Administração Pública; contra o Sistema Financeiro Nacional; praticado por organização criminosa; praticado por particular contra administração pública estrangeira.

A nosso juízo, a redação deste preceito pode gerar problemas. Como já mencionamos, nosso legislador adotou um sistema fechado ou taxativo de crimes antecedentes que podem gerar bens aptos a serem "lavados". De acordo com isso e com o preceito contido no artigo 2°, II, da Lei n° 9.613/98, os crimes praticados no estrangeiro possíveis de gerar bens para a "lavagem" serão somente os previstos na Lei Brasileira.

Não será fácil a tarefa de aplicar o preceito contido neste artigo, isso porque, como frisamos, o art. 2°, II, menciona expressamente que os delitos prévios são "os crimes antecedentes referidos no artigo anterior", ou seja, o legislador restringiu a possibilidade aos delitos previstos na Lei Brasileira.

De acordo com a interpretação literal da lei, existem delitos prévios previstos na Lei n° 9.613/98 que se forem praticados no estran-

---

[143] Nem todos os países adotam este sistema. O legislador espanhol, por exemplo, menciona que os bens suscetíveis e idôneos para constituir-se em objeto de lavagem de dinheiro são os que têm sua origem ou procedam de um delito grave. Assim, o fator decisivo é a gravidade da pena, e não o delito propriamente dito.

geiro não serão aptos a gerar bens objeto de lavagem de capitais no Brasil. Ao adotar um sistema taxativo, o legislador brasileiro tem que ficar adstrito aos delitos previamente previstos em nossa lei. Para exemplificar. Quando o legislador menciona os crimes cometidos contra o "sistema financeiro nacional" ou contra a "Administração Pública" como crimes antecedentes ao de lavagem de dinheiro, está fazendo referência ao sistema financeiro do Brasil ou, à nossa administração pública. Assim, se um sujeito comete um crime contra o sistema financeiro da Alemanha e introduz os valores obtidos de forma ilícita no Brasil, não se pode falar em lavagem de dinheiro, isso se respeitarmos o princípio da reserva legal garantido pela Constituição Federal e pelo Código Penal.

Porém, há outros delitos que praticados no estrangeiro não podem gerar bens idôneos para serem "lavados". A lei brasileira de lavagem de dinheiro estabelece o terrorismo como crime antecedente ao de lavagem. Neste caso, há uma particularidade. O Brasil não possui a figura típica de terrorismo,[144] ou seja, não houve um processo tipificador desta figura.[145] Portanto, como seria possível lavar bens procedentes de um crime de terrorismo praticado no exterior se o Brasil não descreve esta modalidade de conduta? Assim, ainda que o terrorismo seja praticado no estrangeiro, e os bens obtidos através deste sejam introduzidos no Brasil, não acreditamos que possam ser considerados objeto de lavagem de dinheiro.

Outro crime antecedente ao de lavagem que pode trazer problemas é o praticado por uma organização criminosa. Novamente não temos uma definição precisa de organização criminosa no Brasil.[146] Logo, se o legislador brasileiro não definiu o que é uma organização criminosa, ainda que esta pratique crimes no exterior, e o proveito

---

[144] BARROS, Marco Antonio. *Lavagem de Dinheiro*, Oliveira Mendes, 1998, p. 14 e 15, assinala que o nosso Direito não define a figura típica do terrorismo, embora a Constituição Federal e a lei que dispõe sobre os crimes hediondos façam menção ao crime de terrorismo, em nenhuma delas encontra-se a definição.

[145] GIACOMOLLI, Nereu José. "Função Garantista do Princípio da Legalidade". Revista Ibero-americana de Ciências Penais, Centro de Estudos Ibero-Americano de Ciências Penais, Porto Alegre, n.0, p. 49, maio/agost. 2000, p. 49.

[146] BARROS, Marco Antonio, ob. cit., p. 28; RIBEIRO LOPES, Maurício Antônio. "Apontamentos sobre o crime organizado e notas sobre a Lei nº 9.034, em *Justiça Penal, Críticas e Sugestões*, n. 3, RT, São Paulo, 1995, p. 167 e ss.; HASSEMER, Winfried. "Segurança Pública no Estado de Direito", *Revista Brasileira de Ciências Criminais*, ano 2, n. 5, janeiro-março, RT, 1994, p. 55 e ss.

destes seja introduzido no Brasil, não serão objeto de lavagem de capitais.[147]

Superados estes problemas, não resta superado um outro: como se define que a conduta praticada no exterior constitui um crime? O crime deve estar tipificado em ambos os países, i.é, onde o delito prévio foi cometido e onde os bens foram lavados? Basta a tipificação do delito no país onde foi cometido? Ou, ainda, basta a tipificação como crime no país onde foi introduzido para ser lavado?

Como mencionamos linhas acima, nossa legislação parece resolver o problema somente mencionando que os bens aptos a serem lavados devem proceder de um dos crimes taxativamente enumerados no art. 1º, incisos I a VII, da Lei nº 9.613/98. A doutrina também não se posicionou a respeito.

É perfeitamente possível que o fato não seja crime no país onde foi executado, mas, constitua crime segundo a legislação brasileira. Imagine-se a hipótese em que um sujeito vende drogas num país onde esteja despenalizada e legalizada tal atividade, ou quando realize um delito no exterior, também previsto na lei brasileira, mas sob o abrigo de uma causa de justificação não prevista no direito brasileiro. Se posteriormente transferem-se os bens que resultem de tal delito ao Brasil, quem os oculta ou dissimule sua natureza será responsável pelo delito de lavagem de capitais de acordo com os dispositivos da lei brasileira.[148]

Com fundamento na doutrina estrangeira, não é possível esta interpretação, pois não é possível a punição dos casos em que o fato no qual têm sua origem os bens não é delito no país aonde foram realizados. Isso porque se um dos fundamentos da incriminação das condutas de lavagem é evitar o enriquecimento ilícito, enquanto estes bens procederem de fatos que no país onde foram realizados não constituem delito, não se pode afirmar que se produziu um enriquecimento ilícito. Mas, chega-se à mesma conclusão partindo-se de outra das razões da incriminação desta conduta, qual seja, a de evitar que se incorporem, no tráfico econômico, bens que não são lícitos. Assim,

---

[147] GIACOMOLLI, Nereu, ob. cit., p. 49, adverte que a descrição legislativa das condutas e sanções deve ser clara, precisa e cognoscível, delimitadora da tipicidade e do subjetivismo dos operadores jurídicos, principalmente do órgão jurisdicional, informada pelo adágio *nullum crimen, nulla poena sine lex certae* (taxatividade).

[148] Cfr. BLANCO CORDERO, Isidoro, ob. cit., p. 249.

quando os bens não têm a origem delitiva, não necessitam ser lavados e, pela mesma razão, sua incorporação ao tráfico econômico não pode produzir nenhuma alteração no mercado.[149]

Por fim, uma das finalidades da norma penal é a proteção de bens jurídicos através da incriminação de condutas que podem lesá-los. As condutas que recaem sobre os bens que procedem de fatos que não são constitutivos de delito no país onde foram cometidos ou segundo a lei brasileira, de nenhuma maneira podem lesionar a circulação dos bens no mercado como bem jurídico protegido por este delito.[150]

Estamos de acordo com esta interpretação, ou seja, somente poderá haver o crime de lavagem de capitais se o delito previsto na lei brasileira que originou os bens aptos a serem lavados também constituírem crime no estrangeiro. Assim, não basta a previsão expressa pelo legislador brasileiro dos crimes antecedentes que são aptos a gerar bens idôneos à lavagem. Torna-se necessário verificar se o fato também é previsto como crime no país de origem.

Para solucionar a questão, melhor seria que utilizássemos o princípio da dupla incriminação.[151] utilizado pela doutrina estrangeira na extradição e também sustentado para os delitos de lavagem de dinheiro.[152] Isso porque se o pressuposto essencial para que os bens constituam objeto material do delito de lavagem de capitais é que tenham sua origem num fato típico e antijurídico, o mesmo deve aplicar-se aos bens que procedam de um fato cometido totalmente no estrangeiro. Assim, os bens terão que proceder de um fato típico e antijurídico tanto no país onde foram realizados como segundo a legislação brasileira. Por isso, dupla incriminação ou princípio da identidade.

Isso não significa que deva existir uma identidade total das leis penais que incriminem o fato prévio, no sentido de que ambos os tipos delitivos protejam o mesmo bem jurídico e que sua estrutura seja a mesma, senão que as normas protejam um bem jurídico semelhante e que o tipo penal sancione sua lesão como um tipo comum.

---

[149] Cfr. CARPIO DELGADO, Juana, ob. cit., p. 148.

[150] Id., ibid.

[151] Sobre o princípio da dupla incriminação, vid. GARCIA ARÁN, em MUÑOZ CONDE; GARCIA ARÁN. *Derecho Penal*, Parte General, 2ª ed., p. 171 e ss.; MIR PUIG, Santiago. *Derecho Penal*, Parte General, 4ª ed., PPU, Barcelona, 1996, p. 24; SAINZ CANTERO, José A, *Lecciones de Derecho Penal*, Parte General, 3ª ed., Bosch, Barcelona, 1990, p. 436; MOURULLO, Gonzalo Rodriguez. *Derecho Penal*, Parte General, Civitas, 1978, p. 175.

[152] CARPIO DELGADO, Juana, ob. cit., p. 149; BLANCO CORDERO, Isidoro, ob. cit., p. 249.

Imputação Objetiva

Acreditamos, assim, que é imprescindível que o fato prévio cometido no estrangeiro tenha de ser típico e antijurídico tanto na legislação do país onde foi executado como na legislação brasileira. Portanto, descabe a aplicação literal do conteúdo do artigo 2°, II, que faz referência expressa aos crimes referidos no artigo anterior (art. 1°), ou seja, só poderão ser objeto de lavagem os bens procedentes dos crimes previstos no art. 1° e cometidos no exterior se, no país onde forem cometidos, também forem considerados fatos típicos e antijurídicos.

3.4. PARTICIPAÇÃO NO DELITO PRÉVIO E NO DELITO DE LAVAGEM

Um problema que merece atenção pela doutrina é o de solucionar os casos em que o sujeito tenha participado tanto no delito prévio como na própria lavagem de dinheiro. Por exemplo, o sujeito intervém no crime de tráfico de drogas e, posteriormente, oculta ou dissimula a origem dos valores obtidos na comissão daquele delito.

Nesses casos em que o sujeito intervém nos dois delitos, i.é, no delito prévio e na própria lavagem, deve-se analisar por qual crime ou crimes será responsável. A doutrina brasileira não faz um estudo detalhado da questão.

Como as condutas estabelecidas na Lei de Lavagem são similares aos crimes de receptação e favorecimento real, seria possível sustentar que o autor do crime antecedente somente reponde por este, ficando impune a conduta posterior. Com relação ao crime de receptação, a doutrina majoritária brasileira reconhece que o sujeito ativo da receptação pode ser qualquer pessoa, salvo o autor, co-autor ou partícipe do delito antecedente. Ainda que execute o crime antecedente, não poderá ser autor da receptação.[153] Essa fundamentação se deve à adoção do princípio da consunção em que a consumação se amplia para abarcar também, através de critérios valorativos, uma pluralidade de fatos e ocorre nos casos de ações anteriores ou posteriores que a lei concebe,

---

[153] JESUS, Damásio de. *Direito Penal*, 2° volume, Parte Especial, Saraiva, 11ª ed., 1988, p. 426; MIRABETE, Julio Fabbrini. *Manual de Direito Penal*, vol. 2, Parte Especial, 3ª ed, Atlas, 1986, p. 323; FRAGOSO, Heleno. *Lições de Direito Penal*, Parte Especial, v. 1, 10ª ed., Forense, 1988, p. 551.

implícita ou explicitamente, como necessárias, ou aquilo que dentro de uma figura típica constitui o que normalmente ocorre. Assim, os fatos posteriores que significam um aproveitamento e por isso ocorrem regulamente depois do fato anterior, são por este consumidos.[154] Por exemplo, no caso do furto, aquele que participa da conduta de subtração e depois compra a parte do outro não responde por receptação.

De acordo com o sustentado para a receptação, o sujeito que participasse do delito prévio descrito na Lei de Lavagem não poderia ser autor deste delito, pois sua conduta ficaria consumida pelo delito anterior.

Não é possível a aplicação do princípio da consunção ao delito de lavagem, porque para que ocorra um fato posterior impune é necessário que o fato posterior praticado pelo sujeito não lese um bem distinto ao vulnerado pelo delito anterior, i. é, a conduta do sujeito ativo deve lesionar um mesmo bem jurídico. Assim, os tipos penais prévios previstos na Lei de Lavagem de capitais teriam que já incluir o desvalor da própria lavagem. Mas, isso não ocorre, pois não há identidade de bem jurídico protegido entre os delitos prévios e o posterior delito de lavagem, uma vez que o delito de lavagem é uma figura autônoma que tem seu próprio bem jurídico, o que permite diferenciar com exatidão este delito com relação aos delitos prévios. Deste modo, a conduta de lavagem de capitais do sujeito que também tenha participado do delito prévio lesiona um novo bem jurídico, permitindo a apreciação de uma nova infração, independente da que se realizou previamente. Portanto, pode-se concluir que não tem aplicação o princípio da consunção nos casos em que o sujeito ativo do delito de lavagem também tenha participado no delito prévio, porque não se cumpre a exigência de que os delitos anteriores já abarquem o desvalor da conduta posterior[155] ou que o autor não lesione nenhum bem jurídico novo, é dizer, que o bem jurídico lesionado pelo fato prévio e posterior coincidam.[156]

A outra possibilidade é considerar as condutas posteriores à lavagem de dinheiro como favorecimento real (art. 349, CP). Isso porque

---

[154] FRAGOSO, Heleno. *Lições de Direito Penal*, A Nova Parte Geral, 10ª ed., Forense, 1986, p. 377; REGIS PRADO, Luiz. *Curso de Direito Penal Brasileiro*, Parte Geral, 2ª ed., RT, 2000, p. 134 e 135.

[155] Idem, p. 376.

[156] CARPIO DELGADO, Juana, ob. cit., p. 236.

a hipótese de favorecimento real diz respeito, justamente, às pessoas que não tenham participado do delito prévio, ou seja, o auxílio deve ser prestado depois da prática do delito. O sujeito do crime previsto no artigo 348, CP, não pode ter participado do crime anterior, pois é impune a ação de "autofavorecer-se".[157] De acordo com isso, se o sujeito atua no delito prévio, por exemplo, tráfico de drogas, e depois ajuda de qualquer forma a ocultar os bens provenientes daquele delito, não pode ser condenado pela ocultação, pois seria autor do delito prévio.[158] Uma primeira análise do tipo penal do crime de lavagem de dinheiro permitiria esta interpretação, pois o art. 1º da Lei nº 9.613/98 menciona os termos "ocultar ou dissimular". Logo, aquele que trafica drogas e depois oculta o proveito obtido, em tese, estaria cometendo o delito de favorecimento real previsto no art. 349 do CP e, assim, ficaria impune por esta ocultação e não responderia pelo delito de lavagem que tem tipificação similar.

Um setor da doutrina espanhola defende esta posição aplicando o privilégio do "autoencubrimiento" previsto no artigo 451 do Código Penal Espanhol[159] ao tipo de lavagem de dinheiro. Os argumentos utilizados para quem defende esta postura são no sentido de que ainda que o artigo referente à lavagem de capitais mantenha silêncio a respeito do tema e constitua uma tipificação autônoma de um delito de "encubrimiento", é possível afirmar que o critério em que se apóia a impunidade do delito posterior cometido pelos responsáveis do fato prévio quando pretendam elidir a ação da justiça é o privilégio do "autoencubrimiento", e o fundamento de tal fato reside no princípio da não-exigibilidade de outra conduta distinta da realizada.[160]

O argumento da inexigibilidade de outra conduta reside no fundamento de que não se pode exigir de uma pessoa que delinqüiu que

---

[157] FRAGOSO, Heleno. *Lições de Direito Penal*, Parte Especial, v. II, 5ª edição, Forense, 1986, p. 531; DELMANTO, Celso. *Código Penal Comentado*, 3ª edição, Renovar, 1991, p. 537; STOCO, Rui, em SILVA FRANCO, Alberto; STOCO, Rui. *Código Penal e sua Interpretação Jurisprudencial*, v. 1, tomo II, 6ª edição, 1997, p. 3.875.

[158] MAGALHÃES NORONHA, E. *Direito Penal*, v. 4, 20 ed., Saraiva, 1995, p. 390.

[159] O artigo 451 do Código Penal Espanhol estabelece: "Será castigado com a pena de prisão de seis meses a três anos o sujeito que, com o conhecimento da comissão de um delito e sem intervir no mesmo como autor ou cúmplice, intervém posteriormente a sua execução, de algum dos modos seguintes: 1º Auxiliando aos autores ou cúmplices para que se beneficiem do proveito, produto ou preço do delito, sem ânimo de lucro próprio. 2º Ocultando, alterando o inutilizando o corpo, os efeitos ou os instrumentos de um deleito, para impedir seu descobrimento".

[160] BLANCO CORDERO, Isidoro, ob. cit., p. 479 e ss.

se entregue à polícia ou à justiça. O sujeito, ante a possibilidade de evitar os efeitos prejudiciais que podem derivar-se da ação policial ou judicial, encobre seu delito mediante a ocultação dos bens que dele obteve. Assim, não se pode exigir uma conduta distinta de quem cometeu um delito e pretende sua ocultação mediante o encobrimento dos bens que daí derivaram, uma vez que se encontra numa situação em que resulta compreensível a atuação desta maneira. Do contrário, estar-se-ia exigindo uma declaração contra si mesmo e não se pode exigir do criminoso que se descubra, i. é, não se pode castigar um criminoso porque encobriu os bens derivados do delito que cometeu, pois isto equivaleria a exigir-lhe uma declaração contra si mesmo.[161]

Não concordamos com esta posição. O bem jurídico tutelado no delito previsto no artigo 349, CP, é a Administração da Justiça, pois o auxílio tem o sentido de assegurar o proveito do crime, dificultando ou impedindo a ação da justiça,[162] e a doutrina brasileira que se manifestou a respeito do delito de lavagem de dinheiro assinala que o bem jurídico protegido é o sistema econômico e financeiro do país.[163] Assim, quando o sujeito do delito prévio realiza condutas que constituam um novo delito autônomo tipificado numa lei especial para castigar precisamente condutas dirigidas a evitar o descobrimento por parte das autoridades do delito prévio cometido, não tem aplicação o "autofavorecimento" previsto no artigo 349 do Código Penal brasileiro.

As modalidades de lavagem de dinheiro previstas na Lei nº 9.613/98 não tipificam condutas de favorecimento, ainda que possam parecer similares. É que a comissão de condutas típicas de lavagem não supõe o ataque ao bem jurídico Administração da Justiça, senão à circulação ou ao tráfico de bens no mercado econômico e financeiro do país, o que significa que as condutas de lavagem possuem uma tipificação autônoma.

A nosso juízo, a solução para os casos em que o sujeito participa do delito prévio e também do delito de lavagem de dinheiro é a aplicação do concurso de delitos, ou seja, deve-se aplicar a regra do concurso material de delitos prevista no artigo 69 do Código Penal brasileiro.

---

[161] Com mais detalhes, BLANCO CORDERO, Isidoro, ob. cit., p. 471 e ss.

[162] FRAGOSO, Heleno, ob. cit., p. 534.

[163] BARROS, Marco Antonio, ob. cit., p 5.

A intenção do legislador, sem dúvida, foi boa. Aliás, todos os países vêm adotando leis que visam a combater a lavagem de capitais. O problema, como sempre, é a pressa do legislador em editar leis que, após sua promulgação, dificilmente serão aplicadas. A solução passa para as mãos do Poder Judiciário, que, ao enfrentar a péssima técnica legislativa, acaba não dando efetividade à lei, vale dizer, não consegue aplicá-la. A lei acaba misturando disposições penais e processuais, alterando regras já existentes, esquecendo garantias, tudo objetivando sua aplicação, mas, na realidade, provoca o contrário, sua falta de aplicação pela péssima redação.

Hassemer já assinalava que o Direito Penal material e o Direito Processual Penal estão unidos funcionalmente. Um direito penal autenticamente respeitoso com os princípios jurídicos só é possível se também o Direito Penal material for autenticamente respeitoso. A criminalização em grande escala no Direito Penal também deve conduzir a um direito processual regulado para esta grande escala. "Atuar com justiça" não é, por conseguinte, um problema do Direito Processual Penal, senão também do Direito Penal material.[164]

---

[164] HASSEMER, Winfried. "Rasgos y crisis del Derecho Penal moderno", *Anuario de Derecho Penal y Ciencias Penales*, Tomo XLVI, Fasciculo II, p. 246.

4. O concurso de pessoas – teorias e reflexos no Código Penal

4.1. INTRODUÇÃO

Na maior parte dos casos, o delito é praticado por um único indivíduo a quem se reservou o título de "autor". Algumas vezes, no entanto, o "autor" não age isoladamente: há diversos "autores" que atuam em conjunto, numa verdadeira divisão de tarefas, para a concretização de um crime. Outras vezes, certos indivíduos são alcançados pela lei penal não porque tenham praticado uma conduta ajustável a uma figura delitiva, mas, porque, embora executando atos sem conotação típica, contribuíram, objetiva e subjetivamente, para a ação criminosa de outrem. Para eles, foi atribuída a denominação de "partícipes".[165]

4.2. AUTORIA. TEORIAS E CONCEITO DE AUTOR

Conceito unitário de autor. Considera autor todos os intervenientes que trazem uma contribuição causal na realização do tipo, com independência da importância que corresponda a sua colaboração no marco da totalidade do sucesso.[166] Como conseqüência, a causalidade constitui o único critério de relevância jurídico-penal de um compor-

---

[165] FRANCO, Alberto Silva e outros. *Código Penal e sua Interpretação Jurisprudencial*, 2ª ed., RT, p. 99.
[166] JESCHECK, Hans-Heinrich. *Tratado de Derecho Penal*, Parte General, Tradución de José Luis Manzanares Samaniego, 4ª ed., Editorial Comares, p. 587.

tamento, e o conceito de acessoriedade resulta supérfluo. Ao juiz, confia-se o castigo de cada cooperador de acordo com a intensidade de sua vontade delitiva e a importância de sua contribuição ao fato.[167]

4.2.1. Conceito restritivo de autor

Para esta teoria, somente é autor quem realiza por si mesmo a ação típica, enquanto a simples contribuição na causação de um resultado mediante ações distintas das típicas não pode fundar nenhuma autoria. Os outros intervenientes, que só determinaram ao autor a realizar o fato ou lhe ajudaram, teriam que ficar impunes se não fosse pelos especiais preceitos penais para a indução e para a cumplicidade.[168] Segundo Maurach, este conceito atende à redação dos tipos particulares, cujo teor literal é interpretado no sentido o mais próximo possível da utilização cotidiana de linguagem, considerando como autor aquele que executa a ação típica legal do tipo respectivo, é dizer, o que realiza os elementos típicos legais. Somente uma ação típica-causal fundamenta a autoria. Sobre ela se constrói a indução e a cumplicidade, como acontecimentos extratípicos de causação e colaboração.[169]

As regras sobre a responsabilidade pela participação são, de acordo com essa concepção, causas de extensão da pena (Welzel coloca como causas de extensão da tipicidade),[170] as que, iguais às da tentativa, ampliam o conceito de delito trazido na Parte Especial.[171] Portanto, a autoria é a configuração típica fundada em atividade própria. A delimitação da autoria com respeito à participação só pode ser executada com a ajuda de meios auxiliares *objetivos*, sem que se possa tomar em conta a vontade do autor: somente e sempre é autor aquele que – pessoalmente ou mediante um instrumento humano – realiza os elementos típicos legais do tipo respectivo: o determinante é o aporte típico efetivamente realizado. A conseqüência do conceito restritivo de autor é a *teoria objetiva da autoria*.[172]

---

[167] JESCHECK, Hans-Heinrich, ob. cit., p. 587.

[168] Idem, p. 589.

[169] MAURACH, Reinhart; GÖSSEL, Karl Heinz e ZIPF, Heinz. *Derecho Penal*, Parte General 2, Astrea, p. 310.

[170] WELZEL, Hans. *Derecho Penal Aleman*, Tradución de Juan Bustos Ramírez y Sergio Yáñez Pérez, Editorial Jurídica de Chile, p. 119.

[171] MAURACH, Reinhart e outros, ob. cit., p. 310.

[172] Id., ibid.

4.2.2. Teoria objetivo-formal

Atém-se ao teor literal das descrições da ação nos tipos e, prescindindo da importância de sua contribuição efetiva no marco da totalidade do sucesso, considera autor todo aquele cujo comportamento entre no círculo que o tipo pretende abarcar, enquanto, por isso, qualquer outra aportação causal ao fato só pode ser participação.[173] É autor quem executa pessoalmente a ação típica. Pelo contrário, encontramo-nos ante a cumplicidade (participação) quando o colaborador, sem executar pessoalmente a ação típica, atua em forma meramente preparatória ou em apoio a esta.[174]

4.2.3. Teoria objetivo-material

Proporciona um complemento mediante a consideração da maior periculosidade que deve caracterizar a contribuição ao fato por parte do autor frente à do cúmplice (partícipe). Atendeu-se, ademais, às supostas diferenças na classe e intensidade da relação causal.[175] Busca-se uma restrição distinguida na importância objetiva da contribuição, sobre a base de diferenciar entre condição e causa, trata-se de indagar a maior perigosidade objetiva da contribuição.[176] O problema é encontrar tais critérios objetivos e, em todo o caso, fica sem consideração o autor mediato e também em certos casos um co-autor que, objetivamente, não intervenha com uma contribuição importante.[177]

4.2.4. Conceito extensivo de autor e a teoria subjetiva da participação

O fundamento dogmático desta teoria – coincidindo até aqui com o conceito unitário de autor – é a idéia da equivalência de todas as condições do resultado, que serve de base à teoria da condição.[178] A seu teor, é autor todo aquele que contribuiu na causação do resultado típico, sem que sua contribuição ao fato tenha que consistir numa ação

---

[173] JESCHECK, Hans-Heinrich, ob. cit., p. 590.

[174] MAURACH, Reinhart e outros, ob. cit., p. 311.

[175] JESCHECK, Hans-Heinrich, ob. cit., p. 590.

[176] RAMÍREZ, Juan Bustos. *Manual de Derecho Penal Español*, Parte general, Ariel Derecho, p. 325.

[177] Id., ibid.

[178] JESCHECK, Hans-Heinrich, ob. cit., p. 591.

típica. Segundo isso, também o indutor e o cúmplice serão em si autores, mas o estabelecimento de especiais disposições penais para a participação indicaria que estas formas de intervenção devem ser tratadas de outra maneira dentro do conceito global de autor.[179] Os tipos penais de participação aparecem, então, como "causas de restrição da pena", posto que sem elas se deveriam castigar a todos os intervenientes como autores.[180] Se a autoria e a participação, dada a sua equivalência desde uma perspectiva causal, não podem distinguir-se objetivamente, somente resta a possibilidade de buscar a diferenciação num critério subjetivo.[181] Por isso, o conceito extensivo de autor vai unido à *teoria subjetiva da participação*.[182] Segundo esta teoria, é autor quem com *vontade de autor* realiza uma contribuição causal ao fato, qualquer que seja seu conteúdo, sendo, pelo contrário, partícipe quem unicamente tem, então, *vontade de partícipe*.[183] O autor quer o fato "como próprio" e tem *animus auctoris*, enquanto que o partícipe quer o fato "como alheio" e tem *animus socii*.[184] Segundo Ramírez, estas teorias caem em completa contradição, já que deixam entregado o fato totalmente ao que diga o sujeito, ou bem, ao que pense o juiz a respeito de sua subjetividade. Em definitivo, é totalmente arbitrária.[185] Jescheck aduz também a crítica de que quem atua pessoalmente e com plena responsabilidade pode ser somente cúmplice (partícipe), se não deseja o fato "como próprio".[186] Assim, num crime de estupro, aquele que somente segura a vítima para que o outro mantenha conjução carnal pode ser partícipe, pois não deseja o fato como próprio.

4.2.5. Teoria do domínio do fato ou objetivo-subjetiva

Segundo Mir Puig, a teoria do domínio do fato constitui a opinião dominante na doutrina alemã atual.[187] Wessels afirma que na jurisprudência, no setor das teorias *material-objetiva* e *final-objetiva* mais recentes, impõe-se, em cunhagem parcialmente diversa, *a teoria do*

---

[179] JESCHECK, Hans-Heinrich, ob. cit., p. 591.
[180] MIR PUIG, Santiago. *Derecho Penal*, Parte General, 4ª ed., PPU, p. 360.
[181] JESCHECK, Hans-Heinrich, ob. cit., p. 591.
[182] Id., ibid.
[183] Id., ibid.
[184] Id., ibid.
[185] RAMÍREZ, Juan Bustos, ob. cit., p. 326.
[186] JESCHECK, Hans-Heinrich, ob. cit., p. 593.
[187] MIR PUIG, Santiago, ob. cit., p. 364.

domínio do fato, que desenvolveu, a partir de critérios objetivos e subjetivos, o conceito subsistente do "*domínio do fato*" como *princípio diretor* para a delimitação entre autoria e participação.[188] Tem sua origem no finalismo, e a característica geral do autor é o domínio final sobre o fato.[189] Senhor do fato é aquele que o realiza na forma final, em razão de sua decisão volitiva. A conformação do fato mediante a vontade de realização que dirige na forma planificada é o que transforma o autor em senhor do fato. Nos delitos dolosos, é autor somente aquele que mediante uma condução, consciente do fim do acontecer causal em direção ao resultado típico, é senhor sobre a realização do tipo.[190] Mediante o domínio final sobre o acontecer, o autor destaca-se do mero partícipe, aquele que, ou bem somente auxilia num ato dominado finalmente pelo autor, ou bem incitou a decisão.[191] Para Maurach, domínio do fato significa ter nas mãos o curso típico dos acontecimentos que compreende o dolo.[192] O elemento objetivo da autoria consiste em ter nas mãos o curso do acontecer típico, na possibilidade fática de dirigir em todo o momento a configuração típica.[193] Em oposição à autoria, toda a forma de participação caracteriza-se pela ausência de domínio do fato do colaborador; o domínio do fato é um elemento objetivo necessário da autoria nos fatos puníveis dolosos em todas as suas formas.[194] Mir Puig, citando Jescheck, explica as conseqüências concretas da teoria do domínio do fato: 1) sempre é autor quem executa por sua própria mão todos os elementos do tipo; 2) é autor quem executa o fato utilizando a outro como instrumento (*autoria mediata*); 3) é autor o *co-autor*, que realiza uma parte *necessária* da execução do plano global (*domínio funcional do fato*), mesmo que não seja um ato típico em sentido estrito, mas participando em todo caso da comum resolução delitiva.[195] Como se vê, a teoria do domínio do fato permite combinar o ponto de partida do conceito restritivo de autor com uma certa flexibilidade que engloba na autoria não só o executor material,

---

[188] WESSELS, Johannes. *Direito Penal*, Parte Geral, Tradução de Juarez Tavarez, Sergio Antonio Fabris Editor, p. 119.

[189] WELZEL, Hans, ob. cit., p. 120.

[190] Idem, p. 119.

[191] Id., ibid.

[192] MAURACH, Reinhart e outros, ob. cit., p. 315.

[193] Idem, p. 317.

[194] Id., ibid.

[195] MIR PUIG, Santiago, ob. cit., p. 364.

como também a autoria mediata e casos de co-autoria sem um ato típico em sentido estrito.[196] Como visto até agora, a teoria do domínio do fato somente faz referência aos delitos dolosos, ou seja, quem pode ser considerado autor nesses delitos.

Para o *delito culposo*, deve-se adotar outra explicação. Autor de um delito culposo é todo aquele que mediante uma ação que lesiona o grau de cuidado requerido no âmbito de relação, produz de modo não-doloso um resultado típico.[197] Todo grau de causação com relação de um resultado típico produzido não dolosamente, mediante uma ação que não observa o cuidado requerido no âmbito de relação, fundamenta a autoria do respectivo delito culposo.[198] Então, todo aquele que causa um resultado típico mediante uma ação que não observa o dever de cuidado é autor. Assim, não há co-autoria nem participação nos delitos culposos.[199]

4.3. CO-AUTORIA

Também a co-autoria baseia-se no domínio do fato, mas, posto que em sua execução vários intervêm, o *domínio do fato* tem que ser *comum*.[200] Cada co-autor domina o sucesso total em união com outra ou outras pessoas. A co-autoria consiste assim em uma "divisão de trabalho", que é o que chega a fazer possível o fato, ou lhe facilita, ou reduz notavelmente o seu risco.[201] Requer, no *aspecto subjetivo*, que os intervenientes se vinculem entre si mediante uma resolução comum sobre o fato, assumindo cada qual, dentro do plano conjunto, uma tarefa parcial, mas essencial, que o apresenta como co-titular da responsabilidade pela execução de todo o sucesso.[202] A resolução comum

---

[196] MIR PUIG, Santiago, ob. cit., p. 364.

[197] WELZEL, Hans, ob. cit., p. 119.

[198] Id., ibid.

[199] Contra essa posição, JESUS, Damásio de. *Direito Penal*, Parte Geral, 10ª edição, Saraiva, p. 364; MIRABETE, Julio Fabbrini. *Manual de Direito Penal*, Parte Geral, 7ª edição, Atlas, p. 224.

[200] JESCHECK, Hans-Heinrich, ob. cit., p. 614.

[201] Id., ibid.

[202] Id., ibid.

de executar o fato é a braçadeira que integra em um todo as diferentes partes. No *aspecto objetivo*, a contribuição de cada co-autor deve alcançar uma *determinada importância funcional*, de modo que a cooperação de cada qual no papel que lhe corresponde constitua uma peça essencial na realização do plano conjunto (*domínio funcional*).[203] Para Welzel, a co-autoria é autoria; sua particularidade consiste em que o domínio do fato unitário é comum a várias pessoas.[204] Cada co-autor complementa com a sua parte no fato a dos demais e na totalidade do delito; por isso responde também pelo todo.[205]

A teoria do domínio do fato explica melhor a co-autoria, posto que todos que dominam funcionalmente o fato, ainda que não realizem a conduta estritamente descrita no tipo, são co-autores. Adotada a teoria objetivo-formal, como fazem alguns autores, não haveria como condenar como co-autor aquele que somente segura a vítima ou a mantém sob ameaça para que outro subtraia os bens, posto que, em realidade, não pratica a conduta descrita no verbo nuclear do tipo.[206] Também não haveria como se condenar como co-autores aqueles que, num assalto, dividem a execução da atividade delituosa, ou seja, um segura a vítima, o outro imobiliza o acompanhante, enquanto os outros retiram os pertences, pois os atos de subtração somente são realizados pelos que retiram os pertences. Os que imobilizaram a vítima somente poderiam ser considerados partícipes, pois não realizam a conduta nuclear descrita no tipo.

4.3.1. Teoria do domínio do fato na co-autoria e abrangência maior de condutas

É justamente com adoção da teoria do domínio do fato que poderemos incluir condutas que, embora aparentem participação (teoria formal-objetivo), em realidade, configuram a verdadeira co-autoria.

---

[203] JESCHECK, Hans-Heinrich, ob. cit., p. 614.

[204] WELZEL, Hans, ob. cit., p. 129.

[205] Id., ibid.

[206] Nesse ponto, configura-se uma confusão doutrinária e jurisprudencial. É certo que o crime de estupro é um crime de mão própria e, portanto, não se admitiria a co-autoria, mas, somente a participação. Ocorre que em inúmeros acórdãos considera-se co-autor aquele que segura a vítima para que outro mantenha a conjunção.

4.3.1.1. O organizador

E aqui há uma série de exemplos. Em primeiro lugar, pode-se estudar a figura do organizador, prevista no artigo 62, I, do Código Penal.[207] Welzel, explicando esta figura, começa dizendo que também é co-autor o que objetivamente somente realiza atos preparatórios de ajuda, mas é co-portador da decisão comum ao fato, mas por isso tem-se que comprovar de forma especial a participação na decisão delitiva, para o que se invocarão como indícios o conjunto de circunstâncias objetivas e subjetivas do fato.[208] O *minus* de co-participação objetiva na realização típica tem que ser compensado com o *plus* de co-participação especial no plano delitivo.[209] Isso vale para o "chefe do bando" ou o organizador em nosso direito; quem projeta o plano a ser executado, distribui os executores do fato e dirige a suas obras.[210] O que deve ficar claro que não é a simples organização que fundamenta a co-autoria, mas o domínio funcional do fato e a co-autoria somente subsistirá enquanto houver este domínio. Batista, com precisão, estabelece que esta figura do organizador como co-autor não provém da simples circunstância de organizar a engenharia do empreendimento criminoso, mas da qualidade de liderança na empresa criminosa, de chefia (poder) sobre os demais que introduz o domínio funcional do fato.[211] É claro que a simples elaboração do plano delitivo não configuram a co-autoria, configurando-se, então, a participação, sem a incidência da agravante.[212]

Stratenwerth, citando o exemplo de Roxin, menciona que a planificação e a organização de um delito executado por várias pessoas também fundamentam a co-autoria quando o organizador não aparece durante a execução, mas comunica-se por telefone com os autores, pois o plano dá sentido ao comportamento dos participantes durante a execução, conforma os papéis individuais e determina a participação do organizador no domínio do fato.[213]

---

[207] Art. 62. "A pena será ainda agravada em relação ao agente que: I – promove, ou organiza a cooperação no crime ou dirige a atividade dos demais".

[208] WELZEL, ob. cit., p. 132.

[209] Id., ibid.

[210] Id., ibid.

[211] BATISTA, Nilo, ob. cit., p. 80.

[212] PIERANGELLI, José Henrique. *Escritos Jurídicos Penais*. Revista dos Tribunais, São Paulo, 1992, p. 57.

[213] STRATENWERTH, Günter. *Derecho Penal*, Parte General, I, tradução de Gladys Romero, EDERSA, Madri, 1982.

4.3.1.2. O que subjuga a vítima

A figura daquele que subjuga a vítima não oferece problemas. Para nós, nos casos em que um dos participantes segura a vítima para que outro a execute, ou segure a vítima para que outro a despoje de seus bens, haveria co-autoria. Ainda que um dos participantes não realize a conduta descrita no tipo, detém, em conjunto com o outro, o domínio funcional do fato. E isso nos parece claro porque a conduta de cada um deve ser vista como uma parte fundamental da execução do delito, ainda que fracionada, mas, que ambos mantenham as rédeas da situação sem a qual o crime não se configuraria.

4.3.1.3. O motorista

Neste caso, afiguram-se hipóteses distintas. Em primeiro lugar, parece claro que aquele que serve de motorista para transportar o executor e a vítima aparece como co-autor pela "execução fracionada" ou pelo domínio funcional do fato (também detém o controle). Na hipótese de assalto a banco, o motorista que aguarda os companheiros na porta com o motor ligado para que possam fugir com os valores subtraídos é co-autor. Realiza o motorista a execução fracionada, é dizer, parte da ação de subtrair. No mesmo caso, encontra-se o motorista que transporta a vítima seqüestrada. Nesses casos, o domínio do fato também se encontra nas mãos do motorista.

A segunda hipótese, trazida por Nilo Batista, é aquela na qual fica excluída a execução fracionada, subsistindo o domínio funcional do fato por parte do motorista. O exemplo é o seguinte: num atentado a um chefe de Estado, que desfilará em carro aberto, o motorista se compromete a dirigir com menor velocidade em determinado trecho, para facilitar o disparo que fará o executor.[214] Segundo Batista, à objeção de que o motorista seria aqui co-autor por assimilação à figura daquele que subjuga a vítima, responda-se com a inversão do problema: o homicídio será cometido através de um disparo efetuado dentro de um carro, cujo motorista, portanto, deverá assumir determinada posição física que permita a cômoda execução. É evidente que nessa situação, embora não intervenha com atos executivos, o motorista é co-titular do domínio do fato, e por isso é co-autor.[215]

---

[214] BATISTA, Nilo, p. 84.
[215] Id., ibid.

4.4. AUTORIA MEDIATA

A autoria mediata é uma forma de autoria e, igual à autoria imediata, caracteriza-se pela existência do domínio do fato. É autor mediato quem realiza o tipo penal de maneira que para a execução da ação típica se serve de outro como "instrumento".[216] O domínio do fato requer na autoria mediata que todo o sucesso apareça como obra da vontade reitora do "homem de trás" e que este, mediante sua influência, disponha do intermediário do fato.[217] Para Welzel, o autor não necessita cumprir por suas próprias mãos o fato em cada uma de suas fases, pois pode servir-se para isso não só de instrumentos mecânicos, como também utilizar para os seus fins o autuar de outro, enquanto só ele possui o domínio do fato a respeito da realização do tipo.[218] Domínio final do fato é levar a cabo, por meio de um atuar final, a própria vontade de realização (o dolo do tipo). Por isso falta no autor imediato, que obra sem dolo de tipo, e é próprio do que está atrás, que com dolo de tipo manda realizar o resultado típico através de um terceiro que obra sem dolo em relação a esse resultado.[219]

Maurach, por sua vez, afirma que é autor mediato quem comete o fato "por meio de outro", ou de um modo mais complicado, mas também mais preciso: quem para execução de um fato punível que se possa cometer com dolo serve-se de outro ser humano como instrumento.[220] Para que se possa afirmar o domínio do fato por parte do "homem de trás", precisa-se que, frente a este, o instrumento encontre-se em uma *posição subordinada*. Todos os pressupostos da punibilidade devem concorrer, conseqüentemente, na pessoa do "homem de trás" e serem colocados em relação com ele mesmo.[221] A subordinação pode responder a coação, erro, incapacidade de culpabilidade ou, também, à razão exclusiva de que o fato, a que o instrumento foi incitado pelo "homem de trás", não pode sequer ser realizado por este como delito, dado que lhe falta qualificação requerida ou a intenção.[222]

---

[216] JESCHECK, Hans-Heinrich, ob. cit., p. 604.
[217] Id., ibid.
[218] WELZEL, Hans, ob. cit., p. 122.
[219] Id., ibid.
[220] MAURACH, Reinhart e outros, ob. cit., p. 329.
[221] JESCHECK, Hans-Heinrich, ob. cit., p. 605.
[222] Id., ibid.

Exemplos de autoria mediata (**erro determinado por terceiro –art. 20, § 2º, CP**): é autor mediato de um homicídio doloso o que entrega uma arma carregada a quem quer fazer uma brincadeira com um fuzil descarregado;[223] um médico entrega, com vontade homicida, a uma enfermeira uma injeção de morfina muito forte para ser aplicada a um paciente. Ela a injeta ser prever seu efeito, e o paciente morre. O médico é autor doloso; a enfermeira, dependendo do cuidado requerido por ela, pudesse reconhecer ou não o excesso na dose, é autora culposa ou inculpável.[224] Nesses exemplos, a doutrina utiliza a expressão do "instrumento que atua sem dolo".[225] Para Jescheck, a referência retrospectiva de todos os requisitos de punibilidade ao "homem de trás" aparece especialmente clara no caso de autoria mediata através de um *instrumento que atua conforme o Direito*. Certamente, o instrumento mesmo atua nesta hipótese objetiva e subjetivamente de acordo com o direito (v.g. o policial que pratica de boa-fé uma detenção devido a uma denúncia conscientemente falsa), não se trata da atuação jurídica dele mesmo, senão da desconformidade com o direito por parte da atuação do "homem de trás", e este sabe que a privação da liberdade não tem justificação na realidade.[226]

Também são casos de autoria mediata aqueles em que se inserem um **instrumento incapaz de culpabilidade (utilização de inimputáveis)** (uma criança, um doente mental), que obram, por certo, finalmente, mas levam a cabo sem vontade uma vontade alheia. Logo, o autor os tem totalmente "em suas mãos".[227] Nesses casos, isso não ocorre de modo geral, pois um jovem ou um doente mental podem desenvolver também uma vontade própria, então, no caso de participação de um terceiro nesses fatos, haverá instigação.[228] Isso ocorre quando o agente que é utilizado como instrumento (doente mental ou menor) tem conhecimento da vontade do autor mediato e adere a esta conduta, desfigurando a autoria mediata, posto que passaria a ser autor direto, enquanto o que determinou a conduta seria o partícipe. Embora isso possa ocorrer nos casos de doença mental, acreditamos não ser possível nos casos de utilização de menores. É que na doença mental existe, às

---

[223] JESCHECK, Hans-Heinrich, ob. cit., p. 607.

[224] WELZEL, Hans, ob. cit., p. 122.

[225] Id., ibid; JESCHECK, Hans-Heinrich, ob. cit., p. 607.

[226] JESCHECK, Hans-Heinrich, ob. cit., p. 608.

[227] WELZEL, Hans, ob. cit., p. 124.

[228] Id., ibid; JESCHECK, Hans-Heinrich, ob. cit., p. 608/609.

vezes, a capacidade de entendimento, até mesmo porque o Código Penal adotou um critério biopsicológico. Portanto, poderá o doente mental aderir a conduta do autor mediato. Porém, nos casos dos menores isso não será possível, não no que se refere à adesão, mas à possibilidade do concurso. Ainda que a doutrina majoritária seja favorável à possibilidade do concurso,[229] discordamos desta posição. Ocorre que o legislador presumiu a incapacidade dos menores de 18 anos (art. 27, CP), portanto, não há como se configurar o concurso de pessoas, até mesmo porque os menores cometem ato infracional, e não crime, e seria ilógico que pudessem concorrer para o que não podem praticar. Outro motivo é que o artigo 29 do CP é claro em afirmar "quem de qualquer modo concorre para o *crime*", o que inviabiliza, no nosso ponto de vista, a possibilidade do concurso, pois, como já dissemos, o menor não pode concorrer para o *crime*. Além disso, há o problema do concurso de crimes, ou seja, da imputação do crime praticado pelo sujeito responsável em concurso com o delito de corrupção de menores. A jurisprudência vem firmando posição no sentido de que o simples fazer-se acompanhar de um menor ainda não configura a corrupção de menores, pois este delito exige prova de que o menor, de fato, tenha sido corrompido.[230]

Na doutrina alemã ainda encontram-se outros exemplos de autoria mediata, ou seja, por **erro invencível de proibição** e no caso em que o instrumento atua sem liberdade, aplicáveis também no Brasil. Finalmente, podem-se referir os casos de atuação sem liberdade (**obediência hirárquica e coação moral irresistível**) quando o agente atua em virtude de obediência hierárquica ou coação moral irresistível. No primeiro caso, três hipóteses se afiguram: a) o superior hirárquico dá a ordem que é manifestamente ilegal, e o inferior, mesmo conhecendo dita ilegalidade, cumpre o que lhe foi determinado. Neste caso, configura-se o concurso de pessoas, devendo-se somente estabelecer as formas de intefvenção de cada um; b) o superior hierárquico dá a ordem, porém, o inferior supõe que ela é lícita, ou seja, que não é ilegal. Aqui ocorre um erro sobre a licitude da ordem (erro de proibição) que se for invencível isenta o inferior de pena e somente será

---

[229] PRADO, Luiz Regis. *Curso de Direito Penal Brasileiro. V. 2 – Parte Especial.* São Paulo: Revista dos Tribunais, 2000, p. 377.

[230] STJ, Resp 127692/DF, Quinta Turma, Rel. Min. Edson Vidigal, j. 18/5/1998; STJ, Resp 150392/DF, Sexta Turma, Rel. Min. Vicente Leal, j. 11/4/2000; STJ Resp 184961/RS, Quinta Turma, Min. José Arnaldo da Fonseca, j. 04/02/1999; TJRS, Ap. Crim. 70007666472.

responsável o superior; c) o superior hirárquico dá a ordem mas a ela não pode se opor o inferior, em face do regime de disciplina e hierarquia, configurando-se um caso de inexigibilidade de conduta diversa que isenta de pena o inferior, respondendo, somente, o superior.

Na segunda hipótese, coação moral irresistível, também se trata de um caso em que o coato, que sofre a ameça, não pode a ela se opor, praticando, então, a conduta criminosa. Neste caso, em face da inexigibilidade de conduta diversa, ficará isento de pena o coato, e responderá o coator.

4.5. PARTICIPAÇÃO E TEORIAS

Precisado que todo o delito tem um determinado autor, que surge a respeito da realização do correspondente tipo legal, o que constitui o fato principal; todo o outro interveniente realiza uma atividade acessória. A acessoriedade significa, pois, que para a existência da participação é indispensável que se dê um fato principal, que é ele realizado pelo autor.[231] O problema é determinar quando se dá um fato principal, posto que há que considerar desde duas perspectivas: uma em relação ao desenvolvimento externo do fato e outra em referência à estrutura interna do delito.[232] Do ponto de vista de desenvolvimento externo, é opinião geral que o delito deve-se encontrar em fase de tentativa, é dizer, tem que haver pelo menos um princípio de execução do fato principal.[233] Do ponto de vista da estrutura interna do delito, isto é, dos requisitos que tradicionalmente se exigem para a sua existência (tipicidade, antijuridicidade e culpabilidade), existem diferentes posições[234] ou teorias da participação.

4.5.1. Teoria da acessoriedade máxima

Para esta teoria, exigiam-se todos os requisitos para que houvesse um fato principal, isto é, tipicidade, antijuridicidade e culpabilidade. Era lógico desde uma concepção para a qual o delito era ação (o

---

[231] RAMÍREZ, Juan Bustos, ob. cit., p. 333.
[232] Id., ibid.
[233] Id., ibid.
[234] Id., ibid.

causalismo) e no que os demais requisitos eram adjetivos ou qualificações dessa ação, portanto, para que se desse o fato delitivo (= ação), teria que se dar com todas suas características.[235] Isso produzia certos problemas insolúveis, se ajudava-se um menor de idade ou um alienado à realização de um delito, não havia um fato principal, pois tanto ao menor como ao alienado faltava a culpabilidade, logo, não havia autor e tampouco podia haver partícipe.[236] Todos ficavam impunes, chegava-se ao absurdo. Daí que surgiu a teoria do autor mediato, que solucionava os casos mais grosseiros, mas não aqueles que realmente a intervenção do outro somente havia sido de partícipe (simples cúmplice, por exemplo).[237]

4.5.2. Teoria da acessoriedade mínima

Para esta teoria basta a realização do fato típico, resultando excessiva, pois a tipicidade é somente indício do injusto; chegar-se-ia ao absurdo de castigar ao partícipe em um fato que não é antijurídico em relação ao ordenamento (ao que colaborou ou induziu a atuar em legítima defesa ou motivado pelo estado de necessidade).[238]

4.5.3. Teoria da acessoriedade limitada

Participação é a cooperação dolosa em um delito doloso alheio.[239] Desta definição se desprende que a participação é um conceito de referência, já que supõe a existência de um fato alheio (o do autor ou co-autores materiais), a cuja realização o partícipe contribui.[240] Daí que se deduz também que a participação não é um conceito autônomo, senão dependente do conceito de autor e que somente com base neste pode enjuizar-se a conduta do partícipe. Se não existe um fato pelo menos típico e antijurídico, cometido por alguém como autor, não pode falar-se em participação (*acessoriedade limitada*), já que não há por que castigar alguém que se limita a participar num fato penalmente

---

[235] RAMÍREZ, Juan Bustos, ob. cit., p. 333.
[236] Id., ibid.
[237] Idem, p. 334.
[238] Id., ibid.
[239] MUÑOZ CONDE, Francisco e GARCÍA ARÁN, Mercedez. *Derecho Penal*, Parte General, 2ª ed., Tirant lo blanch libros, p. 457.
[240] Id., ibid.

irrelevante ou ilícito para seu autor.[241] Para Maurach, a participação é a colaboração em *um fato alheio* ou a motivação deste. Ela caracteriza-se pela ausência do domínio final do fato que é própria das formas de autoria dolosa ou, dito de forma diferente, pela não-dominação do acontecer causal também buscado na forma final pelo partícipe.[242] Então, se não ocorrer pelo menos o início de um fato típico e antijurídico, não podemos falar de participação. É o caso, por exemplo, do mandante do crime mediante paga ou promessa de recompensa, que entrega o dinheiro ao matador profissional. Se este recebe o dinheiro e vai embora, sem cumprir a determinação, não podemos falar de participação no crime de homicídio, visto que sequer houve início da execução.

4.5.3.1. Espécies de participação

O Código Penal, quando trata em seus artigos o tema do concurso de pessoas, não faz referência expressa às espécies de participação. Como ponto de referência, muitos autores adotam as espécies enunciadas no art. 31, CP, que menciona a determinação à instigação e o auxílio. A doutrina estrangeira, basicamente, adota a instigação e a cumplicidade. Vejamos, então, em que consistem as espécies de participação.

4.5.3.2. Instigação

Instigação é a dolosa colaboração de ordem espiritual, objetivando o cometimento de um crime doloso.[243] Segundo Jescheck, o indutor limita-se a provocar no autor a resolução de realizar o fato, sem ter participação alguma no próprio domínio deste.[244] Os meios de instigação podem ser todas as possibilidades de influência volitiva: persuasão, dádivas, promessa de recompensa, provocação de um erro de motivo, abuso de uma relação de subordinação, ameaça, etc.[245] A denominação *instigação* abrange a *determinação* e a *instigação propriamente dita*.[246] Por determinação se compreende a conduta que faz

---

[241] MUÑOZ CONDE, Francisco e outro, ob. cit. p. 457.

[242] MAURACH, Reinhart e outros, ob. cit., p. 411.

[243] BATISTA, Nilo. *Concurso de Agentes*, Liber Juris, 1979, p. 139.

[244] JESCHECK, Hans-Heinrich, ob. cit., p. 626.

[245] WESSELS, Johannes, ob. cit., p. 127.

[246] BATISTA, Nilo, ob. cit., p. 140.

surgir no autor direto a resolução que conduz à execução; por instigação propriamente dita se compreende a conduta que faz reforçar e desenvolver no autor direto uma resolução ainda não concretizada, mas preexistente.[247] Welzel cita como exemplo de instigador quem dá o preço exigido ao assassino que se ofereceu por dinheiro para cometer o crime.[248]

4.5.3.3. Cumplicidade ou auxílio

Segundo Batista, cumplicidade é a dolosa colaboração de ordem material, objetivando o cometimento de um crime doloso. O legislador brasileiro optou pela *vox* "auxílio", porém a expressão "cumplicidade" tem tradição em nosso direito e deve ser mantida.[249] O cúmplice limita-se a favorecer um fato alheio; participa tampouco no domínio do fato como o indutor; e o autor não necessita conhecer o apoio que lhe é prestado.[250] A cumplicidade tem que favorecer (objetivamente) o fato principal, e este favorecimento ser querido (subjetivamente) pelo cúmplice, para o qual basta o dolo eventual.[251] Para Welzel, "favorecer" significa prestar uma colaboração causal para a comissão do fato principal; logo, nos delitos de resultado também uma colaboração para o resultado.[252] A cumplicidade pode ser também por omissão, contanto que incumba ao cúmplice um dever de garantidor[253] (exemplo do guarda que não tranca o cofre para que seja facilitada a ação do autor). É necessário, para que ocorra a cumplicidade, que o favorecimento do partícipe tenha eficiência causal na ação do autor, não bastando realizar uma atividade que não contribua na realização final do autor. Por isso, o crime deve ser ao menos tentado, ou seja, deve ocorrer o início da execução pelo autor, pois, caso contrário, não se poderia falar em qualquer favorecimento do partícipe se não iniciada a execução. Assim se "A" fornece uma chave falsa para que "B" subtraia objetos de uma residência, e este não se sente encorajado com a idéia, não há qualquer relevância nesse favorecimento. Ainda, deve o partícipe ter consciên-

---

[247] BATISTA, Nilo, ob. cit., p. 140.
[248] WELZEL, Hans, ob. cit., p. 139.
[249] BATISTA, Nilo, ob. cit., p. 143.
[250] JESCHECK, Hans-Heinrich, ob. cit., p. 630.
[251] WELZEL, Hans, ob. cit., p. 143.
[252] Id., ibid.
[253] WESSELS, Joahannes, ob. cit., p. 129.

cia de que coopera na conduta delitiva do autor, mesmo que este desconheça esta cooperação.

4.6. AUTORIA, PARTICIPAÇÃO E DELITO CULPOSO

A doutrina brasileira reconhece a possibilidade de co-autoria em crime culposo, embora a doutrina estrangeira afaste essa possibilidade. Jescheck afirma que se várias pessoas realizam em comum um delito por imprudência inconsciente, não cabe distinguir entre autoria e participação, porque a todos os intervenientes falta por igual a previsão do resultado típico e, em conseqüência, não se pode falar de um domínio do sucesso a respeito de nenhum deles.[254] Assim, autor de um delito culposo é todo o que mediante uma ação que lesiona o grau de cuidado requerido no âmbito de relação produz, de modo não-doloso, um resultado típico.[255] Todo o grau de concausação a respeito do resultado típico produzido não dolosamente, mediante uma ação que não observa o cuidado requerido no âmbito de relação, fundamenta a autoria no respectivo delito culposo.[256] Por esta razão não existe, no âmbito dos delitos culposos, a diferença entre autoria e participação. Isso porque toda a classe de concausação na produção não-dolosa de um resultado mediante uma ação que lesiona o cuidado conforme o âmbito de relação é autoria.[257] É que a forma do domínio do fato não é aplicável ao autor culposo, já que justamente não tem tal domínio; autor culposo é, portanto, somente aquele que não aplica o dever de cuidado requerido no âmbito de relação.[258] Por isso mesmo não pode haver um autor mediato culposo, pois esta categoria parte necessariamente do conceito do domínio do fato e a intrumentalização então consciente de outra pessoa.[259] Para Bustos, sequer pode haver co-autoria nos delitos culposos, já que o conceito de co-autor exige a ideação de um plano comum e a distribuição funcional do fato, o qual não é possível no delito culposo. No delito culposo somente se pode dar os autores

---

[254] JESCHECK, Hans-Heinrich, ob. cit., p. 596.
[255] WELZEL, Hans, ob. cit., p. 119.
[256] Id., ibid.
[257] Id., ibid.
[258] RAMÍREZ, Juan Bustos, ob. cit., p. 339.
[259] Id., ibid.

concomitantes ou acessórios, é dizer, em que cada um levou a cabo sua própria falta de cuidado na realização do fato (assim, o co-piloto que diz ao condutor do caminhão, sem olhar que pode dar marcha-a-ré, e a sua vez o condutor, apesar de se dar conta disso, o faz, com o qual fere uma pessoa; ambos são autores, não co-autores.[260] Se a acompanhante incita o condutor a conduzir imprudentemente e contribui dessa maneira na causação de um acidente, ambos são autores da morte imprudente (culposa).[261] No Brasil, os exemplos citados seriam casos de co-autoria no crime culposo.[262]

Quanto à participação, deve-se entender que um dos requisitos para o concurso é a homogeneidade do elemento subjetivo; logo, não pode haver participação dolosa em crime culposo e, tampouco, participação culposa em crime doloso, justamente, pela falta de homogeneidade do elemento psicológico que vincula as condutas. Assim, se "A", desejando matar seu inimigo "B", entrega uma arma a "C" e afirmando que está descarregada pede que atire em "B". "C" atira e causa a morte de "B". Não há concurso de pessoas, visto que "C" não possui qualquer vínculo subjetivo (não adere à conduta) com "A", pois pensa que a arma está descarregada. Caso soubesse da potencialidade ofensiva da arma e aderisse à conduta de "A", seria autor do crime de homicídio, e "A" seria partícipe por instigação.

4.7. AUTORIA E PARTICIPAÇÃO NOS DELITOS OMISSIVOS

Os crimes omissivos são crimes de dever; a base da responsabilidade não alcança qualquer omitente, e sim aquele que está comprometido por um concreto dever de atuação.[263] O critério do domínio do fato deverá, então, ser abandonado aqui em favor da preponderância da violação do dever. Nessa perspectiva, autor direto de um crime omissivo é sempre aquele que viola o dever de atuação ao qual estava

---

[260] RAMÍREZ, Juan Bustos, ob. cit., p. 339.

[261] JESCHECK, Hans-Heinrich, ob. cit., p. 596.

[262] Nesse sentido, JESUS, Damásio de. *Direito Penal*, 1º volume, Parte Geral, Saraiva, 19ª ed., p. 366; MIRABETE, Julio Fabbrini. *Manual de Direito Penal*, Parte Geral, Atlas, 7ª ed., p. 225; CONTRA: BATISTA, Nilo, ob. cit., p. 62.

[263] BATISTA, Nilo, ob. cit., p. 63.

adstrito.[264] O problema da co-autoria e da participação dos crimes omissivos gera grandes divergências na doutrina. Analisaremos, então, algumas posições. Para Batista, a exemplo da linha argumentativa perfilhada no exame dos crimes culposos, o dever de atuar a que está adstrito o autor do delito omissivo é indecomponível.[265] Por outro lado, como diz Bacigalupo, a falta de ação priva de sentido o pressuposto fundamental da co-autoria, que é a divisão de trabalho; assim, "não é concebível que alguém omita uma parte enquanto outros omitem o resto".[266] Quando dois médicos omitem – ainda que de comum acordo – denunciar moléstia de notificação compulsória de que tiveram ciência (art. 269, CP), temos dois autores diretos individualmente consideráveis.[267] Batista, citando Welzel, também exemplifica a impossibilidade da participação, pois, a conduta de quem, mediante uma atividade dissuasiva, impede outrem de atuar conforme o especial dever ao qual está adstrito correspondente a uma ação deve ser considerada na perspectiva de um crime comissivo. O exemplo por ele exposto é o seguinte: aquele que diante de um acidente dissuada o obrigado ao socorro de sua decisão de prestá-lo, oferecendo-lhe uma quantia em dinheiro, não deve ser castigado pela instigação de omissão de socorro, e sim por homicídio.[268] Assim, para Batista, não há co-autoria, autoria mediata ou participação nos crimes omissivos (próprios ou impróprios).[269]

Para Jescheck, nos delitos de omissão são igualmente possíveis a indução e a cumplicidade por um fazer positivo.[270] Mirabete, nessa linha de pensamento, afirma que é possível a participação em crime omissivo puro, ocorrendo concurso de agentes por instigação ou determinação e cita como exemplo a conduta do paciente que convence o médico a não comunicar à autoridade competente a moléstia de que é portador e cuja notificação é compulsória.[271]

Nos crimes omissivos próprios há também controvérsia sobre a possibilidade de participação. Perfilhando o entendimento de que não

---

[264] BATISTA, Nilo, ob. cit., p. 64.

[265] Idem, p. 65.

[266] Id., ibid.; BACIGALUPO, Enrique. *Principios de derecho penal*, parte general, akal/iure, 5ª ed., Madrid, 1998, p. 413.

[267] BATISTA, Nilo, ob. cit., p. 65.

[268] Idem, p. 67.

[269] Idem, p. 150; Nesse sentido também Juan Bustos Ramírez, ob. cit., p. 341.

[270] JESCHECK, Hans-Heinrich, ob. cit., p. 582.

[271] MIRABETE, Julio Fabbrini, ob. cit., p. 233-234.

são possíveis a co-autoria e a participação, Tavares diz que nos crimes omissivos cada qual responde pela omissão individualmente, com base no dever que lhe é imposto, diante da situação típica de perigo ou diante da sua situação de garantidor.[272] Assim também Batista, quando afirma que a solução não se altera se se transferem os casos para a omissão imprópria: pai e mãe que deixam o pequeno filho morrer à míngua de alimentação são autores diretos do homicídio; a omissão de um não "completa" a omissão do outro; o dever de assistência não é violado em 50% por cada qual.[273] Da mesma forma é resolvido o caso em que se defrontam uma ação positiva que tipicamente lesiona um bem jurídico e a omissão do garantidor desse bem, como no exemplo de Bacigalupo: o salva-vidas *A* olha tranqüilamente e inerte *B,* que empurra para água *C*, que visivelmente não sabe nadar, e vem a morrer por afogamento.[274] Não há co-autoria pensável, pela falta de um ponto em comum de referência fracionável: *A* é autor direto por violar o dever de garantidor; *B* é autor direto porque possui o domínio do fato (na modalidade domínio de ação).[275] Tavarez cita o exemplo de alguém que está na companhia de outra pessoa e vê terceiro afogar-se. Quem está se afogando é o filho de uma das pessoas que observam o afogamento. Os dois não só observam, mas comentam entre si quem irá salvá-lo, ressaltando as incertezas desse empreendimento. Afinal decidem em conjunto que não irão proceder ao salvamento. Embora um tenha aconselhado o outro acerca do que devesse fazer ou não fazer, inexiste no caso participação, porque um deles responderá por crime de omissão de socorro e outro por homicídio por omissão. Cada um, portanto, responde individualmente pela omissão e seus efeitos, na medida de sua posição em face da proteção do bem jurídico. O pai viola o dever de impedir o resultado, porque era garantidor da vida do filho. O outro viola o dever geral de assistência, porque, como cidadão presente na situação de perigo, tinha que lhe prestar socorro.[276]

4.7.1. Autoria colateral

A autoria colateral caracteriza-se pela ausência do vínculo subjetivo entre os participantes. Assim, no dizer de Bitencourt, ocorre quan-

---

[272] TAVARES, Juarez. *A Controvérsia em torno dos crimes omissivos.* Instituto Latino-Americano de Cooperação Penal, 1996, p. 86.

[273] BATISTA, Nilo, ob. cit., p. 65.

[274] Id., ibid.

[275] Id., ibid.

[276] TAVARES, Juarez, ob. cit., p. 87.

do mais de uma pessoa, ignorando uma a contribuição da outra, realiza condutas convergentes, objetivando a execução da mesma infração penal.[277] É o agir conjunto de vários agentes sem reciprocidade consensual no empreendimento criminoso que identifica a autoria colateral[278] Para Batista, quando não haja, portanto, o acordo de vontades (tácito ou expresso), que representa o requisito da comum resolução para o fato, não haverá co-autoria, e sim autoria colateral, citando como exemplo duas pessoas que, sem conhecimento uma da atividade da outra, ministram doses de veneno a uma terceira, que vem a falecer.[279] Na autoria colateral, cada agente deve responder por sua conduta, considerada individualmente. Se *A* ingressa, mediante chave falsa, na mesma residência à qual *B* tem acesso pelo telhado, ignorando um a conduta do outro, e de lá subtraem respectivamente dinheiro e peças antigas, há um furto qualificado pela chave falsa e outro furto qualificado pela escalada, porém não há um furto qualificado também pelo concurso de agentes.[280]

Pode ocorrer a *autoria incerta*, quando na autoria colateral não se determine quem produziu o evento. Assim ocorre no exemplo de Batista, em que *A* e *B,* desconhecendo reciprocamente suas atividades, disparam *necandi animo* suas armas contra *C*, atingido por ambos os projéteis, um dos quais produz ferimento letal. Por circunstâncias que não vêm a talhe, não se consegue determinar de quem partira o disparo que causou a morte.[281] A solução é admitir a tentativa para ambos.[282]

4.8. TEORIAS

4.8.1. Monística ou unitária

Para esta teoria, o crime permanece único e indivisível, mesmo que tenha sido praticado em concurso por diversas pessoas. Não há

---

[277] BITENCOURT, Cezar Roberto. *Lições de Direito Penal*, Livraria Editora Acadêmica Ltda., p. 59.

[278] Id., ibid.

[279] BATISTA, Nilo, ob. cit., p. 86.

[280] Id., ibid.

[281] Id., ibid.

[282] Assim, BATISTA, Nilo, ob. cit., p. 86; DE JESUS, Damásio, ob. cit., p. 378; MIRABETE, Julio Fabbrini, ob. cit., p. 231.

distinção entre autoria e participação, assim, todo aquele que concorre para o crime causa-o em sua totalidade.

4.8.2. Dualística

Para esta teoria há dois crimes: um para os autores, aqueles que realizam a atividade principal, a conduta típica emoldurada no ordenamento positivo, e outro para os partícipes, aqueles que desenvolvem uma atividade secundária, que não realizam a conduta nuclear descrita no tipo penal.[283] Mirabete lembra que o crime é um só fato e que, por vezes, a ação do executor é menos importante que a do partícipe (casos de mandante, de coação resistível, etc.). Ademais, a teoria não se ajusta aos casos de autoria mediata.[284]

4.8.3. Pluralística

Segundo essa teoria, no concurso de agentes não ocorre apenas pluralidade de pessoas, mas também de crimes. A cada um dos participantes corresponde uma conduta própria, um elemento psicológico próprio, um resultado próprio, devendo-se, pois, concluir que cada um responde por delito próprio.[285] Existem tantos crimes quantos forem os participantes do fato delituoso.[286] Há pluralidade de agentes e pluralidade de crimes. É uma teoria subjetiva, ao contrário da unitária, que é objetiva.[287]

Como regra, adotou o Código a teoria monística, posto que o art. 29, *caput*, CP, dispõe que só há um crime e que todos os participantes respondem por ele, incidindo na mesma pena abstratamente cominada. Segundo Costa Júnior, a teoria monística foi mantida pelo Código, quiçá pela dificuldade que teria o magistrado em distinguir, uma a uma, as várias espécies de participação.[288] Para minorar os excessos da equiparação global dos co-autores, jamais equivalentes nem merecendo tratamento parificado, adotou as exceções consubstanciadas na disposição final da cabeça do artigo e em seus dois parágrafos.[289] Foi

---

[283] BITENCOURT, Cezar Roberto, ob. cit., p. 36.
[284] MIRABETE, Julio Fabbrini, ob. cit., p. 216/217.
[285] JESUS, Damásio de, ob. cit., p. 357/358.
[286] BITENCOURT, Cezar Roberto, ob. cit., p. 35.
[287] JESUS, Damásio de, ob. cit., p. 358.
[288] COSTA JÚNIOR, Paulo José da. *Direito Penal Objetivo*, Forense Universitária, p. 73.

adotada em princípio a teoria unitária; como exceção, a concepção dualística, que difere o tratamento penal entre autores e co-partícipes.[290] Damásio faz a ressalva em que em algumas hipóteses o Código adotou a teoria pluralística, em que a conduta do partícipe constitui outro crime, havendo, então, um crime do autor e outro do partícipe, sendo que ambos são descritos pela norma como delitos autônomos.[291] Assim seria o caso dos crimes, por exemplo, de corrupção ativa e passiva (arts. 317 e 333, CP).

4.9. REQUISITOS DO CONCURSO DE PESSOAS

Para nós, não seria necessária a análise dos requisitos do concurso de pessoas, pois quase todos são decorrência lógica do próprio concurso. O único que não se inclui nessa categoria é o requisito do vínculo subjetivo entre os participantes. Entretanto, como a doutrina brasileira menciona os requisitos, passaremos a estudá-los.

4.9.1. Pluralidade de condutas

Para que ocorra o concurso de pessoas, é necessária a concorrência de mais de uma pessoa na execução de uma infração penal. Não necessariamente todos praticam atos executórios do delito, pois enquanto alguns desenvolvem a ação descrita do verbo nuclear do tipo, outros realizam atividades acessórias (atípicas inicialmente), contribuindo de outro modo para o resultado, mas respondendo pelo fato típico em razão da norma de extensão do concurso.

4.9.2. Relevância causal das condutas

As várias condutas devem constituir procedimentos de contribuição ao delito ou antecedentes causais necessários à sua produção. É preciso que a conduta seja *relevante* para o Direito Penal. Significa que nem todo comportamento constitui participação, pois precisa ser eficaz, no sentido de haver provocado ou facilitado a conduta principal

---

[289] COSTA JÚNIOR, Paulo José da, ob. cit., p. 73.

[290] Id., ibid.

[291] JESUS, Damásio de, ob. cit., p. 358.

ou a eclosão do resultado.[292] Assim, no exemplo citado por Bitencourt, daquele que querendo participar de um homicídio empresta uma arma de fogo ao executor que não a utiliza e tampouco sente-se estimulado ou encorajado com tal empréstimo a executar o delito. Aquele não pode ser tido como partícipe pela simples e singela razão de que o seu comportamento foi irrelevante, isto é, sem qualquer eficácia causal.[293]

4.9.3. Liame subjetivo ou vínculo psicológico entre os participantes

Para a configuração do concurso de pessoas, exige-se que cada participante acompanhe a vontade do outro, ou seja, saiba que está cooperando com a vontade do outro na prática do crime, não sendo necessário o ajuste prévio. A ausência desse elemento psicológico desnatura o concurso eventual de pessoas, transformando-o em condutas isoladas e autônomas,[294] podendo levar à autoria colateral. Assim desnecessária combinação ou prévio ajuste entre os participantes, bastando, para a configuração do concurso, que um adira à vontade do outro, mesmo que este não saiba da colaboração. Nesse sentido é o exemplo de Damásio quando menciona que uma empregada doméstica, percebendo que um ladrão está rondando a residência, para vingar-se do patrão, deliberadamente deixa a porta aberta, facilitando a prática do furto. Há participação e, não obstante, o ladrão desconhecia a colaboração da criada (não ocorreu o acordo prévio).[295]

4.9.4. Identidade de infração

A infração penal deve ser a mesma para todos os participantes, pois, mesmo que ocorra uma divisão de trabalho constituída de atividades distintas, devem convergir a um mesmo objetivo típico. Para nós, a identidade de infração é decorrência, até mesmo, do requisito do vínculo psicológico, visto que se o concorrente adere à conduta do outro é porque quer participar daquela infração, e não de outra.

---

[292] JESUS, Damásio de, ob. cit., p. 365.
[293] BITENCOURT, Cezar Roberto, ob. cit., p. 40.
[294] Id., ibid.
[295] JESUS, Damásio de, ob. cit., p. 365.

4.10. COOPERAÇÃO DOLOSAMENTE DISTINTA

Conforme o § 2º do art. 29, "se algum dos concorrentes quis participar de crime menos grave, ser-lhe-á aplicada a pena deste; essa pena será aumentada até a metade, na hipótese de ter sido previsível o resultado mais grave". Nessa hipótese, ocorre o desvio subjetivo de conduta, acontecendo quando a conduta executada difere daquela idealizada a que aderira o partícipe, isto é, o conteúdo do elemento subjetivo do partícipe é diferente do crime praticado pelo autor.[296] Maurach afirma que o tratamento dessas discrepâncias, a respeito das quais se produzem por demais superposições parciais, determina-se basicamente conforme a regra segundo a qual o indutor (partícipe) responde pelo acontecer somente no marco do seu próprio dolo, de maneira que, ao menos em princípio, não deve ser castigado pelo excesso.[297] Assim também o ensinamento de Welzel, afirmando que o instigador somente responde até onde o fato coincide com o seu dolo, não respondendo pelo excesso do autor.[298] Se o autor principal fez mais do que o desejado pelo indutor (excesso), este unicamente responderia até o limite de seu dolo de indutor.[299]

Assim, se "A" determina a "B" que aplique uma surra em "C", e este, ao executar o mandato, excede-se, causando a morte de "C", "A" responderá por lesões corporais, podendo a pena ser aumentada até a metade se o resultado mais grave lhe era previsível, e "B" responderá por homicídio. Se ao autor instiga-se a cometer um furto, mas comete um roubo, o instigador somente responderá pelo furto, podendo a pena ser aumentada até a metade se o resultado lhe era previsível, enquanto o autor responderá pelo roubo.

O problema enfrentado na aplicação do art. 29, § 2º, CP, ocorre, principalmente, no delito de latrocínio. Nestes casos, quando os agentes inicialmente aderem a uma empreitada criminosa (assalto a banco) e acaba ocorrendo o resultado morte, mesmo aqueles que ficaram do lado de fora da agência (vigias ou "soldados de reserva") acabam sendo condenados pelo mesmo delito dos executores. De acordo com alguns julgados, haveria aqui já a aceitação do resultado mais grave por parte

---

[296] BITENCOURT, Cezar Roberto, ob. cit., p. 63.

[297] MAURACH, Reinhart e outros, ob. cit., p. 447.

[298] WELZEL, Hans, ob. cit., p. 140.

[299] JESCHECK, Hans-Heinrich, ob. cit., p. 628.

de todos, logo, não haveria cooperação dolosamente distinta.[300] A situação deve ser examinada caso a caso e, de acordo com a teoria do domínio do fato, fica mais fácil examinar a posição dos participantes. Caso se considere que todos são co-sustentadores do fato (domínio funcional), não haverá problema em negar a cooperação dolosamente distinta. Porém, ficando demonstrado claramente que o partícipe não possui qualquer domínio, não se pode dizer que deve responder pelo mesmo delito por esta "aceitação" do resultado. Isso seria o caso de dolo eventual, mas que deve restar provado, caso contrário, faríamos letra morta do dispositivo em comento.

4.11. PARTICIPAÇÃO DE MENOR IMPORTÂNCIA

A participação de menor importância é tratada no § 1º do artigo 29, CP. Refere-se ao partícipe que desenvolve uma atividade de menor importância na prática delituosa. Segundo Costa Júnior, a antiga atenuante genérica do art. 48, II ("ter sido de somenos importância sua cooperação no crime"), transformou-se no § 1º do dispositivo em análise. Os cúmplices poderão ter sua pena abrandada, de um sexto a um terço, conforme a cooperação que tenham emprestado ao evento. Em sentido oposto, se a cooperação do agente revestir-se de especial relevo, o CP previu circunstâncias agravantes (art. 62, I a IV).[301] Segundo Damásio, a redução de um sexto a um terço deve variar de acordo com a maior ou menor contruibuição do partícipe na prática delituosa: quanto mais a conduta se aproximar do núcleo do tipo, maior deverá ser a pena; quanto mais distante do núcleo, menor deverá ser a resposta penal.[302]

4.12. PARTICIPAÇÃO IMPUNÍVEL

Dispõe o art. 31, CP, que "o ajuste, a determinação ou instigação e o auxílio, salvo disposição expressa em contrário, não são puníveis,

---

[300] Nesse sentido, TJRS, Ap. Crim. 70004688198; TJRS, Ap. Crim. 70005294707.

[301] COSTA JÚNIOR, Paulo José da, ob. cit., p. 73.

[302] JESUS, Damásio de, ob. cit., p. 374.

se o crime não chega, ao menos, a ser tentado". O dispositivo deixa mais uma vez clara a acessoriedade da participação, pois, se não houver o início da execução de uma figura típica, não se falará em participação. Então, para que ocorra a participação em uma das formas elencadas pelo artigo, necessário que ocorra o início da execução pelo autor. Assim, a simples oferta de dinheiro de "X" para que "B" elimine "C", não constitui participação, visto que "B" pode, até mesmo, receber o dinheiro e ir embora, sem cometer qualquer delito, não havendo início de execução de qualquer crime. A ressalva do artigo (salvo disposição expressa em contrário) diz respeito aos casos em que a instigação, a determinação, o auxílio etc., são puníveis como delito autônomos. Como exemplo, em que essas formas de participação são puníveis como delitos autônomos temos os arts.: 122, CP; 227, CP; 286, CP.

4.13. CIRCUNSTÂNCIAS INCOMUNICÁVEIS – art. 30, CP

As circunstâncias são os fatos ou dados, de natureza objetiva ou subjetiva, que não interferem, porque acidentais, na configuração do tipo, destinando-se apenas a influir sobre a quantidade de pena cominada para efeito de aumentá-la ou de diminuí-la.[303] Algumas circunstâncias participam, no entanto, da própria estrutura da figura criminosa e deixam, por via de conseqüência, de ser acidentais para se transformarem em circunstâncias essenciais ou elementares do tipo.[304] O dispositivo em exame cuida da comunicação, no concurso de pessoas, das circunstâncias do crime e, partindo da classificação de circunstâncias objetivas ou reais, de um lado, e de circunstâncias subjetivas ou pessoais, de outro, estabelece que as primeiras são sempre comunicáveis, e que as segundas, de regra, incomunicáveis. Quando estas, contudo, fizerem parte da própria economia interna do tipo integrando sua estrutura, tornam-se comunicáveis.[305]

4.13.1. Circunstâncias objetivas

Como regra, as circunstâncias objetivas ou reais sempre se comunicam. Relacionam-se elas com o fato criminoso, em sua ma-

---

[303] SILVA FRANCO, Alberto e outros, ob. cit., p. 115.

[304] Id., ibid.

[305] Id., ibid.

Imputação Objetiva

terialidade.[306] Poderão ser de natureza instrumental, quando disserem respeito aos meios empregados; materiais, quando concernentes ao objeto do delito; de natureza temporal ou espacial; conseqüenciais, quando relativas ao dano ou perigo que se segue ao crime; pessoais, quando concernentes às condições ou qualidades pessoais da vítima; ou poderão ainda relacionar-se com o modo de execução do delito.[307] No dizer de Mirabete, essas circunstâncias dizem respeito ao tempo (durante a noite, por ocasião de incêndio etc.), ao lugar (em local ermo, em casa habitada etc.), ao meio de execução (emprego de veneno, fogo, explosivo etc.), às condições ou qualidades da vítima (criança, enfermo, funcionário público etc.) etc.[308] Em regra, estas circunstâncias são comunicáveis, porém, não o são quando desconhecidas por parte do agente. Assim, para que essas circunstâncias se comuniquem, deverão ser conhecidas do agente. No exemplo de Costa Júnior, se o autor intelectual de um homicídio não tiver conhecimento de que o executor irá torturar a vítima, antes de tirar-lhe a vida, não responderá pela qualificadora.[309] Se o partícipe determina que um furto seja executado durante o dia, e o autor o executa durante a madrugada, não responderá o partícipe pela qualificadora do repouso noturno.

4.13.2. Circunstâncias subjetivas

Como regra, as circunstâncias subjetivas ou de caráter pessoal são incomunicáveis, comunicando-se apenas quando elementares do crime (art. 30, CP). As circunstâncias subjetivas referem-se à qualidade ou condição pessoal do réu (imputabilidade, reincidência), às suas relações com a vítima (parentesco, relações domésticas ou de coabitação), aos motivos determinantes do crime.[310] Assim se "A", reincidente, e "B", primário, cometem um crime em concurso de pessoas, somente "A" terá a pena agravada pela reincidência, visto a circunstância de caráter pessoal não se comunicar a "B".

4.13.3. Circunstâncias comunicáveis – elementares do crime

A regra é de que as circunstâncias de caráter pessoal são incomunicáveis, e a exceção é a de que se comunicam quando elementares do

---

[306] COSTA JÚNIOR, Paulo José da, ob. cit., p. 75.
[307] Id., ibid.
[308] MIRABETE, Julio Fabbrini, ob. cit., p. 229.
[309] COSTA JÚNIOR, Paulo José da, ob. cit., p. 75.
[310] Id., ibid.

crime. Portanto, deve-se definir o que é uma circunstância elementar do crime. As elementares são dados ou fatos que compõem a própria descrição do fato típico, integrando a descrição da infração penal e cuja ausência exclui ou altera o crime. Assim, as circunstâncias elementares, sejam de caráter objetivo ou pessoal, comunicam-se entre os fatos cometidos entre os participantes, desde que tenham ingressado na esfera de seu conhecimento. Tomemos como exemplo aquele que auxilia o funcionário público na prática do peculato; responde por este crime ainda que não exerça função pública (a elementar de natureza pessoal "funcionário público" comunica-se ao partícipe).[311] Assim também no caso do partícipe que auxilia a mulher que se encontra sob a influência do estado puerperal a matar o próprio filho, deverá responder aquele por infanticídio, embora existam posições contrárias. Damásio faz a ressalva que enquanto não for modificada a legislação penal a respeito do assunto, deve o terceiro que participa do infanticídio responder por esse crime.[312] Por fim, cabe lembrar que a elementar somente se comunica se entrar na esfera de conhecimento do partícipe, pois, quando desconhecida, não se comunica. Assim, aquele que auxilia o funcionário na subtração de um bem móvel da Administração, ou que esteja na posse desta, responderá apenas por furto comum, e não por peculato-furto (art. 312, CP) se desconhecer a qualidade do co-autor. Nessa hipótese, aliás, aplica-se o art. 29, § 2º, CP, porque o *extraneus* queria participar de crime menos grave.[313]

4.14. PARTICIPAÇÃO E ARREPENDIMENTO

Para Hungria, pode acontecer que, antes ou depois de iniciado o *iter criminis*, venha a cessar a coerência das vontades dos concorrentes, ou, mais precisamente: pode ocorrer que um dos concorrentes se arrependa, enquanto os outros persistem no propósito criminoso.[314] A solução para os casos de participação e arrependimento é de Nelson Hungria, nas seguintes hipóteses:[315]

---

[311] MIRABETE, Julio Fabbrini, ob. cit., p. 229; JESUS, Damásio de, ob. cit., p. 384.

[312] JESUS, Damásio de, ob. cit., p. 394.

[313] MIRABETE, Julio Fabbrini, ob. cit., p. 230.

[314] HUNGRIA, Nelson. *Comentários ao Código Penal*, v. 1, Tomo 2, Forense, p. 416.

[315] Id., ibid.

a) o arrependido é o autor principal, e não inicia a realização do crime projetado, ou é o partícipe, vindo este a impedir (por qualquer forma) que a execução tenha início: não existe fato punível;

b) o arrependido é o autor principal e, iniciada a execução, desiste da consumação ou impede que o evento se produza; ou é o partícipe que consegue impedir (por qualquer forma) seja alcançada a *meta optata*: em face do disposto no art. 15, não respondem por tentativa, ressalvados os atos anteriores à desistência voluntária ou arrependimento eficaz;

c) o arrependido é o partícipe, resultando inútil o seu esforço para evitar a execução ou consumação por parte do autor principal: o arrependido responde pelo fato cometido pelo autor principal.

3.15. AUTORIA E PARTICIPAÇÃO NOS DELITOS ESPECIAIS – A COMUNICABILIDADE DAS CIRCUNSTÂNCIAS ELEMENTARES DO ART. 30 DO CÓDIGO PENAL

4.15.1. Colocação do problema

A nosso juízo, a questão da comunicabilidade das elementares do crime aos co-participantes do delito não foi enfrentada, ainda, com profundidade pela doutrina. É certo que de acordo com o art. 30, CP, as circunstâncias de caráter pessoal, quando elementares do crime, desde que entrem na esfera de conhecimento de um dos participantes, a ele se comunica. Até este ponto, rege acordo entre a doutrina brasileira. Porém, até onde haveria esta comunicabilidade? Ou melhor, em que fluxo ela se operaria? Para expor melhor o problema, colocamos o seguinte exemplo: "A", funcionário público, determina a "B" que subtraia objetos de valor da repartição em que "A" trabalha. "B" executa o mandato e subtrai os objetos de valor, conhecendo a qualidade de funcionário público de "A". Por força do art. 30, CP, "B" seria autor do delito de peculato. Outro exemplo: a mãe, que se encontra sob a influência do estado puerperal, pede a seu marido uma faca para matar o recém-nascido. O pai, sabendo desta condição, entrega a faca. Ambos respondem por infanticídio. Agora, se a mãe, sob a influência do estado puerperal, pede que o pai mate o recém-nascido, e aquele saca uma arma e desfere tiros contra a criança, não concordamos que deva responder pelo delito próprio (infanticídio).

Para nós, já no primeiro exemplo não seria possível que "B" respondesse como autor pelo delito próprio, uma vez que lhe falta, justamente, a qualidade pessoal exigida pelo tipo penal, é dizer, ser funcionário público. A doutrina brasileira, apegando-se estritamente à disposição do art. 30, CP, admite a possibilidade de que o *extraneus*, ainda que realize atos executórios, seja considerado autor. Ocorre que os delitos especiais só podem ser cometidos por determinadas pessoas, que detêm a qualidade exigida no tipo para a sua realização.[316]

De acordo com essa classificação doutrinária, somente pode ser autor do delito especial aquele que reúne as qualidades específicas exigidas pelo tipo penal.[317] Isso não significa que não admitimos o concurso de pessoas entre o qualificado e o não-qualificado. Não é este o problema. Como mencionamos linhas acima, o problema a ser enfrentado é que em algumas hipóteses não será possível a posição jurídica de autores e partícipes. É viável a participação nos crimes especiais, desde que o partícipe seja o *extraneus*, isto é, não realize a conduta descrita no tipo, e o autor seja o *intraneus* (funcionário público, por exemplo). Assim, no exemplo citado, se o *extraneus* pede ao funcionário que subtraia coisa alheia móvel da repartição, será partícipe no delito de peculato. Nesse caso, não há problema com a elementar prevista no art. 30, CP. O que não é correto é a comunicabilidade da circunstância quando o *extraneus* execute pessoalmente o delito, pois lhe falta, justamente, a qualidade exigida no tipo e, assim, não poderia ser autor do crime especial, mas, somente partícipe.

4.15.2. Delitos especiais próprios e impróprios

Assinala Mir Puig que os delitos especiais próprios são os que descrevem uma conduta que só pode ser punida a título de autor quando realizada por certos sujeitos, de modo que os demais que a executem

---

[316] ROXIN, Claus,. *Derecho Penal*, Parte General, Tomo I, Civitas, Madrid, 1997, p. 338; JESCHECK, Hans-Heinrich. *Tratado de Derecho Penal*, Parte General, Comares, Granada, 1993, p. 240; MIR PUIG, Santiago. *Derecho Penal*, Parte General, Barcelona, 1996, p. 206; RODRIGUEZ MOURULLO, Gonzalo. *Derecho Penal*, Parte General, Civitas, Madrid, 1978, p. 269; CUELLO CONTRERAS, Joaquin. *El Derecho Penal*, Español, Parte General, Civitas, Madrid, 1996, p. 401; QUINTERO OLIVARES, Gonzalo. *Manual de Derecho Penal*, Parte General, Aranzadi, 1999, p. 316.
[317] STRATENWERTH, Günter. *Derecho Penal*, Parte General I, Edersa, Madrid, 1982, p. 234.

não podem ser autores nem deste, nem de nenhum outro delito comum que castigue para eles a mesma conduta.[318] Os delitos especiais próprios são os que não contam com uma figura paralela no Código – em que o resto do tipo é igual – do delito comum, como a concussão. Assim, fala-se de delitos especiais próprios quando a qualidade especial do sujeito é determinante para a existência do delito, de tal forma que, faltando a mesma, o fato será atípico. Não existe, pois, correspondência alguma com um delito comum consistente no mesmo fato cometido por uma pessoa carente da qualificação exigida.[319] Rodríguez Mourullo leciona que nos delitos especiais em sentido estrito (próprios) a limitação dos sujeitos ativos não vem imposta pela própria natureza do injusto, senão que é fruto de uma decisão legal.[320]

Já os delitos especiais impróprios contam com um tipo penal paralelo no Código.[321] Nos delitos especiais impróprios, a qualidade especial possui unicamente a virtude de atenuar ou agravar a pena de seu autor, mas existe uma correspondência fática com o delito comum, que seria realizado por qualquer pessoa que não tivesse aquela qualidade especial,[322] como o peculato em relação ao furto.

4.15.3. Delitos especiais como delitos de infração de dever. Classificação de Roxin

A doutrina já assinalava que a classificação dos delitos especiais (próprios) tinha relevância, justamente, em sede do concurso de pessoas para a delimitação entre autores e partícipes.[323] A partir desta concepção, alguns autores passaram a adotar outra classificação para os delitos especiais, denominando-os de delitos de infração de dever.[324]

---

[318] MIR PUIG, Santiago. *Derecho Penal*, Parte General, p. 206.

[319] QUINTERO OLIVARES, Gonzalo, ob. cit., p. 629.

[320] RODRIGUEZ MOURULLO, Gonzalo, ob. cit., p. 270.

[321] Nesse sentido, LUZÓN PEÑA, Diego-Manuel. *Curso de Derecho Penal*, Parte General I, Editorial Universitas, Madrid, 1996, P. 304 e 305; CEREZO MIR, José, *Curso de Derecho Penal Español*, Parte General II, Tecnos, Madrid, 1997, p. 113.

[322] QUINTERO OLIVARES, Gonzalo, ob. cit., p. 629. No mesmo sentido, BUSTOS RAMÍREZ, Juan. *Manual de Derecho Penal Español*, Parte General, *Ariel Derecho*, Barcelona, 1984, p. 190; MAURACH, Reinhart, em MAURACH, Reinhart; ZIPF, Heinz. *Derecho Penal*, Parte general 1, Astrea, Buenos Aires, 1994, p. 371; RODRÍGUEZ MOURULLO, Gonzalo, ob. cit., p. 270.

[323] ROXIN, Claus. *Derecho Penal*, Parte General, Tomo I, p. 338.

[324] Id., ibid.; JAKOBS, Günther. *Derecho Penal*, Parte General, Marcial Pons, Madrid, 1997, p. 791; BACIGALUPO, Enrique. *Principios de Derecho penal*, parte general, akal/iure, Madrid, 1998, p. 373.

É que nesses delitos falham as teorias formal-objetiva e do domínio do fato. Para isso, basta que se tome o exemplo do funcionário público, *intraneus*, que determina o *extraneus* a subtrair coisa alheia móvel da repartição em que o primeiro trabalha. Nenhuma das duas teorias serviria para explicar a autoria do funcionário público, porque, de fato, quem realiza a infração penal pessoalmente (teoria formal-objetiva) ou tem o domínio do fato (teoria do domínio) é o *extraneus,* e não o funcionário.

Para Roxin, a adoção de tal postura não se deriva do conceito de domínio do fato, senão da significação do tipo para a determinação da autoria. É que se os tipos descrevem uma ação e uma pessoa do autor, os preceitos de participação, com respeito àqueles, apresentam-se como causa de extensão. Assim, ao requerer o tipo especial próprio determinada condição, está exigindo um requisito especial para a autoria.[325]

Portanto, somente um *intraneus* pode ser autor de um dos delitos praticados por funcionário público. Ao examinar-se mais de perto esta posição determinante para a autoria, verifica-se que não é a condição de funcionário público o que lhe converte em autor, pois isso se deve ao dever específico (que se deriva de ter encomendada uma concreta matéria jurídica) dos implicados de comportarem-se adequadamente, cuja infração consciente fundamenta a autoria. Assim, unicamente pode ser autor do tipo de concussão aquele que exige, em razão da função, vantagem indevida (art. 316 CP); quem não se encontre nessa posição jurídica, ainda quando domine o curso dos acontecimentos, só responde como partícipe.[326] Em todos os casos, o critério determinante para a autoria reside numa infração de dever, cuja natureza ainda deve ser esclarecida.[327]

O dever que constitui a matéria da lesão jurídica nestes tipos penais não é o dever genérico que surge de toda norma e que alcança também o dos partícipes. Trata-se, pelo contrário, de um dever extrapenal, que não alcança a todo partícipe, senão a quem tem uma determinada posição a respeito da inviolabilidade do bem jurídico (funcionários, administradores, garantes no delito de omissão). Nesse sentido, afirma-se que os delitos de infração de dever "são todos aque-

---

[325] ROXIN, Claus. *Autoría y Dominio del Hecho en Derecho Penal*, p. 384.

[326] BACIGALUPO, Enrique, ob. cit., p. 373.

[327] ROXIN, Claus, ob. cit., p. 384-385.

les cujos autores estão obrigados institucionalmente a um cuidado do bem".[328]

Segundo a elaboração de Roxin, o elemento que decide sobre a autoria constitui uma infração de dever extrapenal que não se estende necessariamente a todos os implicados no delito, mas que é necessária para a realização do tipo.[329] Trata-se sempre de deveres que estão antepostos no plano lógico à norma e que, em geral, originam-se em outros ramos jurídicos. Os exemplos desta categoria são os já citados deveres jurídico-públicos dos funcionários, os mandatos de sigilo de certas profissões e os estados e as obrigações jurídico-civis de satisfazer alimentos ou de lealdade. Todos eles se caracterizam em razão de que o obrigado se sobressai entre os demais cooperadores por uma especial relação com o conteúdo de injusto do fato e porque o legislador o considera como figura central do sucesso da ação, como autor, precisamente devido a esta obrigação.[330]

Colocado o problema, mister uma análise detalhada da questão. Como os casos de autoria simples não fazem ressaltar com tanta nitidez as diferenças específicas das distintas concepções sobre a autoria, temos que nos ocupar, em primeiro lugar, da intervenção de vários no marco dos delitos de infração de dever.

4.15.4. A co-autoria nos delitos de infração de dever

Com fundamento no que foi exposto, está claro que o sujeito que, cooperando na divisão de trabalho com outro, realiza um tipo de infração de dever, nem por isso tem que ser autor. Por exemplo: o particular que, em conjunto com o funcionário público, patrocinasse, diretamen-

---

[328] JAKOBS, Günther, ob. cit., p. 791.

[329] MAURACH, Reinhart. *Derecho Penal*, Parte General, v. 2, Atrea, 1995, p. 326, não concorda com esta concepção, pois, "por um lado, a lesão de um dever extra-típico não pode decidir sobre a qualidade do sujeito do fato determinada no tipo por outro, posto que ainda ante a existência dos elementos especiais do sujeito do fato (delitos especiais) pode faltar o domínio do fato, aqui considerado como essencial, devido ao qual – nos fatos dolosos – a mera participação é inclusive possível ante a existência dos elementos especiais da autoria de mão própria (e correspondente nos delitos especiais)". MUÑOZ CONDE, Francisco. *Derecho Penal*, Parte General, Tirant lo blanch, Valencia, 1996, p. 447, não admite uma categoria geral de *delitos consistentes na infração de um dever* em que os *obrigados* fossem sempre autores, qualquer que seja sua intervenção. Mas reconhece que a particularidade de muitos destes tipos delitivos desafia todo intento de resolver estes problemas com ajuda de teorias gerais elaboradas de costas à regulação dos delitos na Parte Especial.

[330] ROXIN, Claus, ob. cit., p. 386.

te, interesse privado perante a administração pública, sendo que o funcionário se valeu de seu cargo para isso (art. 321 CP), somente pode ser partícipe, ainda que seja co-sustentador do domínio do fato. De acordo com isso, não basta o domínio do fato nos delitos de infração de dever para fundamentar a co-autoria. Portanto, não tem aplicação a teoria do domínio do fato para estes delitos. Roxin cita o exemplo de dois sujeitos que administrarão conjuntamente um patrimônio. Ambos concebem de embolsar os valores de seu encargo. A execução, entretanto, é levada a cabo só por um dos administradores, enquanto o outro só atua na fase preparatória ou favorece o plano. Aqui não se dá uma dependência funcional no sentido da teoria do domínio do fato. Não obstante, ambos são autores de administração desleal, pois também o que se limita a auxiliar infringe o "dever de salvaguardar interesses patrimoniais alheios", que lhe incumbe, causando, assim, "um prejuízo àqueles por cujos interesses tinha que velar". Sendo esta a circunstância que lhe faz avançar ao centro da realização do delito, não se compreende por que seria necessário, ademais disso, o domínio do fato. A administração desleal não experimentaria nenhuma modificação qualitativa pela falta de caráter comum da execução externa da ação, pois o sentido da ação, a coloração pessoal da conduta de cooperar, em que se baseia a distinção de formas de participação, resulta unicamente da vulneração do vínculo de lealdade.[331]

O correto da solução proposta se deriva forçosamente de uma consideração prática: se se quisesse requerer para a autoria, junto à infração de dever, também o domínio do fato, os partícipes se dividiriam em dois grupos completamente heterogêneos: em senhores do fato com dever de lealdade e em obrigados à lealdade sem domínio do fato. Isso não só eliminaria o conceito unitário de participação nos delitos de infração de dever, senão também forçaria a conseqüência intolerável de que não haveria autor se o executor obrou sem que lhe incumbisse o dever de lealdade, e o obrigado permaneceu em segundo plano.[332] No mesmo exemplo, se pensamos que existe um único administrador que pede a um *extraneus* que trabalha num banco que faça desaparecer o dinheiro, o sujeito agente não pode ser autor de administração desleal por falta do dever de lealdade, enquanto o administrador tampouco poderia responder, porque lhe falta o domínio do fato.

---

[331] ROXIN, Claus, ob. cit., p. 387.
[332] Id. idid.

Parece que esta não pode ter sido a vontade do legislador. O administrador do patrimônio é autor da deslealdade. Porém, para que isto seja assim, deve-se eliminar por completo o critério do domínio do fato e atender-se, para delimitar a autoria e a participação, unicamente ao critério da posição que ocupa o cooperador, é dizer, se ocupa ou não a posição de dever extrapenal descrito no tipo.[333]

O mesmo ocorreria no Brasil, pois não parece correto que o *extraneus*, ainda quando realize pessoalmente a infração penal, possa ser autor. Mesmo que se adotasse outro raciocínio, isto é, de que seguimos a teoria da acessoriedade limitada para a participação, o que significa que só existe participação quando o autor principal ao menos inicia o fato típico e antijurídico, a solução não se modifica. Nesse caso, o *intraneus* (funcionário público) que determinasse um furto na sua repartição não realizaria pessoalmente nada e, tampouco, teria o domínio do fato. Assim, a conduta principal seria realizada pelo *extraneus*. De acordo com a teoria da acessoriedade limitada, também adotada pela doutrina brasileira, como o funcionário não domina o fato, ou não o realiza pessoalmente (teoria formal-objetiva), sua conduta seria acessória, dependente do fato principal. Ocorre que sua participação não acederia a nada, pois o fato principal (peculato) depende justamente de sua qualificação (funcionário público). Portanto, o funcionário não poderia ser partícipe do delito, ainda que se encontre na posição mencionada. O fluxo contrário é possível, é dizer, quando o funcionário realiza pessoalmente a infração penal determinada por um terceiro, pois, assim, a participação tem como aceder ao fato principal que, neste caso, exige um autor qualificado.[334]

Roxin assinala que se chega à conclusão (inclusive os partidários da teoria do domínio do fato) de que nos delitos deste gênero é deter-

---

[333] ROXIN, Claus, ob. cit., p. 387.

[334] MUÑOZ CONDE, Francisco. *Derecho Penal*, Parte General, Tirant lo blanch, Valencia, 1996, p. 466 e 447, assinala que o funcionário que induz a outro para que subtraia valores que tem sob sua responsabilidade, responderá sempre por peculato; o estranho, em câmbio, por furto sempre; e isso igualmente ainda que o indutor fosse o estranho e o induzido o funcionário. Isso converteria esses delitos em *delitos consistentes na infração de um dever*, sendo irrelevante para a qualificação da autoria a contribuição objetiva do *intraneus*. Entretanto, para MUÑOZ CONDE, não há razão para que não se apliquem as regras gerais de participação. Se o autor é o *intraneus*, o delito cometido será o especial (peculato) e, em virtude do princípio de unidade de título de imputação, todos os demais responderão por este delito, ainda que não tenham as qualidades exigidas no mesmo. Ao contrário, se o autor é o *extraneus*, o delito cometido será um comum (furto), e os partícipes responderão pelo delito comum, qualquer que seja a sua consideração pessoal.

minante um conceito de autor distinto, e que o rompimento do dever especial extrapenal, produtor do resultado, é o que fundamenta a autoria, sem levar em conta nem a vontade do autor nem o domínio do fato.[335]

De acordo com esta posição, a co-autoria obtém, nos delitos de infração de dever, uma estrutura totalmente distinta daquela utilizada para o conceito geral de autor. No lugar da camada das contribuições ao fato na fase executiva, dá-se a determinação do resultado pelo rompimento conjunto de um dever comum. O âmbito da co-autoria se encolhe notavelmente, pois só cabe falar de caráter comum neste sentido quando várias pessoas encontram-se sujeitas a um mesmo e único dever.[336]

Jescheck, ainda que sem esta fundamentação, concorda que não é possível a co-autoria nestes casos (qualificado e não-qualificado), pois, como a co-autoria constitui uma forma de autoria, só pode ser co-autor quem também é autor idôneo com respeito às demais contribuições para o fato. Por isso, não existe co-autoria nos delitos especiais próprios quando falta ao autor a qualidade requerida.[337]

Essa opinião também é reforçada por Stratenwerth, pois nos casos em que a lei requer os elementos especiais da autoria, vige o mesmo para a co-autoria. Se eles faltam, o partícipe – ainda quando tenha parte do domínio do fato – somente poderá ser responsabilizado como partícipe, e isso nos casos em que ocorram os pressupostos de participação.[338]

Isso tudo não significa que não possa ocorrer a co-autoria, pois ela existirá onde determinado âmbito de assuntos esteja confiado a várias pessoas de uma vez. Isso ocorre, por exemplo, na vigilância de internos, que pode estar a cargo de vários funcionários das prisões (§ 347 StGB), ou na conservação de cartas e pacotes confiada a múltiplos funcionários dos correios (§ 354 StGB). Nestes casos, de acordo com a opinião de Roxin, haverá co-autoria sempre que alguém, de acordo com outros obrigados, mediante qualquer contribuição ao fato,

---

[335] ROXIN, Claus, ob. cit., p. 389.

[336] Id., ibid.

[337] JESCHECK, Hans-Heinrich. *Tratado de Derecho Penal,* p. 616. No mesmo sentido, MIR PUIG, Santiago, assinalando que todo co-autor deve reunir as condições necessárias para ser autor nos delitos especiais. O interveniente não qualificado não pode ser co-autor, somente partícipe.

[338] STRANTENWERTH, Günter, ob. cit., p. 251.

Imputação Objetiva

não cumprindo as funções que lhe estão encomendadas, coopera na evasão de presos ou na desaparição de cartas.[339]

4.15.5. Autoria mediata nos delitos de infração de dever

Os fundamentos adotados para a co-autoria têm validade para a autoria mediata. Desse modo, deve-se atender somente à infração de dever especial extrapenal, e não ao domínio do fato.

Assim, nos delitos de domínio (domínio do fato) o sujeito é autor mediato se dirige e tem o domínio do acontecer mediante coação ou engano de outro ou no marco de aparatos de poder organizados. Pelo contrário, nos delitos de infração de dever não se requer para a autoria mediata o domínio do fato. Basta que o indivíduo que está sujeito a uma relação de dever deixe a execução da ação para uma pessoa que se encontra à margem da posição de dever que fundamenta a autoria. Assim, a co-autoria e a autoria mediata se distinguem nos delitos de infração de dever – de novo em contraposição aos delitos de domínio – só que no primeiro caso cooperam para alcançar o resultado vários obrigados, e, no segundo, *intraneus* e *extraneus*. Também as distintas manifestações de autoria adquirem assim uma estrutura notavelmente modificada.[340]

4.15.5.1. Utilização de um instrumento não-qualificado que obra dolosamente

Os casos de utilização de um instrumento não-qualificado são resolvidos de forma satisfatória com a utilização desta classificação (delitos de infração de dever). O funcionário que, sem ter o domínio do fato, determina ao *extraneus* realizar um resultado juridicamente desaprovado, é autor mediato, posto que, vulnerando o dever especial extrapenal que lhe incumbe (o único que importa), determinou a violação do bem jurídico descrito no tipo. Assim, o *extraneus*, apesar do domínio do fato, é cúmplice.[341]

Nesse sentido, Bacigalupo assinala que estes casos eram tradicionalmente considerados como autoria mediata, mas para isso se modificava o conceito de domínio do fato. A questão se apresentava nos

---

[339] ROXIN, Claus, ob. cit., p. 389.

[340] Idem, p. 392.

[341] Id., ibid.

delitos especiais, nos quais só pode ser autor um sujeito que tenha a qualificação exigida para o delito.[342]

A utilização de um não-qualificado (*extraneus*), que obra com dolo, por um qualificado (*intraneus*), determina um problema complexo. Exemplo (modificado): o funcionário, que por meio de um não-funcionário subtrai coisa alheia móvel da repartição em que trabalha. Nesse caso, pode-se afirmar que existe acordo a respeito da punibilidade do qualificado como autor mediato, que realiza a ação de execução por meio de um não-qualificado que obra com dolo, e do "instrumento" que realiza a ação de execução de forma direta como partícipe.[343]

O problema se apresenta aqui para a teoria do domínio do fato, pois o não-qualificado que obra com dolo e liberdade teria, em princípio, o domínio do fato e, entretanto, não pode ser autor pela falta da qualificação legal. A questão tem repercussão fundamentalmente na matéria da acessoriedade. Se esta depende do domínio do fato do autor principal, pareceria que no caso não há outra solução que a impunidade, já que o não-qualificado não pode ser autor por falta da qualificação, e o qualificado não pode ser indutor porque a indução supõe a autoria do induzido.[344]

Jescheck reconhece o problema da fundamentação da autoria mediata para a teoria do domínio do fato quando se utiliza de um instrumento sem qualificação. Neste caso, não tem aplicação a indução ou a cumplicidade, porque falta ao executor precisamente a intenção típica desta classe de delito ou, em qualquer caso, tampouco cabe falar de um domínio da vontade do "homem de trás" sobre o instrumento, desde que não ocorra coação, erro ou incapacidade por parte deste. Aqui será determinante a consideração de que nestes casos o domínio do fato deve ser entendido *normativamente*. O delito não pode ser cometido de modo algum pelo executor sem a cooperação do "homem de trás", e um fato relevante na área jurídico-penal somente se dá quando este aporta a intenção ou a característica requerida pelo legislador. A influência juridicamente dominante do "homem de trás" resulta, assim, decisiva para a autoria. Mas, deve-se reconhecer a crítica que, ademais do fator jurídico consistente em que o delito não lhe seja acessível em

---

[342] BACIGALUPO, Enrique, ob. cit., p. 375.

[343] Id., ibid.

[344] Id., ibid.; STRATENWERTH, Günter, ob. cit., p. 243.

Imputação Objetiva

absoluto ao atuante sem o "homem de trás" qualificado, deve-se acrescentar um fator psicológico no sentido de que o "homem de trás" determinou ao atuante para a realização do fato. Portanto, fala-se, nestes casos, de autoria normativo-psicológica.[345]

Welzel admite a existência da autoria mediata nos casos em que um qualificado utiliza um não-qualificado para a realização do delito e fundamenta a autoria do não-qualificado no "domínio social do fato". Assim, nos delitos especiais próprios, o qualificado que está detrás e que induz, é o que dá ao não-qualificado a possibilidade de tomar parte na realização típica do delito especial. Isto fundamentaria o domínio do que está atrás, é dizer, do qualificado, sobre a participação do não-qualificado, na realização do delito especial e com isso a sua autoria.[346]

Preferimos a fundamentação de Roxin, pois não concordamos que se possa entender esses casos com base num domínio do fato "normativo" ou no "domínio social do fato". Em qualquer caso, teríamos que alterar a teoria do domínio do fato, pois realmente quem domina o fato é o não-qualificado, o que nos leva a preferir a elaboração do critério da infração de dever.

Quintero Olivares critica esta concepção, pois em sua opinião a figura do instrumento doloso na autoria mediata somente é defensável desde uma *concepção subjetivista da autoria*. Assinala que é inegável que podem produzir-se situações nas quais um qualificado utiliza um não-qualificado para cometer um delito especial próprio, e parece claro que há que se evitar a impunidade de um e de outro. Assim, para lograr construir a autoria mediata, cria-se um conceito de instrumento doloso com o fim de evitar que se chegue à conclusão de que se trata de indução a um comportamento atípico. Mas, segundo Quintero, apesar de tão respeitável propósito, sustenta-se que a figura do instrumento doloso deve ser rechaçada em todos os casos, pois o sujeito que atua consciente e voluntariamente não é já um instrumento; sua conduta é uma ação juridicamente valorável, e se é atípica, a solução não se pode

---

[345] JESHECK, Hans-Heinrich. *Tratado de Derecho Penal*, p. 610.

[346] WELZEL, Hans. *Derecho Penal Alemán*, Editorial Jurídica de Chile, 1993, p. 125. STRANTEWERTH, Günter, ob. cit., p. 243, critica esta posição dizendo que é uma solução aparente que transforma a exigência de um dever especial num momento do domínio, desprezando o sentido originário do critério do domínio do fato e, além disso, passa por alto o domínio fático do *extraneus* – que, ademais, é decisivo.

buscar forçando os conceitos, senão introduzindo as necessárias modificações na parte especial, caso se estime necessário.[347]

Nas palavras de Bacigalupo, todas as propostas acima referidas ficaram fora de consideração em conseqüência do desenvolvimento dogmático dos *delitos de infração de dever*. Nestes delitos se modifica o regime da acessoriedade de tal maneira que a ação do partícipe não depende do domínio do fato e do dolo do autor (nestes casos o qualificado), senão da infração do dever do qualificado, *qualquer* que seja a posição em que este atue, dado que toda atuação que signifique infração de dever é suficiente para a autoria.[348]

4.16. HOMICÍDIO E LESÕES CULPOSAS DO CÓDIGO DE TRÂNSITO COMO DELITOS DE MÃO PRÓPRIA

O legislador brasileiro, ao editar o Código de Trânsito, acabou por transformar as condutas típicas de homicídio culposo e lesões corporais culposas em delitos de mão própria. Vejamos o que estabelecem os artigos 302 e 303 do CTB: "Art.302. Praticar homicídio culposo na direção de veículo automotor; Art.303 Praticar lesão corporal na direção de veículo automotor".

Antes da edição do novo Código de Trânsito, o sujeito que matasse alguém conduzindo um automóvel, ou causasse lesões nessas mesmas circunstâncias, ficaria sujeito aos dispositivos do Código Penal brasileiro. Com a introdução dos dispositivos regulando tais condutas no Código de Trânsito, aplica-se a norma especial. Portanto, desde 1997, o homicídio culposo e as lesões culposas decorrentes de acidentes de trânsito regulam-se pela lei especial.

No que diz respeito à realização pessoal nestes delitos não se oferece qualquer problema, pois, como é sabido, a autoria está relacionada diretamente com a causação do resultado, é dizer, todo aquele que, descumprindo o dever objetivo de cuidado no trânsito, causar um resultado, será autor. A problemática surge quando houver a intervenção de mais de uma pessoa na causação do resultado. Nesse caso,

---

[347] QUINTERO OLIVARES, Gonzalo. *Manual de Derecho Penal*, Parte General, Aranzadi, Pamplona, 1999, p. 633. No mesmo sentido, COBO DEL ROSAL, M.; VIVES ANTÓN, T. S. *Derecho Penal*, Parte General, 5ª edición, Tirant lo blanch, Valencia, 1999, p. 749 e 750.
[348] BACIGALUPO, Enrique, ob. cit., p. 376.

Imputação Objetiva

117

segundo a jurisprudência e um setor de nossa doutrina, haveria a co-autoria. Isso era afirmado por tal segmento sem que ainda houvesse o Código de Trânsito, ou melhor, sem que os crimes fossem transformados em crimes de mão própria. Como veremos a seguir, os delitos de mão própria não permitem a co-autoria, mas somente a participação. Antes, é necessária uma pequena conceituação acerca dos delitos de mão própria.

Os delitos de mão própria são, de acordo com a doutrina, aqueles em que o tipo penal pressupõe um ato de execução corporal ou, ao menos, que deve ser realizado pelo próprio autor, porque em outro caso faltaria o específico injusto da ação da correspondente classe do delito.[349] Portanto, para que se configure este delito, o tipo exige a própria intervenção corporal do autor no fato realizado. Assim, nestes delitos o tipo exige a realização de uma ação determinada e somente aquele que se encontre em posição de executar imediata e pessoalmente, por si mesmo, a ação pode ser sujeito ativo ou autor em sentido estrito da ação descrita no tipo legal.[350]

De acordo com a descrição das condutas típicas trazidas pelo legislador no Código de Trânsito brasileiro, conclui-se que são delitos de mão própria. Isso porque o legislador utilizou as seguintes expressões: "praticar homicídio culposo *na direção* (grifo nosso) de veículo automotor" (art.302) e "praticar lesão corporal culposa *na direção* (grifo nosso) de veiculo automotor" (art.303). Nessas hipóteses, somente pode ser autor destes delitos aquele que estiver conduzindo o veículo, qualquer outra forma de intervenção construiria participação.

Nesse ponto, reside o choque entre a doutrina preconizada no Brasil. É que a doutrina brasileira admite a co-autoria nos delitos culposos, porém, como no Código de Trânsito estes delitos são de mão própria, não se pode admitir a co-autoria, mas, somente, a participação. É que em contrapartida, não se admite a co-autoria nos crimes de mão própria, admitindo-se somente a participação.[351] Para que fique claro, nos delitos de mão própria, o injusto determinante não é a produção

---

[349] JESCHECK, Hans-Heinrich, ob. cit., p. 240; JAKOBS, Günther, ob. cit., p. 214; COBO DEL ROSAL, M.,VIVES ANTÓN, T. S. *Derecho Penal General*, 5ª ed., Tirant lo blanch, Valencia, 1999, p. 357.

[350] MUÑOZ CONDE, Francisco; GARCÍA ARÁN, Mercedes. *Derecho Penal, Parte General*. 2ª ed. Tirant lo blanch, Valencia, 1996, p. 277; CUELLO CONTRERAS, Joaquin. *El Derecho Penal Español*. Parte General. Civitas: Madrid, 1996, p. 401/402.

[351] Nesse sentido, JESCHECK, Hans-Heinrich, ob. cit., p. 617.

de um resultado controlada pela atuação final, senão a execução corporal de um ato reprovável com tal. O ato com tal é incorreto ou reprovável desde um ponto de vista ético-social. Assim que só pode ser autor aquele que efetua pessoalmente este ato,[352] decisiva é apenas a *propriedade da execução do fato*. Quem não realize por si mesmo a ação típica não pode ser autor, mas somente partícipe.[353]

Plantado o problema, deve-se buscar uma solução. Em recente e elogiável trabalho sobre o tema, o Prof. Pedrotti conclui que diante da dogmática brasileira o motorista que causa a morte ou a lesão responde pelo direito previsto no Código de Trânsito brasileiro, e o passageiro que está ao lado e que instiga a não obedecer o dever de cuidado objetivo responde pelo delito no Código Penal.[354]

Também me havia fixado nesta posição, é dizer, nos casos de homicídio ou lesões culposas praticados na direção de veículo automotor, somente responde a título de autor que conduz o veículo e, diante da tipicidade dos arts. 302 e 303 do CTB, qualquer outra "contribuição" para o fato nos levaria à conclusão de autoria dos respectivos artigos 121, § 3º e 129, § 6º ambos do Código Penal.

Porém, após um estudo aprofundado sobre o tema, estamos propondo uma outra solução, mais coerente com a dogmática. É que nos delitos culposos especiais e de mão própria só podem ser autores aqueles que reúnem a qualidade pessoal requerida pelo tipo ou executem pessoalmente por si mesmos a ação descrita.[355]

De acordo com a doutrina alemã, nos delitos imprudentes especiais ou de mão própria e nos que exigem determinadas formas de atividade, chega-se à mesma conclusão que se chegaria ao utilizarmos um conceito restritivo de autor: não todo que coopera culposamente para a realização de um comportamento típico pode ser castigado como autor, senão somente aquele que realiza por si mesmo o comportamento pode ser autor do correspondente delito. O conceito de autor assim

---

[352] WELZEL, Hans, ob. cit., p. 128.

[353] WESSELS, Johannes, ob. cit., p. 118. No mesmo sentido, BACIGALUPO, Enrique. *Princípios de derecho penal, parte general*. 5. ed. Akal/iure, Madrid, 1998, p. 373/374.

[354] PEDROTTI, Marcelo Líscio. Do concurso de agentes nos delitos de lesões corporais e homicídios culposos na direção de veículo automotor. *Revista Ibero-Americana de Ciências Penais*, ano 2, n.2, janeiro/abril, 2001, Centro de Estudos Ibero-Americano de Ciências Penais, Porto Alegre, 2001, p. 59.

[355] PEÑARADA RAMOS, Enrique. *La participación en el delito y el principio de accesoriedad*. Tecnos: Madrid, 1990, p. 275.

Imputação Objetiva

manejado não é, pois, aqui extensivo no sentido de que cubra também o campo que nos delitos dolosos abarcam as formas de participação de imprudente (culposa) que, à falta de preceitos que a incriminem especialmente, resulta impune. Por este motivo, alguns autores excluem este grupo de delitos da concepção unitária ou extensiva da autoria que predicam para as demais infrações penais. Mas, por isso, deixa de ser "extensivo" ou "unitário" este conceito de autor considerando em seu conjunto, se é que deve ter algum sentido aquela crítica que se dirige contra as concepções: a de que não estão em condições de justificar, se não é pela via de preceitos de ampliação, a punibilidade da intervenção nos delitos especiais ou de mão própria por parte dos sujeitos que não cumprem os requisitos pessoas exigidos e que, nessa medida, não poderiam ser "em si" autores do delito em questão.[356]

Estas objeções têm sentido quando se protejam sobre aquela versão de conceito extensivo ou unitário de autor que responde ao modelo que a concepção dominante na doutrina alemã contemporânea utiliza para os casos de intervenção de várias pessoas nos delitos culposos. Quando se afirma que nesse caso vige um conceito extensivo ou unitário de autor, na verdade se quer dizer com isso que a tipicidade do comportamento de cada sujeito deve ser considerada isoladamente e em relação direta com o resultado eventualmente requerido. Precisamente por essa consideração isolada da conduta de cada sujeito e pela redução dos comportamentos alheios ao papel de meros anéis de cadeia causal, não se admite nenhuma forma de intervenção que a autoria única e, são vários que atuam imprudentemente ocorre "autoria acessória", que não é outra coisa que uma autoria única plural.[357] Numa concepção semelhante é, pois, evidente que a conduta de cada interveniente que deve ser considerado autor deve reunir em si mesma todos os requisitos exigidos pela correspondente figura típica delitiva. Assim, comissão *todos* os intervenientes aparecem sem distinção como autores do delito. Mas quando o resultado se produzirá por meio de uma atividade determinada, quem não realiza a conduta descrita no tipo ou não reúne a condição pessoal a ele correspondente é alheio ao tipo em questão e, portanto, não é seu ator.[358]

---

[356] PEÑARADA RAMOS, Enrique, ob. cit, p. 277-278.

[357] MAURACH, Reinhart, ob. cit., p. 321, assinala que a chamada autoria acessória culposa não se diferencia materialmente em absoluto da autoria individual culposa; somente por razões de clareza ela é tratada como o contraponto negativo da co-autoria.

[358] PEÑARADA RAMOS, Enrique, ob. cit., p. 278.

De acordo com essa concepção, que a nosso ver parece a mais correta, não há como se imputar a título de autoria ou co-autoria do art.302 do Código de Trânsito brasileiro a conduta do passageiro que "instiga" o motorista a descumprir o dever de cuidado objetivo e acaba produzindo o resultado morte, isso porque se trata de um delito de mão própria e, nesse caso, o passageiro não realiza a conduta no art.302 CTB será tão-somente o motorista (delito de mão própria) qualquer outra intervenção neste delito não pode justificar a imputação no tipo penal em destaque.

Diante destas considerações, fica plantado e agora devemos verificar como fica então a situação do passageiro que "instiga" o motorista a descumprir o dever de cuidado objetivo. A primeira solução proposta já foi referida linhas acima, é dizer, o motorista responde como autor do homicídio ou das lesões previstos no Código de Trânsito, e o passageiro, pelos delitos correspondentes, porém, previstos no Código Penal.[359]

Porém, diante do problema posto pelo legislador e de acordo com a linha dogmática que seguimos, pensamos que a solução pode ser outra. Em nossa opinião, o passageiro não responde por qualquer tipo penal, restando impune.

Continuamos afirmando que, diferentemente do que ocorre nos delitos dolosos, onde não só são injustos penais ou típicos as condutas que supõem a autêntica realização do tipo (da Parte Especial), é dizer, as condutas de autoria – em suas distintas formas – de um delito, senão também são, por prever-se na Parte Geral as correspondentes causas de ampliação ou extensão da tipicidade (art. 29, CP), as formas de participação. Nos delitos culposos somente soa injusto penal ou típico as condutas de autoria, ou seja, só estão proibidas penalmente as condutas de autêntica realização do tipo objetivo correspondente, pois a lei não prevê, ademais, a punição das condutas de mero favorecimento culposo, é dizer, as formas de participação culposa.[360]

É cediço que as formas de participação são dolosas (indução, investigação, auxílio etc.). O Código de Trânsito exige para o delito culposo punível o verbo "praticar' que, em caso de dolo, haveria participação dolosa em fatos dolosos, tal conduta seria punível. Também

---

[359] PEDROTTI , Marcelo, ob. cit., p. 59.
[360] LUZÓN PEÑA, Diego Manuel. *Curso de Derecho Penal, Parte General I*. Editorial Universitas, Madrid, 1996, p. 507.

é certo que as ações ou omissões culposas somente são castigadas quando expressamente estiverem dispostas na lei, em face de que os preceitos da Parte Especial que prevêem figuras culposas só tipificam a realização culposa do tipo, e os preceitos do concurso de agentes prevêem a forma culposa. E isso tanto se trata de participação culposa em autoria culposa com se é participação culposa em autoria dolosa de um terceiro; e igualmente se o "autor" "doloso" ou "culposo" de sua autolesão é a própria vítima (utilizando aqui os conceitos de autor, dolo ou culpa em sentido neutro, não normativo), ainda que nestes casos, ao ser já atípica a conduta do "autor", a acessoriedade da participação, que exige aos menos um fato principal típico e antijurídico, seria uma razão adicional para a impunidade da participação culposa.

Portanto, afirma-se que nos delitos culposos não cabe participação. A graduação do injusto típico do delito culposo opera sobre a base de outros critérios: sobre a base da gravidade da infração do dever de diligência. Porém, esta última afirmação só será certa se a contribuição causal do sujeito para a lesão do bem jurídico alheio é suficientemente importante para ensinar que realiza o tipo objetivo e qualificá-la de autoria. Mas não o será se somente cabe qualificá-la de participação, pois, a doutrina alemã dominante tem razão e não cabe a participação (culposa) em crime culposo e, então, tal contribuição causal é impune.[361]

Nesse sentido, a questão deve ser vista desde o ponto de vista da causação do resultado típico, ou seja, o resultado deve haver sido produzido causalmente pela ação do autor. Assim, o primeiro requisito da imputação objetiva do resultado é o *nexo causal*, cuja constatação deve ser feita conforme as regras gerais da teoria da condição.[362] Entretanto, nos delitos culposos não basta que a ação contrária ao cuidado continua uma causa do resultado. Na realidade, o resultado só pode ser imputado objetivamente ao autor quanto *teve precisamente seu pressuposto específico na infração de dever de cuidado*, pois unicamente na infração de dever de cuidado constitua uma causa do resultado. Na realidade, o resultado só pode ser imputado objetivamente ao autor quanto *teve precisamente seu pressuposto* de cuidado radica, diferentemente do que ocorre nos delitos dolosos, o injusto da ação

---

[361] LUZÓN PEÑA, Diego Manuel. *Derecho Penal de la Circulación*. 2.ed. PPU, Barcelona, 1990, p. 79/80.

[362] JESCHECK, Hans-Heinrich, ob.cit., p. 530.

culposa.[363] De acordo com isso, nos casos de homicídio e lesões culposas na direção de veículo automotor, em que o tipo requer justamente do autor um específico dever de cuidado, só a ele (autor-motorista) se pode atribuir a causação do resultado. Ainda que ao passageiro se possa atribuir alguma consideração na causação do resultado (porque, ao final, teria dito ao motorista que poderia ultrapassar em lugar proibido já que confiava na habilidade do condutor), o dever de cuidado aqui é específico do motorista. Somente ele pode praticar a conduta descrita no tipo, e, portanto, somente ele pode causar o resultado típico.

Assim, no exemplo de Luzón, será impune (atípica) como simples indução culposa de um delito culposo a conduta do acompanhante do condutor que verifica que vem um veículo de frente, não muito distante, mas mesmo assim afirma que há tempo e lhe incita para ultrapassar ao outro veículo que está na sua frente e, ao efetuar a ultrapassagem nessas condições o motorista provoca um choque com o veículo que vinha em sentido contrário. Neste caso, só é punível a autoria do condutor na produção das lesões ou homicídio culposo.[364]

Isso significa que as condutas culposas de mera participação em fatos culposos ou dolosos não são suficientemente graves para constituir fatos tipicamente (penalmente) antijurídicos, mas, constituem sim fatos antijurídicos extrapenais, ou seja, ilícitos administrativos ou cíveis com a conseguinte responsabilidade nestes campos. Esta interpretação, à parte de ter um claro apoio legal nos preceitos do Código Penal, é político-criminalmente razoável, dado o caráter fragmentário e de *ultima ratio* do Direito Penal, a menor gravidade e desvalor dos fatos culposos, o papel das formas de participação como figuras não centrais, senão marginais subordinadas no fato ilícito, e como causas de ampliação da tipicidade, que torna aconselhável uma interpretação restritiva das mesmas.[365]

Portanto, baseado em todos os argumentos expostos, concluímos que não é possível qualquer forma de concurso de pessoas (co-autoria ou participação) nos delitos de homicídio culposo e lesões corporais culposas previstos no Código de Trânsito brasileiro.

---

363 JESCHECK, Hans-Heinrich, ob. cit., p. 530.
364 LUZÓN PEÑA, Diego Manuel, ob. cit., p. 507/508.
365 Idem, p. 508/509.

4.17. CONCLUSÃO

De todas as formas, como já mencionamos no início deste trabalho, consideramos correta a premissa de que, nos delitos especiais próprios, somente pode ser autor o sujeito que detém a qualidade exigida pelo tipo penal. Qualquer outra forma de intervenção será a de participação, ainda que se comuniquem a circunstâncias do artigo 30 do Código Penal. Isso significa que mesmo que o *extraneus* possua o domínio do fato ou realize pessoalmente a infração penal, não poderá ser autor, pois lhe falta a qualidade requerida pelo tipo penal. Nos delitos especiais impróprios, quando o *extraneus* realiza pessoalmente a infração penal induzido pelo *intraneus,* será autor do delito que corresponda a sua conduta na parte especial, mas não do delito especial. Assim, se o funcionário induz ao não-funcionário que subtraia coisa da repartição, o funcionário (*intraneus*) responde por peculato, e o não-funcionário (*extraneus) responde por furto.*

5. A tentativa e o crime impossível no Código Penal brasileiro

A distinção entre tentativa e consumação invoca rapidamente uma diferenciação de grau puramente objetiva na fase de execução do delito. Esta diferenciação repercute depois na determinação da pena aplicável e tem sua razão de ser em que a consumação é mais grave que a tentativa, porque nela o desvalor do resultado não só é maior, senão que às vezes implica a lesão irreversível do bem jurídico que geralmente não se dá na tentativa.[366] Assim, na tentativa, não há o resultado do delito pretendido pelo agente. Então, tentativa é a execução inacabada do procedimento típico, que objetivamente não se conclui por circunstâncias alheias à vontade do agente. Afirma-se que o crime ou a atividade delituosa tem um caminho a ser percorrido, que se inicia com a fase da ideação (pensamento) até atingir o seu objetivo (consumação). Portanto, deve-se investigar quais atos são puníveis nesse caminho, delimitando-se, para tanto, o início da execução do crime e a sua consumação.

5.1. O *ITER CRIMINIS*, OU TAMBÉM DENOMINADO CAMINHO DO CRIME

A primeira fase que temos é a da *cogitação ou ideação* do delito. Para Costa Júnior, a fase inicial se desenrola no interior da mente e não pode ser objeto de punição.[367] Assim, as etapas desenvolvidas no

---

[366] MUÑOZ CONDE, Francisco; GARCÍA ARÁN, Mercedes. *Derecho Penal*, Parte General, 2ª ed., Tirant lo blanch libros, p. 430.
[367] COSTA JÚNIOR, Paulo José da. *Direito Penal Objetivo*, Forense Universitária, p. 35.

Imputação Objetiva

125

íntimo do agente não podem ser atingidas pela tipicidade, na conformidade do antigo e elementar princípio *cogitationis poenam nemo patitur*.[368] Welzel afirma que no Direito Penal da vontade não se castiga a vontade má como tal, senão somente a vontade má na realização; isto, só porque a vontade má não é aprensível, e a moralidade não pode ser imposta à força, senão também pelo profundo abismo que separa em último caso os pensamentos do fato.[369]

A seguir, temos os atos preparatórios. Os atos preparatórios são atos externos ao agente, que passa da cogitação à ação objetiva, como a aquisição de arma para a prática de um homicídio ou a de uma chave falsa para o delito de furto, o estudo do local onde se quer praticar um roubo etc.[370] A regra geral é a de que os atos preparatórios não são puníveis, visto que, na maioria das vezes, são atípicos. Pode acontecer que o legislador transforme um ato preparatório em um tipo penal, porém, nesse caso, o ato preparatório é punível porque assim determinou o legislador, erigindo aquela conduta a um tipo específico de delito (petrechos para falsificação de moeda, art. 291, que seria ato preparatório para a fabricação de moeda falsa; art. 288, CP, etc.). Além desses casos, os atos preparatórios não são puníveis.

Jescheck afirma que as ações preparatórias ficam por geral impunes, porque estão demasiados distantes da consumação para poder comover seriamente o sentimento jurídico da coletividade.[371] A isso se acrescenta que, normalmente, tampouco pode acreditar-se na maioria das ações preparatórias o dolo do delito.[372] Para Jescheck, somente por especiais razões político-criminais se presta o legislador a castigar com caráter excepcional algumas ações preparatórias, distinguindo os caminhos adotados pelo legislador.[373]

De um lado, trata-se, então, da extensão não-autônoma de certos tipos cuja peculiaridade requer uma intervenção especialmente antecipada, porque em outro caso nada se conseguiria com a pena, como acontece com a preparação de uma operação de alta traição, a espio-

---

[368] ZAFFARONI, Eugenio Raúl; PIERANGELLI, José Henrique. *Da Tentativa*, 3ª ed., RT, p. 12.

[369] WELZEL, Hans. *Derecho Penal Aleman*, tradución de Juan Bustos Ramírez y Sergio Yáñez Pérez, Editorial Jurídica de Chile, p. 221.

[370] MIRABETE, Julio Fabbrini. *Manual de Direito Penal*, Parte Geral, 7ª ed., Atlas, p. 149.

[371] JESCHECK, Hans-Heinrich. *Tratado de Derecho Penal*, Parte General, Tradución de José Luis Manzanares Samaniego, Cuarta Edición, Editorial Comares, p. 474.

[372] Id., ibid.

[373] Id., ibid.

nagem de segredos de Estado, a preparação de um delito de seqüestro político[374] (os exemplos dizem respeito à doutrina e aos tipos penais do Código alemão).

De outra parte, castigam-se especialmente como delitos autônomos ações preparatórias de fisionomia típica e elevada periculosidade, sem necessidade de que o autor pense já em um delito perfeitamente determinado, como a preparação da falsificação de moeda.[375] Assim ocorre em nossa legislação, nos casos em que o legislador tipifica os atos preparatórios por considerá-los já perigosos, transformando-os em tipos penais autônomos. Para alguns autores, esse método adotado pela lei é a tipificação independente de certos atos preparatórios, que dá lugar a uma tipicidade própria, ou, por outras palavras, a um delito independente, com a conseqüência de que, por sua vez, este admitirá a tentativa.[376]

Então, na realidade, somente se diz que os atos preparatórios são puníveis quando erigidos a tipos penais, ou seja, quando consistirem em uma infração descrita na lei penal, pois, caso contrário, estaríamos ferindo o princípio da legalidade. Logo, todos os atos preparatórios que não ingressem na esfera de uma figura típica não são puníveis.

Para Rodriguez Mourullo, o Código Penal espanhol de 1995 manteve a exigência de que o sujeito "de princípio a execução do delito diretamente por fatos exteriores", com a que se descartam tanto os atos preparatórios, porque não são todavia de execução, como a fase interna de ideação, de acordo com o clássico princípio *cogitationis poenam nemo patitur*, por não haver-se traduzido ainda em comportamento externo.[377]

Do exposto até agora, os atos de ideação e preparatórios restaram impunes. Então, para a nossa legislação, a tentativa inicia-se com o início da execução do crime. Porém, quando estaria iniciada a execução de um crime, com o ingresso na esfera da tipicidade (teoria formal-objetiva) ou devemos seguir outros critérios? O Código Penal pátrio não faz menção ao critério a ser adotado, mas, tampouco menciona o início da execução do tipo como critério reitor. O art. 14, II, CP, dispõe que o crime é tentado quando "iniciada a execução, não se

---

[374] JESCHECK, Hans-Heinrich, op. cit., p. 474.

[375] Id., ibid.

[376] ZAFFARONI, Eugenio Raúl; PIERANGELLI, José Henrique, ob. cit., p. 13.

[377] RODRIGUEZ MOURULLO, Gonzalo. *Comentarios al Código Penal*, Editorial Civitas, 1997, p. 74.

Imputação Objetiva

consuma por circunstâncias alheias à vontade do agente". Portanto, mister se faz uma análise das teorias que disputam o critério válido para o início da execução na tentativa.

5.2. TEORIAS SOBRE O INÍCIO DA EXECUÇÃO. CONSIDERAÇÕES

5.2.1. Teoria formal-objetiva

Como já mencionamos, a teoria formal-objetiva leva em consideração o ingresso do autor na esfera da tipicidade, é dizer, considera iniciada a execução de um crime quando o autor pratica os atos descritos no verbo nuclear do tipo.[378] A crítica que merece esta teoria é a de que, em muitos casos, só teremos o ingresso na esfera da tipicidade com o último ato de execução propriamente dito. No crime de furto, por exemplo, quando estaria iniciada a execução? Não são raros os casos em que o agente é detido dentro da residência, ou, ainda, quando tenta ingressar nesta e, não obstante, ainda não há ato típico de subtração. Ademais, já ocorreu de o agente ficar preso quando tentava ingressar pela janela da residência e, ao considerarmos este fato isoladamente, ainda não se pode afirmar que há início da execução de furto. Portanto, os detratores desta teoria argumentam que ela deixa de fora atos que já se encontram numa zona neutra imediata do tipo e que já haveria punibilidade.

5.2.2. Teoria objetivo-material

Segundo esta teoria, existe a tentativa quando todos os atos de atividade, graças a sua vinculação necessária com a ação típica, aparecem como parte integrante dela, segundo uma concepção natural, ou que produzem uma imediata colocação em perigo do bem jurídico.[379]

5.2.3. Teoria objetivo-subjetiva

Para essa teoria, a tentativa começa quando o autor, segundo sua representação do fato, coloca-se em atividade direta e imediata à rea-

---

[378] WELZEL, Hans, p. 224; WESSELS, Johannes. *Direito Penal*, Parte Geral, Tradução de Juarez Tavares, Sergio Antonio Fabris Editor, Porto Alegre, 1976, p. 134.
[379] Id., ibid.

lização do tipo. Combina-se um critério subjetivo (a representação do autor) e um critério objetivo (dar princípio diretamente à realização do tipo). Nas palavras de Wessels, não bastaria qualquer postar-se em atividade para realizar a resolução do fato, mas tão-somente uma conduta, que na verdade, não precisa ser propriamente típica, mas que, segundo o plano do autor, esteja ligada estreitamente à ação típica executiva, de tal forma que, sem solução de continuidade e sem maiores interrupções no decorrer do acontecimento, deva conduzir *diretamente* à realização do tipo legal.[380] Assim, a tentativa de furto é formada por todas as ações que se põem em relação de agressão da posse alheia e devam ser conduzidas, finalmente, sob o ponto de vista espaço-temporal, de modo direto à subtração planejada.[381]

Silva Sánchez, analisando as teorias, menciona a importância que tem o problema da distinção entre atos preparatórios e os de execução de um delito, pois de sua solução depende o que, como regra geral, um fato fique impune ou seja penalmente sancionado, segundo que se considere quem começou ou não a correspondente execução.[382] Ainda que se trate das teorias logo abaixo, merecem destaque as anotações de Silva Sánchez. Assim, para o autor "a doutrina coincide em que para tal solução não basta acudir ao mencionado elemento subjetivo, o dolo relativo ao delito consumado (*teoria puramente subjetiva*), pois este concorre tanto nos atos de execução como nos preparatórios, ainda que habitualmente se utilize 'o plano do autor' como elemento importante para, através dele, junto com outros elementos objetivos, poder apreciar se a execução começou ou não".[383] Assim mesmo, a doutrina atual habitualmente não considera suficiente a teoria *objetivo-formal* que considera iniciada a execução quando começou a realizar-se algum dos elementos recolhidos no correspondente tipo delitivo.[384]

Geralmente, reconhece-se caráter executivo aos atos imediatamente anteriores à ação típica quando conduzem diretamente a tal ação. Essa teoria objetivo-formal parece demasiadamente estreita.[385] Tem muitos adeptos a chamada teoria *objetivo-material*, que considera

---

[380] WESSELS, Johannes, p. 134.

[381] Idem, p. 135.

[382] SILVA SÁNCHEZ, Jesús-María. *El Nuevo Código Penal: Cinco Cuestiones Fundamentales*, José Maria Bosch Editor – Barcelona, 1997, p. 122.

[383] SILVA SÁNCHEZ, José-María, ob. cit., p. 122.

[384] Id., ibid.

[385] Id., ibid.

Imputação Objetiva

129

iniciada a execução quando começou a estar em perigo o bem jurídico protegido pelo delito de que se trate. Alguns se referem ao dado da proximidade espaço-temporal; outros, à causalidade material como critérios reveladores de caráter executivo da ação dirigida ao delito.[386] Outro setor doutrinal fala de univocidade, reputando atos de execução os que inequivocamente conduzem a produção do delito, ainda que este último critério sirva só para revelarmos através da prova de indícios a realidade do antes referido elemento subjetivo ou dolo, necessário tanto para os atos de execução como para os preparatórios.[387]

Conclui Silva Sánchez que "em realidade não há uma solução válida para todos os casos. Partindo do plano do autor, que habitualmente aparece manifestado na conduta objetiva observada, e do tipo de delito concreto de que se trate, se se iniciou um comportamento que naturalmente (quando haja um elemento estranho interruptor) levaria à consumação, podemos considerar iniciada a execução, ainda que nenhum elemento típico se haja produzido. Todos os elementos antes mencionados, que as distintas teorias reputam como decisivos segundo seu particular ponto de vista, devem valorar-se em seu conjunto para apreciar em cada caso se nos encontramos ou não ante o início da execução. Em todo caso, teremos em conta a expressão 'directamente' que nosso CP (Código Penal espanhol) utiliza ao definir a tentativa (art. 3.3), que deve servir para restringir a excessiva amplitude com que na prática habitualmente se aplica esta forma de imperfeita execução dos delitos".[388]

5.3. TEORIAS SOBRE A PUNIBILIDADE DA TENTATIVA

Para que se entenda a adoção da teoria objetiva e sua explicação, mister se faz um breve estudo das teorias preconizadas da razão do castigo da tentativa.

5.3.1. Teoria objetiva

Segundo a doutrina antiga, o merecimento da pena da tentativa se encontra na colocação em perigo do objeto da ação protegido pelo tipo.

---

[386] SILVA SÁNCHEZ, José-María, ob. cit., p. 122.

[387] Id., ibid.

[388] Id., ibid.

Posto que o dolo é igual por natureza em todas as fases do fato (preparação, execução e consumação), a delimitação da tentativa frente à ação preparatória se busca no âmbito *objetivo*.[389] A seu teor, a razão jurídica da punibilidade da tentativa não está na vontade do autor, senão no perigo próximo da realização do resultado típico.

Assim, a tentativa se castigaria pela elevada possibilidade da produção do injusto do resultado. Entretanto, dado que esta probabilidade só pode afirmar, em princípio, com o início da execução e unicamente quando a ação da tentativa for idônea, a teoria objetiva leva a restrição da punibilidade da tentativa frente à ação preparatória e afasta a punibilidade da tentativa absolutamente inidônea.[390] Ademais, ao faltar o injusto do resultado, a teoria objetiva leva à atenuação penal obrigatória.[391] Analisada a teoria objetiva, conclui-se que é a adotada pelo nosso legislador, visto que menciona o início da execução do tipo e também a atenuação da pena para o crime tentado. Ademais, como veremos no capítulo seguinte, a tentativa absolutamente inidônea (crime impossível) fica impune.

5.3.2. Teoria subjetiva

Segundo a teoria subjetiva, a razão penal da tentativa é a vontade contrária ao direito colocada na ação.[392] Com isso, o decisivo não seria a efetiva colocação em perigo, pelo fato, do objeto protegido da ação, senão o *injusto da ação*, materializado no dolo do delito. A teoria subjetiva leva a ampliação do âmbito da tentativa punível à costa da ação preparatória, à admissão da punibilidade inclusive da tentativa absolutamente inidônea e à equiparação, em princípio, da punição da tentativa e da consumação, posto que a vontade contrária ao Direito em ambos os casos é a mesma.[393]

5.3.3. Teoria subjetivo-objetiva ou teoria da impressão

Parte da teoria subjetiva, mas a combina com elementos objetivos. A seu teor, o verdadeiro fundamento da punição da tentativa é a

---

[389] JESCHECK, Hans-Heinrich, ob. cit., p. 464.

[390] Id., ibid.

[391] Id., ibid. Para aprofundar, ver MAURACH, Reinhart, GÖSSEL, Karl Heinz e ZIPF, Heinz. *Derecho Penal*, Parte General 2, tradución por Jorge Bofill Genzsch, Editorial Astrea, p. 25; WELZEL, Hans, ob. cit., p. 224 e ss.

[392] JESCHECK, Hans-Heinrich, ob. cit., p. 465.

[393] Id., ibid.

vontade contrária a uma norma de conduta, mas somente se afirma o merecimento da pena da exteriorização da vontade dirigida ao fato quando com isso possa perturbar-se profundamente a confiança da coletividade na vigência do ordenamento jurídico, assim como o sentimento de segurança jurídica, e, em conseqüência, resultar diminuída a paz jurídica.[394] O merecimento da pena da tentativa se apóia, ademais, *na perigosidade do autor*, para o que se tem em conta se a colocação em perigo do objeto protegido da ação se encontra incluída em sua vontade de realizar o fato (teoria do autor).[395] As teorias ecléticas levam a uma combinação de critérios subjetivos e objetivos na delimitação da preparação e tentativa, a impunidade da tentativa marcadamente irracional e a atenuação penal facultativa.[396]

5.4. ELEMENTOS DA TENTATIVA

Segundo Jescheck, a tentativa precisa de três requisitos: a resolução de realizar o tipo, como elemento subjetivo, o dar começo direto à realização do tipo, como elemento objetivo, e a falta de consumação do tipo, fator negativo conceitualmente indispensável.[397] Dito de outra maneira, a tentativa pressupõe uma completa tipicidade subjetiva e, como correlato objetivo, um começo de execução e uma falta de consumação.[398]

Assim, deve-se acrescentar ainda que o delito não se consuma por circunstâncias alheias à vontade do agente, visto que se não ocorrer a consumação por vontade própria, poderemos estar diante da desistência voluntária ou do arrependimento eficaz. Importante ter em conta que o elemento subjetivo da tentativa é o dolo do delito consumado,[399] visto que o agente quer a realização completa do crime, ou seja, a sua consumação, que não ocorre por fatores externos. Assim, Mir Puig diz que, subjetivamente, a tentativa requer que o sujeito queira os atos que

---

[394] JESCHECK, Hans-Heinrich, ob. cit., p. 465.
[395] Id., ibid.
[396] Idem, p. 465/466.
[397] Idem, p. 466.
[398] ZAFFARONI, Eugenio Raúl e PIERANGELLI, José Henrique, ob. cit., p. 39.
[399] MIRABETE, Julio Fabbrini, ob. cit., p. 151; JESCHECK, Hans-Heinrich, ob. cit., p. 466.

objetivamente realiza com ânimo de consumar o fato,[400] o que demonstra também que o elemento subjetivo é o do crime consumado.[401]

5.5. TENTATIVA IMPERFEITA OU INACABADA E TENTATIVA ACABADA, PERFEITA OU CRIME FALHO

5.5.1. Tentativa inacabada ou imperfeita

Ocorre a tentativa imperfeita quando o sujeito não esgota toda a sua capacidade ofensiva contra o bem jurídico tutelado. A ação é interrompida durante o processo executório, como no exemplo em que o sujeito é impedido de continuar disparando quando ainda lhe sobram projéteis em sua arma.

5.5.2. Tentativa acabada, perfeita ou crime falho

Fala-se em tentativa perfeita quando a fase de execução é integralmente realizada pelo agente, mas o resultado não se verifica por circunstâncias alheias a sua vontade. Nesse caso, o agente realiza tudo aquilo que está ao seu alcance para obter o êxito desejado, afirmando-se que o crime é subjetivamente consumado em relação ao agente que o comete, mas não o é objetivamente em relação ao objeto ou à pessoa contra a qual se dirigia. Assim, seria o caso do agente que dispara todos os seus projéteis na vítima, que, atingida, é levada ao hospital e salva por uma intervenção cirúrgica. Nesse caso, tudo o que estava ao alcance do agente foi feito, por isso, diz-se que o crime foi subjetivamente consumado.

O nosso Código Penal não faz distinção entre a tentativa imperfeita e a tentativa perfeita ou crime falho, recebendo o mesmo tratamento dispensado pelo artigo 14, II, do Código Penal. A distinção oferece importância no estudo da desistência voluntária e do arrependimento eficaz, momento em que se verifica a aplicação de um dos institutos mencionados de acordo com o esgotamento ou não do processo executório do delito. Assinala Rodriguez Mourullo que a distin-

---

[400] MIR PUIG, Santiago, *Derecho Penal*, Parte General, 4ª ed., PPU, S.A., 1996, p. 343.
[401] MUÑOZ CONDE, Francisco e GARCÍA ARÁN, Mercedes, ob. cit., p. 433.

ção entre tentativa acabada e tentativa inacabada se reflete no âmbito da "evitação voluntária da consumação". Na tentativa inacabada basta com o omitir o resto dos atos executivos todavia necessários para que se produza o resultado (desistência), enquanto na acabada é preciso levar a cabo positivamente aquelas ações que neutralizem a eficácia dos atos executivos já praticados em sua totalidade (arrependimento ativo).[402]

5.6. CONSIDERAÇÕES SOBRE ALGUNS CRIMES QUE NÃO ADMITEM TENTATIVA

5.6.1. Crimes culposos

Zaffaroni e Pierangelli afirmam que é certo que a tentativa não é admissível nos crimes culposos, pois só se pode tentar alcançar o que se quer alcançar, mas não o que não é querido.[403] Só há tentativa quando o autor atua com dolo de realizar o tipo delitivo previsto: a direção da vontade do fato tentado coincide com a do fato consumado.[404] Isso é verdade porque só quem conhece e quer realizar os elementos do fato punível pode conceitualmente dar início imediato à realização do tipo de acordo com a sua representação, ou seja, dirigir a sua vontade a realização do fato punível. Nos crimes culposos, a conduta é dirigida a um fim lícito, ocorrendo o resultado em face da falta do dever de cuidado objetivo que não é observado pelo agente. Com isso, não há como imaginar a tentativa de um delito culposo, visto que não há direção da vontade nos crimes culposos ao fim ilícito. Alguns autores mencionam que é possível a tentativa na culpa imprópria, na qual o sujeito incide em erro de tipo inescusável.[405]

---

[402] RODRIGUEZ MOURULLO, Gonzalo, ob. cit., p. 74.

[403] ZAFFARONI, Eugenio Raúl e PIERANGELLI, José H., ob. cit., p. 19.

[404] MAURACH, Reinhart; GÖSSEL Karl Heinz e ZIPF, Heinz. *Derecho Penal*, Parte general 2, Astrea, Traducción de Jorge Bofill Genzcch, p. 36.

[405] MIRABETE, Julio Fabrini. *Manual de Direito Penal*. Atlas: São Paulo, 2004, p. 160. Também é o caso citado por Damásio de Jesus: supondo que o guarda-noturno que entra em seu quintal é o ladrão que continuamente vem-lhe subtraindo bens, o agente apanha uma arma de fogo e, sem maior atenção ou indagação (erro vencível, inescusável, censurável), dispara vários projéteis contra ele, na suposta defesa de sua propriedade, errando o alvo. Apresenta-se, diz a doutrina, uma tentativa de homicídio culposo. JESUS, Damásio E. de. *Direito Penal*, 1º v. – Parte Geral, Saraiva, 1995, p. 292. Embora o próprio Damásio admita em seu livro que não é possível a tentativa, ainda que na culpa imprópria. JESUS, Damásio E. Direito Penal, 1º v. – Parte Geral. Saraiva: São Paulo, 2003, p. 339.

A possibilidade é contestada por Zaffaroni e Pierangelli, que afirmam que a confusão doutrinária surgiu depois, quando o idealismo sustentou a teoria do erro e admitiu a "tentativa culposa como uma possibilidade racional". O que efetivamente acontece é que, nestes casos de erro inescusável, é possível que o Código *imponha a pena do crime culposo a uma tentativa de crime doloso*, único sentido em que é possível falar-se em "equiparação", porque a teoria da ampliação da idéia de culpa, no Código, é inadmissível, mesmo porque o legislador não é onipotente, não pode tornar lógico o que é ilógico.[406]

Assim, estamos de acordo que não é possível a tentativa em crime culposo, ainda que seja na denominada culpa imprópria, decorrente das descriminantes putativas, ou seja, nos casos em que se dá o erro sobre situação de fato que, pela teoria limitada da culpabilidade, recebe o tratamento do erro de tipo. Portanto, se o erro for vencível, a pena será a do crime culposo. A questão é de fácil tratamento jurídico quando o sujeito, supondo uma agressão injusta ou atual, dispara contra o suposto inimigo e o mata, verificando-se que na realidade não havia agressão (descriminante putativa por situação de fato). Aqui só há duas soluções: se o erro for invencível ou desculpável, o agente terá excluídos o dolo e a culpa (art. 20, CP); se o erro for vencível ou indesculpável, responderá pelo crime culposo. O problema ocorre quando o agente dispara numa situação imaginária, ou seja, supondo que se trata da agressão atual e injusta, mas não mata. Neste caso, não há tentativa de homicídio culposo, mas, tão-somente a aplicação da pena do crime culposo, porque se trata de aplicação da regra inserta no art. 20, parte final, do Código Penal.

Há outros motivos que nos levam a pensar assim. Na realidade, há dolo na conduta do agente, pois dirige a sua conduta finalisticamente para matar alguém, porém, de forma justificada, porque entende, erroneamente, que se encontra abrigado por uma causa de justificação. Portanto, não há modificação do elemento subjetivo do agente, ocorrendo, sim, um tratamento jurídico em face do erro nas descriminantes putativas.

5.6.2. Crimes preterdolosos

Para Damásio, os crimes preterdolosos não admitem tentativa, pois o evento de maior gravidade objetiva, não querido pelo agente, é

---

[406] ZAFFARONI, Eugenio Raúl e PIERANGELLI, José H., ob. cit., p. 21.

punido a título de culpa.[407] Mirabete afirma que não é possível a tentativa quando não se consuma o resultado agregado ao tipo fundamental, pois, nessa hipótese, o evento é que o transforma em crime preterintencional.[408] Nos delitos preterintensionais só se admite a tentativa dolosa – por hipótese – nos casos em que o resultado que tem lugar dolosamente está vinculado à própria ação, como ocorre no caso de estupro com o resultado morte ou lesões. Porém, não é admissível quando o resultado sobrevém vinculado ao resultado doloso, como no homicídio preterintencional, "porque, no segundo caso, a tentativa do delito principal não tem, conforme o tipo, fundamento suficiente para a imputação do resultado mais grave".[409]

5.6.3. Crimes unissubsistentes

Para Mirabete e Damásio e grande parte da doutrina, os crimes unissubsistentes não admitem a forma tentada, visto que são crimes de um único ato, sendo impossível o fracionamento dos atos de execução.[410] O exemplo seria a injúria verbal, o uso de documento falso. Zaffaroni e Pierangelli afirmam que não se pode ter esse critério como geral e absoluto, porque, contrariamente, haverá sempre necessidade de se considerar o plano concreto do autor, da mesma maneira que se faz no caso de limitação dos atos preparatórios e executivos. Afirmam que a injúria verbal pode ser constituída de uma só palavra, ainda mais, a injúria verbal pode ser uma simples gesticulação, um único movimento do corpo. Mas também pode ser constituída de uma frase, que, embora breve, possui um começo e um final e é ela, na sua totalidade, que forma uma unidade de sentido, uma totalidade simbólica, e nesse caso, o começo da frase é o começo da execução, quando não tenha ela abrangido o sentido total do símbolo injuriante.[411]

5.6.4. Crimes omissivos puros

Não admitem a forma tentada, pois, conforme Mirabete, não se exige um resultado naturalístico decorrente da omissão.[412] Assim,

---

[407] JESUS, Damásio E. de, ob. cit., p. 293.

[408] MIRABETE, Julio Fabbrini, ob. cit., p. 153.

[409] ZAFFARONI, Eugenio Raúl e PIERANGELLI, José H., ob. cit., p. 18/19. Ver também JESCHECK, Hans-Heinrich, ob. cit., p. 475.

[410] MIRABETE, Julio Fabbrini, ob. cit., p. 153; JESUS, Damásio de, ob. cit., p. 293.

[411] ZAFFARONI, Raúl Eugenio e PIERANGELLI, José H., ob. cit., p. 60.

[412] MIRABETE, Julio Fabbrini, ob. cit., p. 153.

quando o sujeito não atua quando deveria atuar, consuma-se o crime. Seria o caso da omissão de socorro, por exemplo, em que o agente deixa de prestar socorro, podendo fazê-lo. No momento em que não presta o socorro, consuma-se o crime, mesmo que um terceiro preste o socorro.

5.6.5. Tentativa no crime complexo. Roubo próprio e impróprio

Roubo próprio. Permite a tentativa quando o sujeito, iniciada a execução do tipo mediante emprego de grave ameaça, violência própria ou imprópria, não consegue efetivar a subtração da coisa alheia móvel.

Roubo impróprio. Art. 157, 1º, CP. "Na mesma pena incorre quem, logo depois de subtraída a coisa, emprega violência contra a pessoa ou grave ameaça, a fim de assegurar a impunidade do crime ou a detenção da coisa para si ou para terceiro"

Conceito: ocorre quando o agente emprega violência contra a pessoa ou grave ameaça não como meio para a subtração, mas após esta, a fim de assegurar a impunidade do crime ou a detenção da coisa para si ou para outrem. Essa violência ou ameaça deve ser exercida *imediatamente* após a subtração; se for praticada após sensível espaço de tempo, haverá concurso de crimes.

Para a ocorrência do roubo impróprio, a violência empregada deve ser exercida logo após a subtração, quando a posse ainda é precária, e o agente age para assegurar a execução do crime. Se o agente utiliza violência após a subtração, por exemplo, reage meia hora depois, ao ser surpreendido pela polícia, não há o delito de roubo, mas, o delito de furto consumado com o de concurso de crime contra a pessoa.

Roubo impróprio. No sentido da inadmissibilidade da tentativa neste tipo de delito existe controvérsia na jurisprudência, sendo que o entendimento dos tribunais superiores era de não-admissibilidade, porém, o Tribunal de Justiça, por algumas de suas Câmaras, tem entedido pela admissibilidade.

STF – No roubo, quando a violência é subseqüente à subtração, o momento consumativo é o do emprego da violência. O delito previsto no art. 157, § 1º, do Código Penal não comporta tentativa (RT 453/436).

STJ – O roubo impróprio não admite tentativa, tendo em vista que o momento consumativo é o emprego da violência (Min. Assis Toledo).

Imputação Objetiva

O momento consumativo do roubo impróprio é quando o agente emprega a violência. Nesse caso, o roubo está consumado. Se não houver violência, caracteriza-se o furto.

Admissibilidade de tentativa. As decisões que admitem a tentativa utilizam o exemplo de que o crime seria tentado quando o agente, após a subtração, é preso quando emprega a violência ou grave ameaça contra a pessoa.[413]

Outro meio para assegurar a posse. A lei não prevê a tipificação do roubo próprio quando o agente, efetuada a subtração, emprega outro meio para assegurar a coisa ou sua impunidade. Exemplo: Caso do agente que é detido pelo furto, ministrando narcótico ao copo de bebida do policial que aguarda a chegada da viatura para levá-lo à prisão por ter sido preso em flagrante

Tentativa no latrocínio. Verificada a morte da vítima, o crime é o de latrocínio, ainda que o agente não tenha conseguido subtrair a *res*. Orientação predominante do STF e do STJ.

Hipóteses possíveis:

1ª Homicídio consumado e subtração consumada = latrocínio consumado;

2ª Homicídio tentado e subtração tentada = latrocínio tentado; (STF, DJU 11.10.96, p. 38502).

3ª Homicídio tentado e subtração consumada = latrocínio tentado;

4ª Homicídio consumado e subtração tentada = latrocínio consumado.

Súmula 610, STF: "Há crime de latrocínio, quando o homicídio se consuma, ainda que não realize o agente a subtração dos bens da vítima".

No que diz respeito a aplicação da Súmula 610 do STF, há entendimento divergente, ou seja, admitindo a tentativa num acórdão do Tribunal de Justiça do RS, onde se menciona que a razão da edição da súmula foi de política criminal, porque reconhecido o latrocínio tentado a pena ficaria aquém da soma das penas (concurso) entre um crime consumado contra a vida e um tentado contra o patrimônio, portanto, reconheceu-se, através da súmula, que, havendo a morte da vítima, com ou sem êxito na subtração, o latrocínio estaria consumado. Neste

---

[413] TJRS, Ap.Crim. 70005128889; TJRS, Ap. Crim. 70006202832; TJRS, Ap. Crim. 70005758875.

interessante julgado do TJRS, rejeitou-se a aplicação da Súmula 610 porque isso ocorria antes em face do *quantum* da pena aplicada ao latrocínio (15 a 30 anos). Porém, com a edição da lei dos crimes hediondos, a pena mínima foi aumentada (20 a 30 anos), corrigindo-se a lacuna suprida pela súmula.[414]

Também no sentido de que é possível a tentativa de latrocínio é o entendimento de Nereu Giacomolli, conforme explicitado em voto vencido, porém, com fundamento no princípio da ofensividade aos bens jurídicos tutelados.[415]

5.7. O CRIME IMPOSSÍVEL NO CÓDIGO PENAL BRASILEIRO – ART. 17

Segundo o art. 17, CP, "não se pune a tentativa quando, por ineficácia absoluta do meio ou por absoluta impropriedade do objeto, é impossível consumar-se o crime".

O "crime impossível" apresenta uma grande afinidade com a tentativa. Enquanto na tentativa o resultado delituoso é sempre possível, não só porque os meios empregados são idôneos, como também porque o objeto contra o qual se dirigiu a conduta é passível de lesão ou do perigo de lesão; no crime impossível, o emprego de meios ineficazes ou o ataque a objetos impróprios tornam inviável aquele resultado.[416]

Para Jeschesk, existe uma tentativa inidônea quando a ação do autor dirigida à realização de um tipo penal não pode chegar à consumação nas circunstâncias dadas, seja por razões fáticas, seja por razões jurídicas. Este é o caso da inidoneidade do objeto, do meio ou do sujeito. Também se incluem aqui as hipóteses em que o objeto da ação prevista pelo autor não se encontra no lugar do fato ou, contra o esperado, mantém-se distante do mesmo (inidoneidade do meio).[417]

Conforme o art. 17, CP, duas hipóteses se verificam de crime impossível: por ineficácia absoluta do meio ou por absoluta improprie-

---

[414] RJTJRS, 171/137.

[415] TJRS, Embargos Infringentes 70007442346; TJRS, Ap. Crim. 70007295470.

[416] Cf. SILVA FRANCO, ob. cit., p. 38.

[417] JESCHECK, Hans-Heinrich, ob. cit., p. 480.

dade do objeto. Porém, deve-se ressaltar que o meio deve ser absolutamente inidôneo. E o que se entende por isso? Segundo Fragoso, meio absolutamente inidôneo é aquele que, por sua essência ou natureza, não é capaz de produzir o resultado.[418] Assim, o agente que, com a intenção de causar a morte de seu inimigo, ministra-lhe açúcar pensando ser veneno, utiliza-se de um meio absolutamente inidôneo para causar a morte, não sendo punível por essa conduta. Também é absolutamente inidôneo utilizar-se como meio arma sem munição. Entretanto, adverte Fragoso que a inidoneidade do meio deve ser sempre aferida *ex post*, em face do caso concreto, afirmando que o meio normalmente inidôneo pode ser, excepcionalmente, idôneo, como no caso da morte por susto de uma pessoa cardíaca.[419] Se o meio empregado for relativamente ineficaz, haverá tentativa.

Recentemente, a 7ª Câmara do Tribunal de Justiça, através de voto condutor do Des. Nereu Giacomolli, decidiu pelo crime impossível no caso de furto de automóvel quando o veículo só pode ser acionado pela própria vítima, é dizer, somente ela possui "o modo" de acioná-lo.[420]

Se a dose de veneno empregada não é suficiente para causar a morte, o meio é relativamente ineficaz. O mesmo se verifica no caso da arma carregada que falha, ou seja, o meio utilizado é relativamente ineficaz, havendo, então, tentativa. Isso ocorre porque o fato não se verificou por circunstâncias alheias à vontade do agente (a arma tinha potencialidade lesiva e apenas falhou, diverso do que ocorre quando a arma não está carregada (meio totalmente ineficaz). O Tribunal de Alçada do Rio Grande do Sul considerava crime impossível alguns casos de furto em supermercado quando o vigilante do estabelecimento controla desde o início todos os movimentos do agente, apreendendo a mercadoria e detendo o agente quando este tenta se retirar sem efetuar o pagamento. Um dos fundamentos é de que o pleno sucesso da ação preventiva de proteção ao patrimônio contrasta com a inidoneidade do meio empregado pelo agente para lograr o propósito delituoso.[421]

De outro lado, há impropriedade absoluta do objeto quando este não existe ou, nas circunstâncias em que se encontra, torna impossível

---

[418] FRAGOSO, Heleno Cláudio, ob. cit., p. 260.

[419] Id., ibid.

[420] TJRS, Ap. Crim. 70008635518.

[421] Ap. Crim., 2ª Câm. Crim., n. 295.014104, Rel. Paulo Moacir Aguiar Vieira; Ap. Crim., 1ª Câm. Crim., n. 293226650, Rel. Saulo Brum Leal.

a consumação.[422] Assim, o agente que efetua disparos em seu inimigo que já se encontrava morto não comete o delito de homicídio. Também não comete o delito de aborto a mulher que realiza manobras abortivas supondo estar grávida quando na realidade encontrava-se com um fibroma. Nesse caso também a impropriedade deve ser absoluta, ocorrendo a tentativa no caso de impropriedade relativa. Segundo Fragoso, a impropriedade é apenas relativa se existindo e podendo ser atingido, ocasionalmente o objeto não se encontra onde poderia ser atacado (disparos feitos sobre o leito, tendo-se ausentado a vítima momentos antes). Exemplo de impropriedade relativa é o caso do desvio do projétil, ou seja, o agente dispara a arma não matando a vítima porque esta utilizava uma carteira ou uma medalha que desviou o projétil.

Rodriguez Mourollo, ao comentar o novo CP espanhol, diz que a primeira das mencionadas inovações repercute, como seguidamente veremos, no âmbito da denominada tentativa inidônea (ou delito impossível, segundo terminologia fabricada a partir do artigo 52 do CPA – Código espanhol, antigo).[423]

A jurisprudência, sob a influência do CPA (Código espanhol), vinha sustentando já uma concepção objetiva da tentativa e frustração: "Afilhando-se nosso Código Penal, em seu artigo 3, ao conceito objetivo do delito frustrado, ao referir os 'atos de execução' desenvolvidos pelo agente a todos os que deveriam produzir como resultado o delito, ou seja, aos que, segundo módulos de necessidade, haviam de conduzir para origem do dano ao bem jurídico protegido, conforme as regras de existência comum, e não simplesmente aqueles que o sujeito considere idôneos ou suficientes para a efetividade de seu propósito" (STS 29.1.91).[424] Concepção que se vê assentada no CPN (Código Penal espanhol – novo) pela introdução do advérbio *objetivamente*, ao que antes nos referimos.[425]

Os atos executados devem possuir *objetivamente* aptidão e idoneidade suficiente para produzir o resultado. O juízo sobre esta idoneidade deverá, portanto, formular-se por um observador imparcial (na prática, o Juiz) conforme a experiência geral, sem que resulte decisivo o que subjetivamente pensou o autor.[426]

---

[422] FRAGOSO. Heleno Cláudio, ob. cit., p. 260.

[423] RODRIGUEZ MOURULLO, Gonzalo, ob. cit., p. 75.

[424] Sentença do Tribunal Supremo espanhol.

[425] RODRIGUEZ MOURULLO, Gonzalo, ob. cit., p. 75.

[426] Id., ibid.

A punibilidade da tentativa se baseia precisamente na criação objetiva de um risco que põe materialmente em perigo o bem jurídico protegido (STS 9.6.73, 6.5.85 e 12.7.95).[427] Colocação em perigo que será dolosa, porquanto o elemento subjetivo da tentativa se identifica com a resolução de consumar o delito, de tal modo que "o delito consumado e o frustrado não acusam diferenças desde um plano subjetivo, ao ser comum a ambos o ânimo resolutivo de levar a término o projeto criminal idealizado" (STS 29.1.91).[428]

Em matéria de tentativa, as maiores dificuldades práticas surgem na hora de deslindar os atos preparatórios do que é já princípio de execução. A Sentença do Tribunal Supremo espanhol recorda as distintas teorias formuladas a respeito, para concluir logo que: "Em realidade não há uma solução válida para todos os casos. Partindo do plano do autor, que habitualmente aparece manifestado na conduta objetiva observada, e do tipo de delito concreto de que se trate, se iniciou-se um comportamento que naturalmente (quando não haja um elemento estranho interruptor) levaria a consumação, podemos considerar iniciada a execução, ainda que nenhum elemento típico se haja produzido".[429]

O Tribunal Supremo espanhol se aproxima, assim, da fórmula doutrinal que sustenta que "existe um começo de execução nas ações do autor que, uma vez conhecido o seu plano, aparecem segundo a concepção natural como partes integrantes do comportamento típico".[430]

A STS 9.6.73[431] indicou: "É necessário dar princípio a execução *diretamente*, advérbio que não alude tanto a uma imediatividade espacial temporal daqueles atos iniciais com os que produzem o resultado próprio de cada delito, como a uma relação *funcional*, a uma conexão íntima com a *ação típica* representada pelo verbo nuclear do correspondente tipo delitivo, pelo que cabe dizer que os atos executivos próprios da tentativa se distingem dos simplesmente preparatórios: a) em que *formalmente* aqueles incidem no núcleo do tipo, ainda que bastará pelo dito que se conectem diretamente com a ação típica para

---

[427] Sentenças do Tribunal Supremo espanhol.
[428] Idem.
[429] RODRIGUEZ MOURULLO, Gonzalo, ob. cit., p. 76.
[430] Id., ibid.
[431] Sentença do Tribunal Supremo espanhol.

que possam ser considerados como elementos dela; b) em que *materialmente* ponham em perigo o bem jurídico penalmente protegido; c) em que *subjetivamente* possa dizer-se, conforme ao chamado 'plano do autor' que sua resolução criminal, objetivada em ditos atos iniciais, penetrou efetivamente no tipo e pôs diretamente em risco o bem jurídico".

O CPA,[432] depois de configurar em termos objetivos a tentativa e a frustração no artigo 3, castigava, através da regra do artigo 52, § 2°, com a mesma pena da tentativa, "os casos de impossibilidade de execução ou de produção do delito", é dizer, casos nos que o delito resulta impossível bem porque os meios empregados (se utiliza uma substância inócua crendo que é venenosa) são idôneos ou bem porque falta o objeto (se dispara sobre um cadáver crendo todavia que é pessoa viva). Segundo CPA, resultavam desta sorte puníveis as hipóteses de delito *absolutamente impossível*, nos que pela absoluta inidoneidade de meios ou de ausência de objeto, não se havia originado nenhum perigo para o bem jurídico concretamente protegido.[433] No fundo, impunha-se, assim, uma pena baseada fundamentalmente na *perigosidade do autor*, o que supunha uma clara desviação do sistema, que tratou de salvar-se apelando a *teoria da comoção*, que vê em tais casos de delito impossível uma conduta que, de algum modo, comove a ordem social e afeta, em definitivo, a própria vigência do Direito.[434]

Ao exigir agora o novo artigo 16.1,[435] para que exista tentativa, a prática de todos ou parte dos atos que *objetivamente* deveriam produzir o resultado, está pressupondo a *possibilidade objetiva* de produção do delito, com o que ficam excluídos os casos de delito impossível que o CPA considerava punível.[436]

A nova definição da tentativa, ao exigir a possibilidade de produção objetiva do resultado, entranha a idoneidade também *objetiva* dos meios empregados. Por conseguinte, só poderão reconduzir-se à tentativa punível aqueles casos de *tentativa relativamente inidônea* nos que

---

[432] Anterior Código Penal espanhol.

[433] RODRIGUEZ MOURULLO, Gonzalo, ob. cit., p. 76/77.

[434] Idem, p. 77.

[435] O artigo 16.1 do novo Código Penal espanhol menciona que: "Hay tentativa cuando el sujeto da principio a la ejecución del delito directamente por hechos exteriores, practicando todos o parte de los atos que objetivamente deberían producir el resultado, y sin embargo éste no se produce por causas independientes de la voluntad del autor".

[436] RODRIGUEZ MOURULLO, Gonzalo, ob. cit., p. 77.

Imputação Objetiva

143

o meio empregado era, em princípio, *idôneo*, se bem resultou *insuficiente* (dose de veneno menor que a necessária para causar a morte). Nestes casos, pode-se seguir falando de uma "prática parcial" de atos que *objetivamente* deveriam produzir o resultado e assim mesmo de um perigo para o bem jurídico concreto, se bem menor que o que origina a tentativa absolutamente idônea.[437]

5.7.1. Teorias

a) Teoria objetiva. A teoria objetiva exige a efetiva colocação em perigo do objeto protegido da ação, mediante a ação questionada. Parte do injusto do resultado como verdadeira razão para o merecimento de pena do fato e, por isso, requer também da tentativa que apareça como um nascente injusto do resultado.[438]

b) Teoria individual-objetiva ou teoria da impressão. Para essa teoria, o decisivo para a punibilidade da tentativa é a vontade do autor contrária ao Direito, mas não como um fenômeno em si mesmo, senão entendida em seus efeitos sobre a comunidade. A confiança da coletividade na vigência do ordenamento jurídico, como um dos poderes que configuram objetivamente a vida social, se perderia se ficasse impune quem se propõe seriamente a realizar um delito grave e desse princípio a sua execução.[439]

c) Teoria subjetiva. Leva-se em conta somente a vontade do autor, tanto para a delimitação frente à preparação como respeito ao grau de periculosidade da tentativa inidônea.

A teoria adotada pela nossa legislação é a objetiva, ou seja, somente será punível o fato se o bem jurídico tutelado efetivamente foi posto em perigo ou sofreu ameaça de perigo. Então, nos casos em que o fato não se consuma por ineficácia absoluta do meio ou impropriedade absoluta do objeto, ainda que a vontade do agente seja contrária ao direito, não há punibilidade.

Sobre as teorias, à primeira vista, poderia parecer que a diferença entre a teoria objetiva e a teoria subjetiva consiste em que para a teoria objetiva só são constitutivos de tentativa os perigos *reais*, enquanto para a subjetiva também o são, ao menos, certos perigos *putativos*.[440]

---

[437] RODRIGUEZ MOURULLO, Gonzalo, ob. cit., p. 77/78.

[438] JESCHECK, Hans-Heinrich, ob. cit., p. 480.

[439] Id., ibid.

[440] SILVA SÁNCHEZ, Jeús-María, ob. cit., p. 127.

Entretanto, Silva Sánchez crê que a primeira tese que a este respeito convém assentar, e que deriva do já exposto, é que a diferença entre o real e o putativo é *de grau*, de modo que ao final a fixação da fronteira é questão valorativa, e não em absoluto ontológica.[441] A afirmação anterior merece, sem dúvida, uma aclaração. Com efeito, o que denominamos *real*, em puridade não é *necessariamente* real (no sentido "forte" do termo), senão aparente, ainda que é certo que a qualificação de "real" expressa um determinado (e superior) grau de *consenso* social a respeito da efetiva existência daquilo de que se trata. Assim, a qualificação de algo como "real" seria expressiva da existência de um consenso máximo sobre sua existência, consenso que logo iria descendo até chegar ao caso de erro grosseiro (tentativa irreal).[442] Neste caso, a hipótese do autor sobre a existência de algo careceria de um mínimo consenso. Toda esta questão guarda, portanto, uma clara relação, que convém sublinhar, com a idéia de que *é o consenso cultural alcançado que subministra as normas dos juízos de valor inerentes à tipicidade.*[443]

A respeito da inclusão do advérbio "objetivamente" no artigo 16 do CP 1995 permite, de entrada, fundamentar legalmente a impunidade dos casos de tentativa irreal. Com efeito, a apelação a uma norma objetiva para decidir se os atos "deveriam produzir o resultado" exclui, sem dúvida, aqueles casos em relação com os quais não se alcança sequer um mínimo consenso sobre a perigosidade da conduta.[444] O novo texto estabelece, pois, de modo claro, a impunidade de casos que de modo praticamente unânime se vêm considerando pela doutrina como merecedores de pena. Porém, escreve Silva Sánchez que, deixando de lado a questão de qual foi a vontade do legislador – que, por demais, não se fez expressa –, a vontade da lei não indica que grau de intersubjetividade é preciso para lograr a objetividade a que alude o novo art. 16.[445] Assim, pois, não é impossível sustentar que o advérbio "objetivamente" segue sem excluir de modo absoluto a punição das tentativas inidôneas (no sentido objetivista) e inclusive, indo mais longe, de algumas tentativas inidôneas (no sentido subjetivista) próxi-

---

[441] SILVA SÁNCHEZ, Jesús-María, ob. cit., p. 127.

[442] Id., ibid.

[443] Idem, p. 127/128.

[444] Idem, p. 128.

[445] Idem, p. 133.

Imputação Objetiva

145

mas àquelas e que gozaram, portanto, de um consenso relativamente amplo enquanto ao juízo de perigo *ex ante*.

Pois desde o momento em que a periculosidade se define *ex ante* e, adicionalmente, não se indica que grau de *intersubjetividade* se requer para alcançá-la, em ambos os casos pode seguir afirmando-se que o sujeito realiza atos que, segundo uma certa visão intersubjetiva (e, portanto, objetiva), vão dirigidos à produção do resultado.[446] Tal visão intersubjetiva seria, no primeiro caso, a que teriam todos os sujeitos de características médias que compartiram a perspectiva do autor; ou, no segundo caso, a de *bom número* de sujeitos (com nível muito pouco inferior ao do homem médio por razões cognitivas ou emocionais) quem assim mesmo, se situou na posição de autor.[447]

Ainda que se considerem as observações de Silva Sánchez, a respeito do novo tipo do CP espanhol, pensamos que é evidente que os atos, tanto na tentativa inidônea como na idônea, vão dirigidos à produção do resultado. Assim, não nos parece o melhor critério para punir os atos absolutamente incapazes de produzir o resultado a visão intersubjetiva do sujeito, ainda que se de uma visão objetiva. Para nós, parece claro que no Brasil está em consideração o efetivo perigo que sofreu o bem jurídico protegido e, fora esses casos, ainda que a ação do sujeito vá dirigida à produção do resultado, estaríamos diante do crime impossível se não ocorreu a efetiva colocação em perigo dos bens penalmente tutelados.

---

[446] SILVA SÁNCHEZ, Jesús-María, ob. cit., p. 133.
[447] Idem, p. 133/134.

6. Desistência voluntária e arrependimento eficaz – art. 15, CP

6.1. INTRODUÇÃO

No caso da desistência voluntária e do arrependimento eficaz, embora iniciada a execução do delito, o resultado não se consuma por vontade do próprio agente, punindo-se, somente, os atos já praticados, o que diferencia, então, os institutos em estudo da tentativa. Qual seria a razão do Estado em colocar tais disposições no Código Penal? Segundo Jescheck, um setor da doutrina defende a teoria da "ponte de ouro", que se remonta a Feuerbach (teoria politicocriminal). Esta sustenta que mediante a promessa de impunidade se deve proporcionar ao autor um *estímulo* para abandonar a tentativa antes da consumação e, em seu caso, evitar o resultado.[448] A crítica sublinha em primeiro lugar que a promessa de impunidade não influencia de modo algum sobre a resolução do autor no momento decisivo, quanto mais habitualmente é ignorada pela maioria da população.[449] De acordo com uma doutrina mais recente, que hoje tem o apoio majoritário e deve ser seguida, o artigo seria visto como um prêmio a desistência na tentativa (considerações feitas sobre a previsão da desistência na doutrina alemã). Quem desiste voluntariamente e evita a consumação ou se esforça seriamente para isso, sem que, em todo o caso, a consumação se produza, apaga a impressão juridicamente perturbadora que seu fato causou na comunidade e merece por isso a benevolência.[450]

---

[448] JESCHECK, Hans-Heinrich. *Tratado de Derecho Penal*, Parte General, Cuarta Edición, Tradución de José Luis Manzanares Samaniego, Editorial Comares-Granada, p. 488.

[449] Id., ibid.

[450] Id., ibid.

6.2. DESISTÊNCIA VOLUNTÁRIA

A desistência encontra-se prevista na primeira parte do art. 15 do CP. Para Jescheck, o desistimento liberador da pena na tentativa inacabada (para nós seria na tentativa imperfeita) exige que o autor renuncie voluntariamente a continuar executando o fato no momento em que ainda acredite não haver realizado todo o necessário para a consumação do delito.[451] Ainda, para o mesmo autor, é necessário um fator objetivo que consiste só em que o autor não siga atuando e também um fator subjetivo que radica na *voluntariedade* da renúncia a decisão de realizar o fato. A voluntariedade implica que a desistência não responda a obstáculos determinantes, senão que provenha de um motivo autônomo, que, entretanto, não necessita ser eticamente valioso,[452] opinião compartilhada por nossa doutrina e jurisprudência.[453]

Para Wessels, "desistir" significa tomar distância de continuar realizando a antecipada resolução para o fato, através do cumprimento de uma correspondente "contra-resolução". Isto pressupõe a representação do autor de poder, ainda, de qualquer modo, através da atividade considerada, realizar o tipo penal.[454] Afirma ainda o autor que é necessária a *integral e definitiva renúncia* da vontade de realização; o simples abster-se de uma determinada forma de cometimento, uma eventual parada ou uma transferência da execução para uma data mais propícia, não bastam.[455]

O que se deve ter em conta é que na desistência voluntária o agente ainda deve-se encontrar na fase executória do delito, pois, caso contrário, poderá ocorrer o arrependimento eficaz. Ademais, é o próprio texto da lei que faz referência a isso quando menciona que "o agente que, voluntariamente, deixa de prosseguir na execução (...)". Então, a desistência somente é cabível nessa fase, por isso, fala-se também que a desistência voluntária só é possível na tentativa imperfeita, ou seja, naquela em que ainda o agente não esgotou o processo executório (é claro que aqui o processo será interrompido por vontade

---

[451] JESCHECK, Hans-Heinrich, ob. cit., p. 492.
[452] Idem, p. 492/493.
[453] TJRS, Ap. Crim. 70006867311; TJRS, RSE 70006880710; TJRS, Ap. Crim. 70006928071.
[454] WESSELS, Johannes. *Direito Penal, Parte Geral*, tradução de Juarez Tavares, Sergio Antonio Fabris Editor, p. 142.
[455] Id., ibid.

do agente). Essa distinção entre tentativa imperfeita e perfeita é importante nesse momento porque os pressupostos para o reconhecimento da desistência ou do arrependimento eficaz depende deles. Assim, na tentativa imperfeita basta a simples omissão da atuação anterior, e o próprio autor tem assim em suas mãos o cumprimento do requisito fundamental, ou seja, deixar de atuar voluntariamente na fase executiva. Importante é a colocação de Silva Franco quando menciona que na desistência voluntária, o agente abandona a execução do crime quando ainda lhe sobra, do ponto de vista objetivo, uma margem de ação.[456]

6.3. VOLUNTARIEDADE DA DESISTÊNCIA

A desistência é voluntária quando não se origine de causas impeditivas coatas, mas sim quando renasce de *motivos autônomos* (=autos assentados), que como tais não precisam ser éticos ou valorados (por exemplo, o remorso, arrependimento, vergonha, consideração para com a vítima, emoção espiritual, temor ante a descoberta, medo da pena, etc.).[457] Para Muñoz Conde, a voluntariedade de uma conduta, no sentido de livre e espontânea, supõe que o autor tenha a possibilidade de seguir atuando. Se essa possibilidade falta por razões psíquicas, físicas ou técnicas, a questão da voluntariedade sequer se coloca.[458]

A questão da voluntariedade ainda se coloca, na distinção da tentativa, na fórmula elaborada por Frank: "se o autor diz eu não quero chegar a meta, ainda quando posso, há desistência. Se o autor diz eu não posso chegar a meta, ainda quando quero, há tentativa".[459] A desistência deve ser voluntária, porém, pode não ser espontânea como nos casos de sugestão da vítima ou de terceiro.

Por outro lado, diz-se que a desistência é involuntária quando seja originada por causas impeditivas, *independentemente da vontade do autor* e que lhe tolham sua liberdade de resolução. Assim, quando o autor se veja descoberto ou exposto à persecução penal, ou quando o

---

456 SILVA FRANCO, Alberto. *Código Penal e Sua Interpretação Jurisprudencial*, 2ª ed., 2ª tiragem, RT, p. 33.
457 WESSELS, Johannes, ob. cit., p. 142.
458 MUÑOZ CONDE, Francisco. *El desistimiento voluntario de consumar el delito*. Barcelona: Bosch, Casa Editorial, p. 75/76.
459 Citado por Muñoz Conde, Francisco, ob. cit., p. 83/84.

continuar com a ação lhe resultaria, como conseqüência, graves desvantagens, com as quais razoavelmente não poderia arriscar.[460]

6.4. CONSEQÜÊNCIAS DA DESISTÊNCIA VOLUNTÁRIA

Conforme o artigo em análise, o agente somente responde pelos atos já praticados, não respondendo por tentativa. Se a tentativa constitui já um delito consumado (tentativa qualificada), a impunidade pela desistência não alcança a este.[461] Assim, se o agente ingressa na residência da vítima para subtrair alguma coisa e desiste, responderá pelo crime de invasão de domicílio; se efetua um disparo com a intenção de matar a vítima e, podendo prosseguir, pára, voluntariamente de atirar, responderá por lesões corporais.

6.5. ARREPENDIMENTO EFICAZ

O arrependimento eficaz ocorre em momento distinto da desistência voluntária, visto que naquele o processo de execução já foi esgotado, devendo o agente impedir o resultado. Jescheck menciona que tal fato ocorre na tentativa acabada (que para nós corresponde à tentativa perfeita) e requer que o autor impeça voluntariamente a consumação do fato.[462] Segundo Silva Franco, no arrependimento eficaz não há mais margem alguma de ação, porque o processo de execução está encerrado, e o agente atua então para evitar a produção do resultado.[463]

Com a autoridade de sempre, em ementa da qual foi relator, o Min. Luiz Vicente Cernicchiaro coloca com clareza os pressupostos do instituto em estudo. Assim, para o Min. Cernicchiaro, o arrependimento eficaz situa-se entre a execução e a consumação. Esgotados os meios executórios idôneos, antes de alcançada a consumação, o agente prati-

---

[460] WESSELS, Johannes, ob. cit., p. 142.

[461] MUÑUZ CONDE, Francisco; GRACÍA ARAN, Mercedes. *Derecho Penal*, Parte General, 2ª ed., Tirant lo blanch libros, p. 443/444.

[462] JESCHECK, Hans-Heinrich, ob. cit., p. 494.

[463] SILVA FRANCO, Alberto, ob. cit., p. 33.

ca contra-ação para impedir a chegada à *meta optata*. Há, pois, evidente mudança de orientação subjetiva; o agente abandona o *animus* inicial de querer o resultado, ou assumir o risco de produzi-lo. Conseqüentemente, decorre de deliberação de iniciativa do próprio agente. Basta a voluntariedade, ainda que não seja orientada por motivo nobre. A finalidade da lei é preservar o bem jurídico, conferindo ao agente o benefício de responder só pelos atos já praticados.[464]

Para Jescheck, no aspecto objetivo, o arrependimento na tentativa perfeita exige *mais* que na tentativa imperfeita, porque naquela o fato chega até o final da ação executiva. O autor tem que impedir o resultado mediante sua própria atividade, e em seu caso, com a ajuda de terceiros. Por último, o arrependimento deve, ademais, *ter êxito*: se apesar da iniciativa contrária do autor se produz o resultado, aquele continua sendo responsável pelo delito consumado.[465] Como ocorre também na desistência voluntária, o arrependimento deve ser voluntário (sobre a voluntariedade, ver item supra).

6.6. CONSEQÜÊNCIAS DO ARREPENDIMENTO EFICAZ

Da mesma maneira que ocorre na desistência voluntária, o agente responderá somente pelos atos já praticados e que constituam crimes. Assim, no exemplo do agente que, desejando matar a vítima, ministra veneno em sua bebida e, após a ingestão do veneno, ministra à vítima o antídoto para salvá-la, somente responderá pelos atos já praticados, caso tipifiquem alguma conduta punível.

6.7. OS INSTITUTOS EM ESTUDO SÃO HIPÓTESES DE ATIPICIDADE OU CAUSAS INOMINADAS DE EXTINÇÃO DA PUNIBILIDADE?

Nossa doutrina encontra-se dividida. Para Silva Franco, os institutos são causas inominadas de exclusão da punibilidade (art. 107 da PG/84), que têm por fundamento razões de política criminal. Se o

---

[464] STJ, Ac. unân. da 6ª T., publ. no DJ de 20.11.95, p. 39.643 – Rec. Esp. 64.384-8-PR.
[465] JESCHECK, Hans-Heinrich, ob. cit., p. 494/495.

Imputação Objetiva

próprio agente, por sua vontade, susta a execução do delito ou obsta, mesmo depois de terminado o processo de execução do crime, que advenha o resultado ilícito, interessa ao Estado que seja ele recompensado com a impunidade, respondendo apenas pelos atos já realizados, desde que constituam crimes ou contravenções, menos graves, já consumados.[466] Hungria afirma tratar-se de causa de extinção da puniblidade (embora não catalogadas no art. 108), ou seja, circunstâncias que, sobrevindo à tentativa de um crime, anulam a puniblidade do fato a esse título. Há uma renúncia do Estado ao *jus puniendi* (no tocante à entidade "crime tentado"), inspirada por motivos de oportunidade.[467]

Paulo José da Costa Júnior tem idêntica posição, mencionando que tanto a desistência voluntária quanto o arrependimento eficaz importam na impunidade do agente, no que tange à tentativa. Trata-se de uma escusa absolutória. Não parece aceitável a concepção segundo a qual a mudança de comportamento do agente eliminaria a tipicidade da conduta.[468] Para Zaffaroni e Pierangelli, após um estudo profundo da matéria, os institutos tratam-se de uma causa pessoal que extingue a punibilidade do delito, mas que não afeta qualquer de seus caracteres, os quais permanecem inalterados.[469]

Para outra corrente doutrinária, dentre a qual se encontram Mirabete, Heleno Fragoso[470] e Damásio de Jesus,[471] a desistência voluntária e o arrependimento eficaz traduzem a exclusão da tipicidade, não havendo no fato tentativa típica. Mirabete sustenta que interrompida a execução "por vontade do agente" ou se por vontade deste não há consumação, é evidente a falta de adequação típica pelo não-preenchimento do segundo elemento da tentativa que é a não-consumação por circunstâncias alheias à vontade do agente.[472]

---

[466] SILVA FRANCO, Alberto, ob. cit., p. 33.

[467] HUNGRIA, Nelson. *Comentários ao Código Penal*, v. I, Tomo 2, Rio de Janeiro: Forense, p. 89.

[468] COSTA JUNIOR, Paulo José da. *Direito Penal Objetivo*. Rio de Janeiro: Forense Universitária, p. 39.

[469] ZAFFARONI, Eugenio Raúl e PIERANGELLI, José Henrique. *Da Tentativa*, 3ª ed., São Paulo: RT, p. 91.

[470] FRAGOSO, Heleno Cláudio. *Lições de Direito Penal*, A Nova Parte Geral, 10ª ed., Forense, p. 255.

[471] JESUS, Damásio E. de. *Direito Penal*, 1º V. Parte Geral, São Paulo: Saraiva, p. 295/296.

[472] MIRABETE, Julio Fabbrini. *Manual de Direito Penal* 1, Parte Geral, 7ª ed., São Paulo: Atlas, p. 154.

6.8. PONTOS EM COMUM E DIFERENÇAS ENTRE TENTATIVA, DESISTÊNCIA E ARREPENDIMENTO EFICAZ

Merece acolhida a distinção elaborada pelo mestre Silva Franco quando traça as características dos institutos. Nos três institutos, ocorre uma ação realizada pelo agente cuja vontade, de acordo com o plano previamente esboçado, está dirigida à produção de um resultado ilícito que não chegou, contudo, a consumar-se. A partir daí, no entanto, os institutos se distinguem. A consumação não é alcançada por razões diversas: na tentativa, por circunstâncias alheias à vontade do agente; na desistência voluntária e no arrependimento eficaz, por manifestação de vontade do agente. E tal manifestação de vontade, expressa em momentos diversos no processo de execução do delito, serve para separar nitidamente o conceito de desistência voluntária do de arrependimento eficaz. Na desistência voluntária, o agente abandona a execução do crime quando ainda lhe sobra, do ponto de vista objetivo, uma margem de ação. No arrependimento eficaz, não há mais margem alguma, porque o processo de execução está encerrado, e o agente atua então para evitar que sobrevenha o resultado.[473]

---

[473] SILVA FRANCO, Alberto, ob. cit., p. 33.

7. Arrependimento posterior – art. 16, CP

Dispõe o art. 16 do Código Penal que "nos crimes cometidos sem violência ou grave ameaça à pessoa, reparado o dano ou restituída a coisa, até o recebimento da denúncia ou da queixa, por ato voluntário do agente, a pena será reduzida de um a dois terços".

Conforme o item 15 da Exposição de Motivos da Nova Parte Geral do Código Penal, o arrependimento posterior é causa obrigatória de redução de pena. Essa inovação constitui providência de Política Criminal e é instituída menos em favor do agente do crime do que da vítima. Objetiva-se, com ela, instituir um estímulo à reparação do dano, nos crimes cometidos "sem violência ou grave ameaça à pessoa". Para Paulo José da Costa Junior, de há muito que a jurisprudência vinha emprestando relevo ao ressarcimento do dano, antes de oferecida a denúncia, nos crimes patrimoniais não-violentos. Salienta ainda o autor que o arrependimento posterior não se diversifica, ontologicamente, do arrependimento eficaz. A diferenciação reside no momento cronológico. O arrependimento eficaz ocorre durante o *iter criminis*, antes que o resultado se verifique. O arrependimento posterior tem lugar após o momento consumativo.[474]

7.1. REQUISITOS

a) Crimes cometidos sem violência ou grave ameaça à pessoa. Para se beneficiar do instituto em tela, o delito praticado pelo agente deve ter sido praticado sem violência ou grave ameaça à pessoa.

---

[474] DA COSTA JUNIOR, Paulo José. *Curso de Direito Penal*, v. 1. Parte Geral, 2ª ed., Saraiva, p. 81.

Imputação Objetiva

A violência pode ser física, que é o emprego de força física no sentido de que a vítima realize uma conduta ou não (no caso da omissão); e a violência pode ser também moral, traduzindo-se do emprego de grave ameaça à pessoa.

b) Reparação do dano ou restituição da coisa objeto do delito. Para Damásio, a reparação deve ser integral, como assim também a restituição. Assim, se o dano monta em tal importância, só a reparação integral desse valor perfaz a exigência legal. Da mesma forma, se diversos são os objetos materiais, a restituição de um deles é insuficiente.[475] Mirabete lembra que a reparação do dano pode ser causa da extinção da punibilidade, como no caso de peculato culposo (art. 312, § 3°) ou excluir a possibilidade da ação penal, como na hipótese do pagamento do cheque antes da denúncia quanto ao ilícito previsto no art. 171, § 2°, VI (Súmula 554).[476]

c) Ato voluntário do agente. A reparação dever ser voluntária, porém, não necessita ser espontânea, podendo ser o agente convencido por um terceiro a voluntariamente reparar o dano ou restituir a coisa.

d) Até o recebimento da denúncia ou queixa. O marco final para que o agente seja beneficiado pelo instituto é o recebimento da denúncia ou queixa pelo juiz. Caso a reparação ou a restituição verifique-se após o recebimento da denúncia ou da queixa, poderá incidir a circunstância atenuante prevista no art. 65, III, b, CP. Importante a observação de Costa Junior quando menciona que se o legislador atendeu às razões de política criminal, seria mais lógico que estabelecesse como prazo fatal o instante em que o réu fosse intimado para o interrogatório, concedendo-lhe três dias para proceder ao ressarcimento ou à restituição.[477]

---

[475] DE JESUS, Damásio, ob. cit., p. 301.

[476] MIRABETE, Julio Fabbrini, ob. cit., p. 157.

[477] COSTA JUNIOR, Paulo José da, ob. cit., p. 157.

8. Dolo eventual, culpa consciente e acidentes de trânsito

Com a violência dos acidentes de trânsito ocorridos no Rio Grande do Sul, onde ocorrem várias mortes e lesões corporais, a opinião pública passou a exercer, juntamente com a mídia, uma forte pressão no tratamento aos delitos de trânsito (chamaremos assim as lesões e os homicídios decorrentes destes acidentes). Os critérios fundamentais que se instalaram para estabelecer a responsabilidade do agente foram: embriaguez do motorista; número de vítimas; violência das lesões decorrentes do acidente. Somados, esses fatos levam o representante do Ministério Público a que ofereça a denúncia contra o agente por homicídio doloso (dolo eventual). Por sua vez, o Tribunal de Justiça, em inúmeros processos em que há recurso da sentença de pronúncia, confirma a sentença do juiz da Vara do Júri, submetendo o réu a júri popular.

Tornam-se claros os resultados de tais julgamentos, onde praticamente a imprensa e a comunidade já decidiram o veredito do réu, o júri serve tão-somente para ratificá-lo, ou tornar o julgamento legal.

O presente trabalho não visa à defesa dos agentes causadores de acidentes de trânsito, tampouco quer que seja declarada a impunidade dos mesmos. O que pretendemos é que não se distorçam os princípios elementares de Direito Penal no enquadramento da conduta dos causadores destes delitos, pois, como recentemente temos escutado, inclusive em debates no Seminário da Revisão do Decênio da Reforma Penal, realizado em abril do corrente na Universidade Federal do Rio Grande do Sul, é que a conduta e a violência de certos acidentes de trânsito têm reclamado uma resposta da justiça perante a sociedade, ou seja, uma punição mais severa a este tipo de criminalidade. Então, passaríamos a aceitar, em face do clamor social, que o agente embriagado e responsável pela morte ou lesões consideráveis de um número de vítimas respondesse a título de dolo eventual.

Em primeiro plano, parece que estaríamos aceitando até mesmo uma responsabilidade objetiva, tudo pela repercussão social que causou o delito cometido pelo agente. Em segundo lugar, demonstra-se, claramente, o desconhecimento de elementos fundamentais da Teoria Geral do Crime pelos operadores do direito ou, uma inserção na área legislativa, querendo criar um tipo próprio para acidentes de trânsito mais graves. Se a sociedade clama por uma maior responsabilização dos agentes causadores de mortes ou lesões no trânsito, deve-se mudar a própria lei penal, através do Legislativo, que modificaria as sanções e o tratamento dos delitos de trânsito, e não através do Judiciário, que, como pretendemos demonstrar no presente trabalho, vem adotando posturas que não se coadunam com a melhor doutrina orientadora de nossos princípios elementares.

O principal problema a ser desenvolvido é o estudo do dolo eventual e da culpa consciente, princípios norteadores do presente trabalho e, salvo melhor juízo, representam as soluções no direito penal vigente para os delitos de trânsito. Feita a distinção com clareza, o que cada instituto representa, o enquadramento legal ficaria resolvido sem maiores dificuldades, restando o problema da pena. Porém, respectivo tópico, pode o juiz resolver dentro de nosso sistema legal, ou seja, nosso direito penal é o da culpabilidade, então, quanto maior a reprovabilidade do agente, maior a sua sanção penal, desde que no enquadramento correto, ou seja, pena máxima do delito culposo caso os autos não demonstrem o elemento subjetivo caracterizador do dolo, no caso, o dolo eventual.

Antes de ingressarmos no tema específico, devemos analisar a influência que a mídia passou a exercer em decorrência dos acidentes de trânsito. Prisões preventivas começaram a ser decretadas não mais pela sua necessidade, mas pela saída que o juiz tem ao decretá-la por garantia da ordem pública, em virtude do apelo da opinião pública que passa a exercer forte influência nas decisões judiciais. Recentemente, tivemos notícia de prisão decretada com esse fundamento na comarca de Viamão, RS.

Em primeiro plano, devemos lembrar que a prisão preventiva decorre de um dado de valoração: necessidade. A medida de cautela só pode ser aplicada quando se revelar de imperiosa necessidade para o desenvolvimento normal e eficaz do processo. Mas, observando-se os processos recentes, verifica-se uma tendência não de necessidade, mas de acautelar o meio social e a própria credibilidade da Justiça. O fato de o agente encontrar-se embriagado e o número elevado de vítimas são critérios orientadores da decretação da prisão preventiva por "garantia da ordem pública". Nesse caso, a medida de coerção pessoal perde o seu caráter de providência cautelar, constituindo, antes, como falava Faustin Hélie, verdadeira medida de segurança.[478]

Conforme Alberto Silva Franco, "os vários escopos conferidos à prisão cautelar a partir do conceito extremamente elástico de 'garantia de ordem pública' provocaram uma verdadeira equiparação da medida instrumental de coerção pessoal às finalidades da própria pena. E a prisão cautelar, perdendo seu caráter de instrumento destinado ao desenvolvimento normal e eficaz do processo, assumiu um perfil político-ideológico, transformando-se na viga mestra da corrente criminológica 'da lei e da ordem', que objetiva atender, de maneira exclusiva, às exigências da defesa social".[479]

Resta, ainda, acentuar, no tocante à prisão cautelar, as palavras de Grevi, citado por Alberto Silva Franco, que "a referência ao parâmetro do alarme social, de per si inidônea justificar a restrição da liberdade do acusado em vista de fins coerentes à lógica do processo, dá espaço a valoração dos elementos emotivos e irracionais que, a nenhum título, deveriam influir sobre decisões a respeito da liberdade pessoal. Sobretudo a correlação que se pretenderia estabelecer entre alarme social e periculosidade do acusado, pressupondo uma concreta apreciação das reações da opinião pública frente à sua eventual permanência em liberdade, acaba por subordinar a adoção de medidas restritivas ao concurso de fatores – como os representados pela excitação e perturbação populares – não apenas estranhos à exigências da defesa social, mas também suscetíveis de fácil manipulação por obra de grupos de pressão interessados num determinado andamento do processo". Por outro lado, se o sacrifício da liberdade pessoal se verificar em razão do clamor público derivado da gravidade do delito, não se poderá fugir à conclusão de que "a autoridade judiciária competente para decidir sobre a liberdade pessoal do acusado se encontra praticamente sem defesa diante da onda crescente da emotividade popular, ficando

---

[478] MARQUES, José Frederico, citado por Alberto Silva Franco. *Crimes Hediondos*, 3ª ed., RT, 1994, p. 80.
[479] FRANCO, Alberto Silva. *Crimes Hediondos*, 3ª ed., RT, 1994, p. 80.

por isso perigosamente exposta à tentação de segui-la, até mesmo *contra conscientiam"*.

Portanto, nos casos de acidente de trânsito onde a prisão é decretada sob fundamento da "garantia da ordem pública", concluímos por uma antecipação da pena ou de periculosidade do agente, visto que deixa de ser medida intraprocessual, passando a ser medida penal antecipada. É evidente que estamos tratando de réus dentro dos parâmetros traçados por esse trabalho, ou seja, quando não restasse qualquer outro fundamento para que o juiz segregasse a liberdade do acusado. Torna-se importante adentrarmos nesse tema, visto que vislumbrado pelo juiz o possível dolo eventual (informação na maioria das vezes baseada no número de vítimas e embriaguez), o agente sofrerá o ônus da prisão. Portanto, vítimas e álcool são fatores decisivos para a providência cautelar segregatória, desrespeitando-se o critério informador da necessidade da medida cautelar.

A propósito, Antônio Magalhães Gomes Filho, citando Warat, coloca que a expressão "ordem pública" cuida-se de uma expressão estereotipada, portadora de evidente carga emocional, cujo significado real depende de fungíveis conteúdos axiológicos ou ideológicos; assim, quando o legislador a utiliza está autorizando os juízes a emitirem, em suas sentenças, definições persuasivas que, "sob a aparência de definições empíricas, encobrem juízos de valor".[480]

À ordem pública relacionam-se todas aquelas finalidades do encarceramento provisório que não se enquadram nas exigências de caráter cautelar propriamente ditas, mas constituem formas de privação da liberdade adotadas como medidas de defesa social; fala-se, então, em "exemplaridade", no sentido de imediata reação ao delito, que teria como efeito satisfazer o sentimento de justiça da sociedade; ou, ainda, em prevenção especial, assim entendida a necessidade de se evitar novos crimes; uma primeira infração pode revelar que o acusado é acentuadamente propenso à prática delituosa ou, ainda, indicar a possível ocorrência de outras, relacionadas à supressão de provas ou dirigidas contra a própria pessoa do acusado.[481]

Gomes Filho diz que parece evidente que nessas situações a prisão não é um "instrumento a serviço do instrumento", mas uma ante-

---

[480] *Presunção de Inocência e Prisão Cautelar*, Saraiva, 1991, p. 66.
[481] Idem, p. 67.

cipação da punição, ditada por razões de ordem substancial e que pressupõe o reconhecimento da culpabilidade.[482]

O apelo à exemplaridade, como critério de decretação da custódia preventiva, constitui seguramente a mais patente violação do princípio da presunção da inocência, porquanto parte justamente da admissão inicial da culpabilidade, e termina por atribuir ao processo uma função meramente formal de legitimação de uma decisão tomada *a priori*.[483]

Essa incompatibilidade se revela ainda mais grave quando se tem em conta a referência à função de pronta reação do delito como forma de aplacar o alarme social; aqui se parte de um dado emotivo, instável e sujeito a manipulações, para impor à consciência do juiz uma medida muito próxima à idéia de justiça sumária.[484]

Embora o trabalho não diga respeito exatamente ao tema da prisão cautelar, necessário que se discorresse sobre o tema, visto que, como já salientado, algumas prisões decorrentes de acidentes de trânsito no Rio Grande do Sul têm sido decretadas sob tal fundamento e, nesse sentido, as lições sobre prisão cautelar do Prof. Gomes Filho não poderiam ser esquecidas. Superada esta etapa, adentraremos no tema específico: dolo eventual e culpa consciente.

Como o trabalho tem por objeto uma distinção entre dolo eventual e culpa consciente,[485] deixaremos o estudo do dolo direto afastado, visto que no presente caso não nos representa interesse.

Com efeito, a categoria do dolo direto não pode abarcar todos os casos nos quais o resultado produzido, por razões de política criminal, deva ser imputado a título de dolo, ainda que o querer do sujeito não esteja referido diretamente a esse resultado. Fala-se aqui de dolo eventual. No dolo eventual, o sujeito representa o resultado como de produção provável e, embora não queira produzi-lo, continua agindo e admitindo sua eventual produção. O sujeito não quer o resultado, mas "conta com ele", "admite sua produção", "assume o risco" etc. Com todas essas expressões, pretende-se descrever um complexo processo psicológico no qual se mesclam elementos intelectivos e volitivos, conscientes ou inconscientes, de difícil redução a um conceito unitário de dolo ou culpa. O dolo eventual constitui, portanto, a fronteira entre

---

[482] GOMES FILHO, Antônio Magalhães, ob. cit., p. 68.

[483] Id., ibid.

[484] Id., ibid.

[485] KREBS, Pedro. *Teoria Jurídica do Delito*. Barueri: Manole, 2004, p. 152 e ss.

Imputação Objetiva

161

o dolo e a negligência ou culpa e dado o diverso tratamento jurídico de uma ou outra categoria é necessário distingui-las com maior clareza.[486]

Para a distinção entre dolo eventual e negligência foram formuladas várias teorias; entretanto, ficaremos com duas que reputamos as mais importantes: *a teoria da probabilidade e a teoria da vontade ou do consentimento.*

A teoria da probabilidade parte do elemento intelectivo do dolo. Como é difícil demonstrar no dolo eventual o elemento volitivo de querer o resultado, a teoria da probabilidade admite a existência de dolo eventual quando o autor representa o resultado como de muito provável produção e, apesar disso, atua, admitindo ou não essa produção. Se a probabilidade for remota ou mais longínqua, haverá culpa ou negligência com representação.[487]

A teoria da vontade ou do consentimento atende o conteúdo da vontade. Para esta teoria não é suficiente que o autor situe o resultado como de produção provável, mas é preciso que, além disso, diga: "ainda que fosse certa sua produção, atuaria" (fórmula de Frank). Há, ao contrário, culpa se o autor, ao haver representado o resultado como de produção certa, tivesse deixado de atuar.[488]

Contra a teoria da probabilidade afirma-se que deixa sem valorar uma parte essencial do dolo: o elemento volitivo que, por outra parte, nem sempre a alta probabilidade de produção de um resultado obriga a imputá-lo a título de dolo (pense-se nas intervenções cirúrgicas de alto risco). Muñoz Conde conclui que é preferível a teoria da vontade, porque, em última instância, todo o problema do dolo desemboca amplamente na demonstração do querer o resultado, sendo insuficiente a simples representação de sua produção provável. A demonstração desse querer suscita, na prática, certamente problema de prova, mas nem por isso dele se prescinde.[489]

Portanto, somente a prova contida nos autos é que demonstrará o elemento subjetivo do agente, o que não leva a crer que a embriaguez e o número de vítimas determinem o elemento subjetivo, pois devemos

---

[486] Cf. MUÑOZ CONDE, Francisco. *Teoria Geral do Delito.* Porto Alegre: Sergio Antonio Fabris Editor, 1988, p. 60.

[487] Id., ibid.

[488] Id., ibid.

[489] Idem, p. 61.

perquirir se no caso concreto, ainda que fosse certa a produção, o sujeito agiria. Se a resposta for afirmativa, estamos frente ao dolo eventual; caso contrário, continuamos adotando a opinião que se trata de culpa consciente. O fator decisivo está, acertadamente, na vontade do agente. Para os defensores de que há sempre dolo eventual nos casos de embriaguez do sujeito conjugada com outros elementos (excesso de velocidade, número de vítimas etc.), conclui-se que estes adotam a teoria da probabilidade, visto que, ao ingerir a bebida alcóolica, o sujeito representa o resultado como de muito provável produção e, apesar disso, atua, admitindo ou não essa produção. Portanto, para os seguidores da teoria da probabilidade, a ingestão de bebida alcóolica seria também o marco para a responsabilidade objetiva por dolo (eventual) do causador do acidente de trânsito, visto que não mais se perquire o "querer do agente", ou seja, a vontade.

Krebs salienta que o agente, ao dirigir embriagado, pode, até mesmo, *prever* (lembremos que *previsão é culpa*, e não dolo eventual) que não se encontra amparado pelas melhores condições para dirigir e que pode, até mesmo, vir a causar um acidente. Entretanto, o motorista acaba se convencendo de que não está tão bêbado como acredita e, com confiança na sua habilidade, resolve dirigir sob um estado que a *prudência* (=culpa) não recomenda.[490]

Por fim, conclui que este entendimento, qual seja, que o de dirigir embriagado, por si só, caracteriza dolo eventual, beira as raias do absurdo jurídico. Somente pessoas que desconhecem direito penal ou, o que é pior, que tentam utilizar essa ciência para fazer impor sua acepção de justiça, podem fazer tais afirmativas. Isso porque inexiste em nosso ordenamento jurídico a figura do *dolus antecedens*, isto é, o dolo somente poderá ser analisado quando da prática da conduta, e não antes.[491]

Welzel, por sua vez, já mencionava que delimitar o dolo eventual da culpa consciente era um dos problemas mais difíceis e discutidos do Direito Penal. A razão desta dificuldade está em que o querer é um fenômeno anímico originário último, que não pode ser reduzido a outros processos anímicos – nem emocionais, nem intelectuais – e que por isso só pode ser circunscrito, porém não propriamente definido.[492]

---

[490] KREBS, Pedro, ob. cit., p. 157.

[491] Idem, p. 157.

[492] HANS WELZEL. *Derecho Penal Aleman*, Editorial Jurídica de Chile, 1993, p. 83.

No entanto, Juan Bustos Ramírez, com precisão, afirma o seguinte: "se trata, pues, de una diferencia sólo en un momento subjetivo, de distintos elementos subjetivos específicos en cada caso, pero la sustancialidad (riesgo y falta de cuidado) en uno y otro caso es la misma, por eso el dolo eventual es só culpa con representación, pero con una actitud de contar con (o decidirse por la realización que lleva a afetar un bien jurídico, lo que Engisch llamaba indiferencia frente al bien jurídico)".[493]

Não nos parece que o autor do delito de trânsito, mesmo embriagado, conte com o risco de matar ou ferir pessoas, pois caso aceitasse tal produção, evidente que estaríamos frente ao dolo eventual. Tampouco haveria indiferença pelo autor em relação ao bem jurídico tutelado. Embora Welzel coloque a dificuldade de estabelecermos o "querer" do agente no caso concreto, posto que se trata de fenômeno anímico, parece que tão-somente nos casos que restasse claramente evidenciado esse "querer" que poderíamos falar em dolo eventual. E esse "querer" deve ser buscado no fim último do agente, ou seja, quando houver a causação do resultado é que se deve perquirir qual era o seu "querer", visto que não havendo por parte do agente sequer a representação positiva do resultado, não se configura o dolo, restando, assim, a culpa.

A conjugação da consciência e da vontade representa o cerne do dolo, e esses dois momentos definidores não são estranhos ao dolo eventual que, como observa Díaz Palos, "es dolo antes que eventual" (*Dolo Penal*, Barcelona, p. 97). E, por ser dolo e, desta forma, por exigir os dois momentos, não pode ser conceituado com o desprezo de um deles, como fazem os adeptos da teoria da probabilidade, que se desinteressam, por completo, do momento volitivo. Assim, não basta para que haja dolo eventual que o agente considere sumamente provável que, mediante seu comportamento, se realize o tipo, nem que atua consciente da possibilidade concreta de produzir o resultado, e nem mesmo que tome a sério o perigo de produzir possível conseqüência acessória. Não é exatamente no nível atingido pelas possibilidades de concretização do resultado que se poderá decretar o dolo eventual e, sim, numa determinada relação de vontade entre esse resultado e o agente. Daí a posição mais correta dos defensores da teoria do consen-

---

[493] RAMÍREZ, Juan Bustos. *Manual de Derecho Penal Español*, Parte general. Barcelona: Ariel Derecho, 1984, p. 270.

timento que se preocupam em identificar uma manifestação de vontade do agente em relação ao resultado. Tolerar o resultado, consentir em sua provocação, estar a ele conforme, assumir o risco de produzi-lo não passam de formas diversas de expressar um único momento: o de aprovar o resultado alcançado, enfim, o de querê-lo.[494]

Com efeito, não é possível afirmar, como querem alguns aplicadores do direito de nosso Estado, que da conduta daquele que se embriaga, dirige em velocidade elevada e fere ou mata mais de uma pessoa, que estaria agindo com dolo eventual, visto que em tal conduta não há manifestação de vontade do agente em relação ao resultado. Não se pode afirmar que os fatores descritos (embriaguez e velocidade) sejam vistos como consentimento do agente para o resultado.

Parece correta a doutrina, agora predominante, de que existe dolo eventual, quando o autor não se tenha deixado dissuadir da execução do fato pela possibilidade próxima da ocorrência do resultado, e sua conduta justifique a assertiva de que ele, por causa do fim pretendido, se tenha conformado com o risco da realização do tipo, antes até concordando com a concorrência do evento do que renunciando a prática da ação.[495]

Paulo José da Costa Júnior coloca que o dolo eventual exigiria, de parte do agente, a aprovação ou o consentimento ou, quanto ao menos, um comportamento de absoluta indiferença. Contudo, é a vontade, e não a representação a essência do dolo eventual. A decisão de agir, mesmo com a possibilidade de realização do evento, configura uma situação psicológica impregnada de volição; uma decisão da vontade diante do evento previsto como possível, ainda que indiferente ou até incômodo.[496]

Nelson Hungria, em sua obra histórica, colecionava um exemplo interessante e que marca a divisão correta a ser feita entre dolo eventual e culpa consciente: "Um motorista, dirigindo o seu carro em grande velocidade, já em atraso para atender ao compromisso de um encontro amoroso, divisa à sua frente um transeunte, que, à aproximação do veículo, fica atarantado e vacilante, sendo atropelado e morto.

---

[494] Cf. FRANCO, Alberto Silva. *Código Penal e Sua Interpretação Jurisprudencial*, 2ª ed., RT, 1987, p. 44.

[495] Cf. WESSELS, Johannes. *Direito Penal*, Parte Geral, Sergio Antonio Fabris Editor, 1976, p. 53.

[496] COSTA JÚNIOR, Paulo José da. *Curso de Direito Penal*, volume 1, Parte Geral, Saraiva, 1992, p. 88.

Evidentemente, o motorista previu a possibilidade desse evento; mas, deixando de reduzir ou anulando marcha do carro, teria aceito o risco de matar o transeunte, ou confiou em que êste se desviasse a tempo de não ser alcançado? Na dúvida, a solução não pode ser outra senão a do reconhecimento de um homicídio simplesmente culposo (culpa consciente)".[497]

Hungria ainda enfatizava que a posição adotada pelo Código (Decreto-Lei nº 2.848, de 7 de setembro de 1940), pela leitura da exposição de motivos, era a de que o Código adotava a teoria do consentimento.[498]

Conforme o exposto até o presente, verificamos que adotada a teoria do consentimento, que parece a mais correta, não restaria como enquadrarmos o agente causador de delito de trânsito que estivesse embriagado ou em excesso de velocidade na modalidade de dolo eventual, como querem alguns aplicadores do direito no Rio Grande do Sul. Restaria, então, o enquadramento correto de referidas condutas, a menos, é claro, que os autos demonstrem o dolo. Portanto, parece-nos que nos casos do presente trabalho, o agente só pode ser punido a título de culpa, mesmo porque, a distinção de culpa consciente e dolo eventual é fronteiriça, mas é necessário que se realize tal distinção, sob pena de ratificarmos a errônea aplicação do direito penal em nosso Estado.

A culpa consciente ocorre quando o agente prevê o resultado, mas espera, sinceramente, que não ocorrerá. Há no agente a representação da possibilidade do resultado, mas ele a afasta por entender que evitará, que sua habilidade impedirá o evento lesivo que está dentro de sua previsão.[499]

Assim, mister que se faça tal distinção sobre a conduta do agente, perquerindo-se a respeito de sua intencionalidade (vontade) no momento da causação do resultado danoso, visto que não será a embriaguez, o número de vítimas ou o excesso de velocidade, entre outros motivos, que delinearão a imputação ao acusado, mas, tão-somente, o seu consentimento para a produção ou não do resultado típico.

O problema fundamental para os aplicadores do direito em nosso Estado, que se filiam nesses casos a imputação do dolo eventual, é de

---

[497] HUNGRIA, Nelson, *Comentários ao Código Penal*, v. I, Tomo 2, arts. 11 a 27, Revista Forense, 1953, p. 115.

[498] Idem, p. 117/118.

[499] Cf. MIRABETE, Julio Fabbrini. *Manual de Direito Penal*, v. 1, Parte Geral, 7ª ed., Atlas, p. 143.

que a pena imposta a título de culpa é pequena em relação ao dano causado pelo agente, então, adota-se a solução de modificação da teoria do crime, ou, adota-se a teoria da representação, visto que, dessa maneira, torna-se possível que o agente receba uma pena mais elevada e, assim, estariam com a impressão de que o problema dos acidentes de trânsito estariam resolvidos, até mesmo em face da repercussão da reprimenda penal imposta. Esquecem-se que na maioria dos casos os aumentos de pena nunca funcionaram como forma de evitar a criminalidade (a respeito, veja-se a lei dos crimes hediondos) e, que na mais variada das vezes, a lei acaba por incidir em "determinados casos", e não de maneira uniforme, em face dos próprios meios de controle social.

Assim, a solução é clara dentro de nosso sistema penal vigente e está com o próprio juiz que julgará o processo. Esclarecemos. O nosso Direito Penal é o da culpabilidade, e culpabilidade nada mais é do que censurabilidade, reprovabilidade, juízo de pura censura e reprovação sobre a conduta do réu. Então, quanto mais censurável for a conduta do réu (embriaguez, excesso de velocidade, número de vítimas), maior poderá ser a reprimenda penal imposta pelo juiz ao aplicar a pena, dentro do delito culposo, ou seja, se a conduta do réu for extremamente censurável, aplica-se a pena máxima do delito culposo, não se falando, nesse caso, em dolo eventual. A pena aplicada é a do delito culposo, devendo ser dosada de acordo com a culpabilidade do acusado.

9. O princípio da confiança no Direito Penal

Em determinados âmbitos sociais, o perigo ou a lesividade de certas condutas assumidas pelo ordenamento jurídico depende não só da pessoa que as realiza, senão também do comportamento de outras pessoas.[500] Por exemplo, o perigo derivado de conduzir um automóvel não depende só de como o motorista dirija, senão, de como se comportem os outros participantes no tráfico viário.

O princípio da confiança significa que, apesar da experiência de que outras pessoas cometem erros, se autoriza a confiar – numa medida ainda por determinar – em seu comportamento correto (entendendo-o não como acontecimento psíquico, senão como estar permitido confiar).[501] Exemplo: "A", conduzindo o seu carro, atravessa um cruzamento com o semáforo verde, sem tomar medida alguma de precaução para o caso de que algum automóvel que circule na outra direção não respeite o semáforo vermelho que proíbe sua passagem. "B" desrespeita o semáforo vermelho e colide com o carro de "A", resultando a morte de "B". Este resultado não se imputa a "A" objetivamente pelo efeito do princípio da confiança. Isso é assim porque não se pode imaginar que todo motorista tenha que dirigir seu carro pensando continuamente que o resto dos participantes no trânsito possa cometer imprudências ou que existam crianças ou idosos frente aos quais se deve observar um maior cuidado, se fosse assim, as vantagens que o tráfego rodado nos oferece seriam bastante escassas.[502]

---

[500] FEIJOÓ SANCHEZ, Bernardo. *Homicidio y lesiones imprudentes: requisitos y límites materiales*, Editorial EDIJUS, 1999, p. 225/226.

[501] JAKOBS, Günther. *Derecho Penal, parte general*, traducción de Joaquin Cuello Contreras y Jose Luis Serrano Gonzales de Murillo, Marcial Pons, 1997, p. 253.

[502] MARTÍNEZ ESCAMILLA, Margarita. *La imputación objetiva del resultado*, EDERSA, 1992, p. 336.

De acordo com este princípio, o sujeito que realiza uma atividade arriscada, em princípio lícita, pode confiar que quem participa junto com ele na mesma atividade se comportará corretamente – de acordo com as regras existentes – enquanto não existam indícios de que isto não será assim.[503] Stratenwerth afirma que, por regra geral, não se responde pela falta de cuidado alheia, senão que se pode confiar que todos cumprirão com seus deveres de cuidado.[504]

Não obstante, ainda que desenvolvido para o trânsito, o princípio de confiança pode-se aplicar em todas aquelas atividades em que concorrem distintas condutas perigosas numa mesma situação. O princípio da confiança manifesta sua eficácia naqueles casos em que com a atuação infratora de um sujeito se misturam outros participantes na atividade de que se trate, que se encontram imersos no mesmo perigo criado pela infração.[505]

Nos casos que tem aplicação o princípio da confiança, deve-se levar em conta que o cuidado não está relacionado com um risco natural, senão com o comportamento de uma pessoa livre e responsável. Por exemplo, não devemos ter o mesmo cuidado com um pedestre menor de idade que com um pedestre maior de idade e responsável.[506] O fundamento da impunidade está mais relacionado com certas conseqüências do princípio da culpabilidade e com certos princípios básicos de organização social: ninguém pode ser responsável de um fato alheio.[507] Se imputamos um fato a uma pessoa que se comporta de forma cuidadosa só porque outro se comportou de forma defeituosa, não se estaria reprovando um injusto próprio, senão um injusto alheio. E, tal modelo de imputação infringe, sem qualquer dúvida, o princípio da culpabilidade.[508]

Em princípio, todos podemos confiar que os outros cidadãos se comportarão respeitando as normas, já que isto está garantido pelo Direito, a não ser que existam evidências em sentido contrário.[509] Partir

---

[503] CANCIO MELIÁ, Manuel. *Conducta de la víctima e imputación objetiva en Derecho penal*, J.M. Bosch, 1998, p. 322; BACIGALUPO, Enrique. *Principios de Derecho Penal*, Parte General, 4ª ed., Akal, p. 191.

[504] STRATENWERTH, Günther. *Derecho Penal*, Parte General I, traducción de Gladys Romero, Edersa, p. 339.

[505] CORCOY BIDASOLO, Mirentxu. *El delito imprudente – criterios de imputación del resultado*, PPU, 1989, p. 327.

[506] FEIJOÓ SANCHEZ, Bernardo, p. 227/228.

[507] Idem, p. 228.

[508] Id., ibid.

[509] Id., ibid.

de uma sociedade de desconfiança em que se propusesse o contrário – a disposição permanente a infringir as normas por parte dos outros cidadãos – seria atentar contra a idéia do Direito como ordem vinculante nas relações sociais. O princípio de desconfiança conduz ao contra-senso de que o Direito se desautorize a si mesmo como sistema regulador de condutas vinculantes para todos os cidadãos.[510] No exemplo de Feijóo Sanchez, numa sociedade em que primasse a desconfiança, e o legislador suspeitasse sempre das pessoas como infratoras das normas, nem sequer se poderia aceitar uma atividade como o tráfico viário, por supor uma oportunidade para que os cidadãos se comportem de forma defeituosa e lesionem antijuridicamente bens jurídicos.[511]

Com efeito, no campo do Direito Penal, o princípio da confiança tem uma função concreta: delimitar o alcance da norma de cuidado determinando os limites do dever de cuidado, atenção ou diligência com respeito à atuação de terceiras pessoas. Referido princípio tem seu fundamento no princípio de auto-responsabilidade que provoca a delimitação de âmbitos de organização e responsabilidade e tem como conseqüência a determinação da confiança permitida – que não incorre em descuido ou temeridade – com respeito ao comportamento correto de outras pessoas.[512]

Nesse passo, a extensão de contatos sociais de caráter anônimo e a divisão de trabalho fizeram com que a problemática da confiança e seus limites estejam presentes em todo momento na vida social, tanto em sua vertente profissional como privada.[513] O princípio da confiança é um instituto que serve para determinar os deveres de cuidado que têm que ver com terceiras pessoas e que opera como limite objetivo ou normativo da responsabilidade penal por imprudência (especialmente da "previsibilidade objetiva").[514] Tal princípio tem como conseqüência prática que a pessoa que se comporta adequadamente não tem que contar com que sua conduta possa produzir um resultado típico devido ao comportamento antijurídico de outro, ainda que desde um ponto de vista psicológico fosse previsível, dada a habitualidade desse tipo de condutas.[515]

---

[510] FEIJOÓ SANCHEZ, Bernardo, p. 228

[511] Idem, p. 228/229.

[512] Idem, p. 229/230.

[513] Idem, p. 230.

[514] Id., ibid.

[515] CEREZO MIR, PG, II, p. 161; REYES. *Imputación*, p. 143 e ss., em FEIJOÓ SANCHEZ, Bernardo, p. 230.

Por fim, quem obra descuidadamente não poderá invocar o princípio da confiança. E isto é assim porque a elevação do perigo de produzir o resultado fundamenta a responsabilidade quando o perigo, qualquer que sejam as razões, converte-se em resultado. O princípio da confiança caracteriza o limite do dever de cuidado, mas não significa uma autorização para obrar *descuidadamente*, confiando no cuidado dos outros.[516]

Assim que não se pode exigir a previsão de tudo o que é possível prever ou de tudo o que uma pessoa extraordinariamente cuidadosa e diligente poderia prever ("previsibilidade objetiva do resultado").[517] Portanto, nos casos em que o autor atua dentro dos limites impostos pelo ordenamento vigente, é dizer, com a diligência exigida, ainda que se produza um resultado, este não poderá ser imputado ao autor. Em outras palavras, dito resultado não ingressará na esfera da tipicidade penal.

---

[516] STRATENWERTH, Günther, p. 340.
[517] FEIJOÓ SANCHEZ, Bernardo, p. 230.

10. A inconstitucionalidade do teste de alcoolemia no Código de Trânsito brasileiro

A proteção da segurança do trânsito exigiu, a partir de seu desenvolvimento nas últimas décadas, a adoção de medidas penais e administrativas tendentes a evitar a realização de condutas que ponham em perigo a segurança das pessoas e bens como conseqüência de uma condução pouco cuidadosa.

Prova de tal fato é a edição do novo Código de Trânsito. Dessa forma, a proteção da segurança no trânsito se consolida como objetivo a perseguir mediante a intervenção penal as condutas criadoras de risco que põem em perigo um bem jurídico e inscrevem-se definitivamente no sistema de delimitação da responsabilidade própria do Código Penal. Assim, a segurança no trânsito recebe dessa forma uma dupla proteção – penal e administrativa – que, como em outras matérias similares, requer uma cuidadosa delimitação dos respectivos âmbitos de atuação, especialmente naquelas zonas que possam resultar limítrofes, tendo em conta que a consideração de um fato como delito leva o escrupuloso respeito ao princípio da culpabilidade e das garantias processuais e constitucionais dos direitos fundamentais.

As considerações preliminares dizem respeito com o aspecto central que trataremos a seguir: a obrigatoriedade do sujeito a realizar o teste de alcoolemia ("bafômetro", exame de sangue). É que um dos elementos do tipo objetivo do novo Código de Trânsito (art. 306, "Conduzir veículo automotor, na via pública, sob a influência de álcool ou substância de efeitos análogos, expondo a dano potencial a incolumidade de outrem") apresenta especiais problemas de prova. É que o Código de Trânsito estabeleceu em seu artigo 276 a concentração máxima permitida para que o indivíduo não se encontre impedido de

Imputação Objetiva

173

dirigir veículo automotor. Porém, em dispositivo que segue (art. 277, CTB), dispôs o legislador que todo condutor de veículo automotor, envolvido em acidente de trânsito ou que for alvo de fiscalização, sob suspeita de haver excedido os limites do art. 276, será submetido a testes de alcoolemia.

A indagação central é se o indivíduo está obrigado a fazer prova contra si mesmo quando detido pela autoridade policial, é dizer, está obrigado a sujeitar-se a um teste realizado no momento do fato, sem qualquer garantia a sua intimidade e pior, sem qualquer contraprova. Poder-se-ia tão-somente argumentar que o dito teste do "bafômetro" é falível, uma vez que toda máquina pode falhar, sujeitando, assim, o ingresso do indivíduo na esfera do injusto penal sem qualquer possibilidade de defesa.

Parece, inicialmente, que a quase coação ao teste de alcoolemia fere princípios constitucionais garantidores dos direitos fundamentais, dentre eles o da presunção da inocência (CF, art. 5°, LVII). Aliás, sobre esse tema, Antônio Magalhães Gomes Filho adverte que a garantia constitucional não se revela somente no momento da decisão, como expressão da máxima do *in dubio pro reo*, mas se impõe igualmente como regra de tratamento do suspeito, indiciado ou acusado, que antes da condenação não pode sofrer qualquer equiparação ao culpado; e, sobretudo, indica a necessidade de se assegurar, no âmbito da justiça criminal, a igualdade do cidadão no confronto com o poder punitivo, através do processo "justo".[518]

Na Espanha, o Tribunal Constitucional, ao abordar o tema da realização do teste de alcoolemia e a lesão do direito a defesa, afirma que "... a questão que é necessária analisar é se a prática daquele ato de investigação vulnerou algum direito fundamental, supondo a inadmissibilidade das provas obtidas com violação de direitos fundamentais, e se nele se observaram as garantias prescritas pelas disposições legais e regulamentares. Nesse sentido ... deve-se colocar o tema de que até que ponto a prova de alcoolemia realizada infringiu o direito à defesa do interessado, questão que há que responder no sentido afirmativo desde o momento em que sequer foi informado pelos agentes policiais das possibilidades... de solicitar a prática de uma segunda medição e análise de sangue, dever que deve se entender derivado do

---

[518] GOMES FILHO, Antônio Magalhães. *Presunção de Inocência e Prisão Cautelar*, São Paulo: Saraiva, 1991, p. 37.

artigo 24.2 da Constituição[519] em hipóteses como o presente, em que os agentes policiais realizam atos de investigação que podem alcançar valor probatório no processo penal, mediante sua aportação ao mesmo".[520]

A importância da sentença supra diz respeito às questões que nela se abordam. Ainda que a possibilidade de exercício do direito de defesa habitualmente diga respeito ao processo penal e a imputação judicial, resulta evidente que desdobra sua eficácia também no momento da detenção, posto que existem possibilidades de chegar à imputação judicial do delito através da prova colhida na fase policial. Ademais, ainda que em nossa constituição não conste expressamente que "ninguém está obrigado a declarar contra si mesmo", conforme o princípio constitucional espanhol, parece implícito em nosso princípio da presunção da inocência (CF, art. 5°, LVII) que ninguém está obrigado a fazer prova contra si mesmo.

Para Gracía Arán, a menção ao direito fundamental e a manifestação do direito a defesa são os aspectos fundamentais da problemática colocada pela prova de alcoolemia que incide em sua mesma consideração como adequada ou não aos princípios constitucionais. Adianta que nesse ponto a maior dificuldade radica no que constitui um dos maiores problemas do direito penal democrático: o equilíbrio entre a eficaz prevenção dos delitos e o escrupuloso respeito às garantias constitucionais, especialmente difícil nesse caso por tratar-se de prevenir condutas que afetam ou podem afetar a segurança da prática de todos os cidadãos.[521]

Diante dessas considerações, cabe analisar se no momento em que o agente é detido, e os policiais requerem que este se submeta à prova de alcoolemia através do "bafômetro" ou do exame de sangue, já seria possível o exercício ao direito de defesa, mesmo que ainda não ocorra a imputação formal de um delito.

García Arán adverte que se de tais diligências podem derivar-se conclusões utilizáveis contra o sujeito em um processo penal, pode

---

[519] Art. 24.2, Constituição espanhola refere que "Igualmente todos têm direito ao juiz ordinário predeterminado pela lei a defesa e a assistência de advogado, a ser informado da acusação formulada contra eles, a um processo público sem dilações indevidas e com todas as garantias, a utilizar os meios de prova pertinentes para sua defesa, a não declarar contra si mesmo, a não confessar-se culpados e a presunção de inocência".

[520] TC, Sentencia 100/1985.

[521] GARCÍA ARÁN, Mercedes. *Conducción de Vehículos Bajo Influencia del Alcohol*, Revista Jurídica de Catalunya, Barcelona, 1987, Any LXXXVI, n. 3, p. 632.

entender-se, em princípio, que se encontra no âmbito de eficácia do artigo 24.2 da Constituição espanhola e seu inciso relativo ao direito de não declarar.[522] Nesse sentido, entendemos que a nossa Carta Política, de modo implícito, garante tal direito através da presunção de inocência inscrito no art. 5º, LVII.

Vázquez Sotelo coloca como caráter geral para todas as provas que supõem intervenção no corpo do acusado e com caráter particular para a prova de alcoolemia, referindo-se ao "direito de não colaborar" como o que resume as expressões "direito a não declarar contra si mesmo e a não se confessar culpado".[523]

Diante desses argumentos, indaga-se se a negativa do agente em realizar a prova de alcoolemia no momento em que é detido poderia resultar em sua incriminação. É que parece sustentável que qualquer gênero de coação suporia uma violação expressa ao direito fundamental à defesa e, inclusive, em alguns casos, poderia tipificar um delito de coação praticado pela própria autoridade. Saliente-se que a obrigatoriedade ao exame tanto do sopro de ar como a retirada de sangue, ferem o direito de liberdade do sujeito e, realizados mediante força ou ameaça, podem tipificar delitos próprios. Ainda que o novo Código mencione que o sujeito será submetido aos referidos testes, estes não podem ser obrigatórios, a não ser a realização de um exame clínico no momento da detenção.

Ademais, existe outro argumento de caráter material que, em nossa opinião, avaliza uma interpretação ampla da presunção de inocência inscrita na Carta Política. Admitimos a adoção pelo novo Código de excepcionais medidas preventivas para a proteção e a segurança no trânsito e para que se evitem delitos, assim como se admite a configuração do art. 306, CTB, como delito de perigo concreto, o que já demonstra um pensamento moderno do legislador. Porém, tudo isso supõe adiantar consideravelmente as barreiras de proteção penal e intervir penalmente muito antes do que ocorre em outros âmbitos delitivos. Não se pode olvidar, por outra parte, que a segurança no trânsito conta também com a proteção administrativa nas quais se incluem sanções de suficiente gravidade e executividade.

Assim, aceitando-se essa excepcional proteção penal e essas medidas de averiguação dos indícios do delito, deve-se aceitar também a

---

[522] GARCÍA ARÁN, Mercedes, ob. cit., p. 633.
[523] Citado por Garciá Arán, ob. cit., p. 633.

extensão e vigência das garantias constitucionais: se existe delito ainda que se crie um risco concreto ao bem jurídico e podendo-se exercer um controle preventivo para buscar os indícios do delito, deve-se conceder também os direitos daquele a que se imputa formalmente um fato típico. Essa interpretação parece consentânea com os direitos e garantias fundamentais do cidadão, garantidos pela Carta Magna.

Para García Arán, em princípio, não são de utilidade as considerações recentemente formuladas acerca do adiantamento da intervenção penal que se produz nesta matéria e a necessidade de tratá-la com as mesmas garantias que se defende para qualquer outra situação em que exista suspeita de delito. Mas é que, ademais, o que não cabe negar é que, em todo caso, a atuação do afetado ao submeter-se à prova é algo que pode supor uma auto-incriminação, é dizer, se não é uma declaração, é uma conduta de resposta ao requerimento da autoridade que tem os mesmos efeitos que a declaração, senão mais graves por assentar-se seus resultados na objetividade de uma prova científica.[524]

O sentido do direito a não declarar como manifestação do direito à defesa se assenta na obrigação para o Estado de suportar a carga da prova da culpabilidade daquele que se presume inocente. Este tem direito a não colaborar no descobrimento de sua culpabilidade, como compensação da maior debilidade de sua posição. Por isso se fala de um genérico direito a não colaborar, e nesta linha devemos ter presente que os meios de que dispõe o Estado para a investigação dos delitos se aperfeiçoam – e podem seguir se aperfeiçoando – incluindo muitas possibilidades que a simples declaração verbal do imputado.[525]

Destarte, parece que o condutor tem o direito a negar-se a colaborar no momento em que é submetido a uma investigação como a do teste de alcoolemia, podendo ocorrer, em contrapartida, as conseqüências que podem derivar de tal negativa, é dizer, no momento de apreciação judicial da prova e da íntima convicção, poderá o juiz servir-se de tal negativa e formular sua decisão. Esse é um ponto importante da questão: em toda matéria que se reconhece a "voluntariedade" do imputado ou do processado na hora de colaborar com o Estado no desenvolvimento de qualquer diligência, não cabe dúvida que esse consentimento pode voltar-se contra ele.

---

[524] GARCÍA ARÁN, Mercedes, ob. cit., p. 639.
[525] Id., ibid.

Sempre que se estabelece uma relação entre Estado e cidadão que afeta a ordem penal, especialmente quando se trata de diligências policiais (registros, declarações, investigações em geral), o consentimento do indivíduo não opera com esquemas próprios do direito privado, simplesmente porque as partes não se encontram em um plano de igualdade.[526]

Por isso, o direito a não colaborar que consagra a Constituição da Espanha, e que se aproxima as nossas garantias constitucionais (CF, art. 5°, LVII), com todas as matizes que se formulem, deve-se analisar fugindo das abstrações distantes da realidade, é dizer, o detido tem direito a não realizar o exame, posto que é ao Estado a quem corresponde a prova de sua culpabilidade,[527] mas é possível que todas suas negativas, ainda que se assentem em direitos fundamentais, possam ser valoradas de forma que o prejudiquem. Talvez não expressamente, mas sim integrando outros dados que o julgador utiliza para formar sua íntima convicção. A maior ou menor colaboração do detido forma parte da estratégia defensiva, porém, poderão também repercutir contra ele no momento do processo judicial, dependendo do cotejo de outras provas carreadas ao processo.

Nesse tópico, o silêncio constitui uma possível estratégia defensiva do imputado ou de quem possa sê-lo, ou pode garantir a futura eleição de dita estratégia. Enquanto no velho processo penal inquisitivo "regido pelo sistema da prova taxada, o imputado era considerado como objeto do processo penal, buscando-se com sua declaração, inclusive mediante o emprego de tortura, a confissão das acusações que lhe imputavam, no processo penal acusatório, o acusado já não é objeto do processo penal, senão sujeito do mesmo, isto é, parte processual e de tal modo que declaração, em vez de meio de prova ou ato de investigação, é e deve ser assumida essencialmente como uma manifestação ou um meio idôneo de defesa. Enquanto tal, deve reconhecer-se a necessária liberdade nas declarações que ofereça e emita, tanto no relativo a sua decisão de proporcionar a mesma declaração, como no referido ao conteúdo de suas manifestações. Assim pois, os direitos a não declarar contra si mesmo e a não declarar-se culpado (...) são garantias ou direitos instrumentais do genérico direito de defesa, ao

---

[526] GARCÍA ARÁN, Mercedes, ob. cit., p. 641.
[527] Ver GOMES FILHO, Antônio Magalhães. *Direito à Prova no Processo Penal*, São Paulo: RT, 1977, p. 113.

que prestam cobertura em sua manifestação passiva, isto é, a que se exerce precisamente com a inatividade do sujeito sobre o que recai ou pode recair uma acusação, quem, em conseqüência, pode optar por defender-se no processo na forma que estime mais conveniente para seus interesses, sem que em nenhum caso possa ser forçado ou induzido, sobre constrição ou compulsão alguma a declarar contra si mesmo ou a confessar-se culpado".[528]

Nessa linha de argumentação, são as lições do Prof. Gomes Filho, quando ensina que a aplicação de modernas técnicas científicas ao terreno da prova também suscita uma problemática que tem relação com a matéria examinada nos tópicos anteriores: trata-se da admissibilidade de intervenções corporais no acusado, com o objetivo de obter material para exames laboratoriais destinados a fornecer dados probatórios; o tema é sugerido há algum tempo pelos testes alcoométricos e, mais recentemente, pelos exames de DNA.[529]

Porém, adverte Gomes Filho que o que se deve contestar em relação a essas intervenções, ainda que mínimas, é a violação ao direito à não-auto-incrimininação e à liberdade pessoal, pois se ninguém pode ser obrigado a declarar-se culpado, também deve ter assegurado o seu direito a não fornecer provas incriminadoras contra si mesmo. O direito à prova não vai ao ponto de conferir a uma das partes no processo prerrogativas sobre o próprio corpo e a liberdade de escolha da outra. Em matéria civil, a questão tem sido resolvida segundo a regra da divisão do ônus da prova, mas no âmbito criminal, diante da *presunção de inocência*, não se pode constranger o acusado ao fornecimento dessas provas, nem de sua negativa inferir a veracidade dos fatos.[530]

A crítica que recairá sobre o tema é que em muitas hipóteses em que se suspeite da embriaguez do motorista mas que não existam indícios suficientes da comissão do delito, e o afetado se negue a submeter-se à prova, deverá ser absolvido por falta de provas ou talvez nem sequer iniciar-se o processo judicial. Pois bem, essa é uma conseqüência lógica do respeito aos direitos fundamentais em um Estado de Direito; se não existem provas, não deve haver condenação. Para García Arán, o efeito intimidatório dos controles preventivos não fica diminuído com isso, tendo em conta que, ademais, o argumento con-

---

[528] Trecho da Sentencia n. 00793746, do Tribunal Constitucional da Espanha.

[529] GOMES FILHO, Antônio Magalhães. *Direito à Prova no Processo Penal*, ob. cit., p. 118.

[530] Idem, p. 119.

Imputação Objetiva

trário não seria defensável, posto que o respeito aos direitos fundamentais é uma barreira infranqueável para a intervenção preventiva do direito penal.[531]

---

[531] GARCÍA ARÁN, ob. cit., p. 644/645.

11. Delitos de perigo concreto no Código de Trânsito brasileiro

Os delitos contra a segurança do trânsito pertencem ao grupo dos denominados "delitos de perigo comum", expressão com a que um setor doutrinal vem designando a uma série de figuras delitivas caracterizadas não pelo mero fato de encontrarmos ante a descrição típica de uma estrutura de delito de perigo, senão pela circunstância de referir-se o perigo a uma coletividade indeterminada de pessoas.[532] A criação destes tipos responde a uma opção político-criminal a favor do adiantamento de barreiras de proteção, que dá lugar à configuração de bens jurídicos espiritualizados, de natureza supra-individual, como é o da segurança do trânsito.[533]

Dado que o âmbito ao que se refere a empresa de proteção, que é um âmbito de proteção massiva de processos de risco, em que se produzem múltiplos comportamentos licitamente perigosos e múltiplos processos ilicitamente perigosos de diferentes entidades, a tarefa do legislador penal afronta o desafio fundamental de selecionar unicamente as condutas mais graves e de selecioná-las com precisão.[534] Vai nisso, ademais da própria eficácia da intervenção penal, a vigência dos elementares princípios de intervenção mínima e legalidade.

Para a consecução do objetivo citado de intervenção mínima, precisa e eficaz na proteção da segurança do trânsito conta o legislador, em princípio, com diversas técnicas de tipificação: pode exigir, em primeiro lugar, através de cláusulas de resultado, que a conduta haja

---

[532] SUMALLA, Jose Maria Tamarit. *Comentarios a la Parte Especial del Derecho Penal*, Arazandi Editorial, 1996, p. 1042.

[533] Id., ibid.

[534] LASCURAIN SANCHEZ, Juan Antonio. *Comentarios al Codigo Penal*, Editorial Civitas, 1997, p. 1039.

Imputação Objetiva

provocado uma certa situação de perigo: neste caso pode requerer que o risco gerado tenha uma determinada intensidade ou pode conformar-se com que traspasse a fronteira do permitido; pode optar, assim mesmo, pela descrição de uma conduta cuja realização implique necessariamente a geração de um risco relevante – com o auxílio ou não de cláusulas de idoneidade ou de não-exclusão da periculosidade -; pode, finalmente, limitar-se a definir uma conduta que, freqüentemente ou em certos casos, é perigosa ou pode gerar riscos.[535]

A utilização de uma ou outra técnica, ou de uma ou outra variante dentro das mesmas, não é inócua. No caminho que vai da primeira à última, ganhamos precisão e facilidades para a constatação judicial do fato delitivo; em contra, perde-se no caminho tanto o princípio da intervenção mínima como o argumento de lesividade frente à legitimação da norma.[536]

Aliás, no sentido de perder-se no caminho o princípio da intervenção mínima do Direito Penal, advertimos que o legislador, não satisfeito com pesadas intervenções administrativas no novo Código de Trânsito, buscou a sanção penal como forma de reforçar a eficácia daquelas medidas, ultrapassando, em alguns casos, o próprio Código Penal.[537] Apenas para citar o exemplo, a lesão corporal culposa estabelecida no novo CTB frente à lesão corporal culposa estabelecida no CP.

A técnica de tipificação buscada pelo legislador no Código de Trânsito foi a de tipificar as condutas como sendo de perigo concreto (arts. 306, 308, 309, 310 e 311), isso porque ao final dos tipos penais encontram-se os termos: "expondo a dano potencial a incolumidade de outrem"; "desde que resulte dano potencial à incolumidade pública ou privada"; "gerando perigo de dano"; etc.

Se não fosse pelos termos utilizados ao final dos tipos penais, parte da doutrina defenderia a tese de que se tratariam de delitos de perigo abstrato, aliás, como já era defendido no tocante às contravenções dos arts. 32 e 34 da Lei das Contravenções Penais, tese contra a qual nos posicionamos.[538]

---

[535] LASCURAIN SANCHEZ, Juan Antonio, ob. cit., p. 1039.

[536] Idem, 1039/1040.

[537] CALLEGARI, André Luís. *O Princípio da Intervenção Mínima no Direito Penal*, Boletim do Instituto Brasileiro de Ciências Criminais, n. 70, Edição Especial do IV Seminário Internacional do IBCCrim, p. 13.

[538] Idem. *Delitos de Perigo Concreto e Delitos de Perigo Abstrato – Algumas Considerações sobre a Contravenção Prevista no Art. 34*, Revista dos Tribunais, Ano 87, fevereiro de 1998, v. 748, p. 504/508.

No sentido de defesa dos delitos de perigo abstrato, afirma-se que o adiantamento da barreira de intervenção penal inclusive a momentos anteriores à colocação em perigo obedece a uma regra de experiência, neste caso empiricamente contrastada, que permite afirmar a periculosidade inerente a determinados comportamentos. Isso foi explicado, no delito de dirigir embriagado, por Silva Sánchez a partir da consideração da conduta típica como um caso de "imprudência sem resultado" criminalizada excepcionalmente ao menos por duas razões: em primeiro lugar, por tratar-se de uma imprudência permanente, que se prolonga no tempo, o qual a torna mais perigosa que um ato isolado; em segundo lugar, a situação descrita admite uma maior objetivação da infração do dever de cuidado em comparação com outras formas de condução perigosa (cansaço ou sono, por exemplo).[539]

O problema referido de adiantamento das barreiras de proteção penal parece contrastar com a antijuridicidade material, é dizer, estaríamos desvalorando a simples ação do sujeito, independentemente da produção do resultado. Assim, nos delitos de perigo abstrato não se faz necessária a verificação de um resultado de perigo concreto para a vida ou integridade física das pessoas, posto que o perigo é presumido.

Concepción Salgado menciona que maioria da doutrina reconhece a necessidade de que o legislador empregue a técnica de tipificação dos delitos de perigo; em geral, resulta modificada a opinião quanto à forma em que este se apresente, pois enquanto para alguns a modalidade abstrata deve seguir mantendo-se dentro do texto punitivo no marco dos delitos de trânsito, com o efeito de lograr a maior garantia possível para a sua segurança, outros, pelo contrário, censuram sua presença ao entender, bem que o tipo de injusto não admite mais que a categoria de delitos de perigo concreto, bem que resultam incompatíveis com o princípio da legalidade ou dificilmente reconduzíveis ao conceito de culpabilidade.[540]

Quanto a este problema, merece procedência a distinção e a crítica do Professor Bustos Ramírez quando leciona que são delitos de perigo concreto aqueles em que a probabilidade da lesão concreta implica de algum modo uma comoção para o bem jurídico, é dizer, que temporal e espacialmente o bem jurídico provavelmente afetado esteve

---

[539] SUMALLA, Jose Maria Tamarit, ob. cit., p. 1044.

[540] CARMONA SALGADO. *Concepción, Manual de Derecho Penal*, Parte Especial, Editoriales de Derecho Reunidos, p. 94.

em relação imediata com a colocação em perigo; isto tem importância desde o ponto de vista processual-penal, pois é necessário então provar que um bem jurídico foi posto em perigo, que houve uma relação entre o comportamento típico do sujeito e o bem jurídico. Nos delitos de perigo abstrato, em troca, presume-se *ipso iure* o perigo para o bem jurídico, não havendo, pois, possibilidade de prova em contrário, basta comprovar a realização do comportamento típico, desde então que a doutrina se há declarado contra (cf. Barbero), pois se opõe ao princípio garantidor de *nullum crimem sine iniuria*, que surge de uma concepção material da antijuridicidade e do injusto. No fundo, mediante o recurso ao delito de perigo abstrato, pode-se estar castigando criminalmente em razão a uma determinada visão moral, política ou social, ou bem, uma mera infração administrativa.[541]

Conclui o Prof. Bustos Ramírez dizendo que o que se quer assinalar é que há de comprovar-se e, por tanto, implicar uma determinada relação de comoção com o bem jurídico, sendo suficiente falar de delitos de perigo concreto. Diferente é se quer rebaixar a hipótese de probabilidade a simples possibilidade, pois conceitualmente então tudo é possível, não há conceitualmente nem ontologicamente nenhuma determinação; em tal caso a tendência é voltar aos delitos de perigo abstrato em que a prova do comportamento típico implica já o perigo, pois justamente essa foi a razão que inspirou o legislador, a razão legislativa (ou estatal) se converte *ipso iure* em constitutiva do injusto sem mais.[542]

Portanto, nos delitos previstos no Código de Trânsito, só pode ser esta a interpretação, é dizer, são delitos de perigo concreto, necessitando sempre da prova da existência do perigo, tendo em vista a natureza material da antijuridicidade e também a moderna visão do Direito Penal, devendo-se sempre levar em conta não só o desvalor da ação, mas, também, o desvalor do resultado.

---

[541] BUSTOS RAMÍREZ, Juan. *Manual de Derecho Penal Español*, Parte general, Ariel Derecho, p. 191.
[542] Idem, p. 192.

12. Delitos de perigo concreto e delitos de perigo abstrato – algumas considerações sobre a contravenção prevista no art. 34

Não é preciso salientar que os delitos contra a segurança no trânsito são delitos de perigo. Segundo a Profa. Concepción Carmona Salgado, existem uns delitos denominados de perigo, cujo conceito não pode dissociar-se do de bem jurídico, especialmente criados pelo legislador para cobrir a lacuna de punição que se origina ao eleger o delito imprudente para seu castigo a produção de um determinado resultado, já que se uma pessoa se comporta de modo temerário, ainda sem ocasionar mediante sua conduta lesão alguma, essa temeridade ficaria impune de não existir a correspondente infração de perigo. É por isso que a criação desses tipos representa um adiantamento das barreiras de proteção penal, com o efeito de evitar o maior número possível de condutas lesivas.[543]

Para Luzon Peña, os delitos de perigo consumam-se sem necessidade de lesão, com o simples perigo – inseguridade e probabilidade de lesão – do bem jurídico, supondo por tanto um adiantamento das barreiras de proteção a uma fase anterior à da lesão; normalmente procedem da expressa tipificação de uma conduta imprudente (de qualquer classe ou somente por imprudência consciente) sem necessidade que se chegue à lesão e com ela a consumação do delito imprudente e supõem por tanto uma exceção à regra geral da impunidade das formas de imperfeita execução na imprudência.[544]

---

[543] CARMONA SALGADO, Concepción. *Manual de Derecho Penal*, Parte Especial, Editoriales de Derecho Reunidos, p. 93/94.

[544] Cf. Luzón Peña, Diego-Manuel. *Curso de Derecho Penal*, Parte General I, Editorial Universitas, p. 313/314.

Ocorre que dentro da categoria dos delitos de perigo, deve-se fazer a distinção entre delitos de perigo concreto e delitos de perigo abstrato. Utilizando-se uma definição simples, pode-se afirmar que no delito de perigo abstrato, não se faz menção ao perigo, que se presume em geral, não havendo necessidade de o juiz constatá-lo em cada caso concreto. No caso do delito de perigo concreto, o tipo deve referir expressamente esse perigo, não bastando que a ação resulte perigosa em termos genéricos, devendo a ocorrência do perigo ser provada.

Santiago Mir Puig afirma que habitualmente se diz que os delitos de perigo concreto requerem expressamente na lei a criação de uma efetiva situação de perigo (resultado de perigo), enquanto nos delitos de perigo abstrato não é preciso que no caso concreto a ação crie um perigo efetivo: só seriam delitos de perigo no sentido de que a razão de seu castigo é que normalmente supõem um perigo.[545]

O problema dos delitos de perigo abstrato é que, consumado o fato, pode-se afirmar, com certeza, que não haveria defesa para o autor, visto que, conforme mencionado, não há necessidade de fazer-se a prova da existência do perigo. Bastaria a existência do fato em si mesmo para embasar a pretensão acusatória do Ministério Público, independentemente da prova produzida (ver art. 34 da Lei das Contravenções Penais).

A esse propósito escreve Concepción Salgado, mencionando que ainda a maioria da doutrina reconhece a necessidade de que o legislador empregue a técnica de tipificação dos delitos de perigo, em geral, resulta modificada a opinião quanto à forma em que este se apresente, pois enquanto para alguns a modalidade abstrata deve seguir mantendo-se dentro do texto punitivo no marco dos delitos de trânsito, com o efeito de lograr a maior garantia possível para a sua segurança, outros, pelo contrário, censuram sua presença ao entender, bem que o tipo de injusto não admite mais que a categoria de delitos de perigo concreto, bem que resultam incompatíveis com o princípio da legalidade ou dificilmente reconduzíveis ao conceito de culpabilidade.[546]

Feitas essas considerações iniciais, fica a indagação se as contravenções dos arts. 32 e 34 do Decreto-Lei nº 3.688 são de perigo concreto ou abstrato. Para a configuração da contravenção de falta de habilitação, segundo nossa jurisprudência, basta que o autor do fato

---

[545] MIR PUIG, Santiago. *Derecho Penal, Parte General*, 4ª ed. Barcelona: PPU, p. 208.
[546] CARMONA SALGADO, Concepción, ob. cit., p. 94.

realize a conduta descrita abstratamente no tipo legal, ou seja, dirija sem a devida habilitação.[547] Assim, também ocorre com a contravenção de direção perigosa na via pública (art. 34). Sobre esse artigo é que desenvolveremos um pouco o nosso trabalho.

Semelhante disposição, embora mais completa, encontramos no novo Código Penal espanhol (1995), que preceitua em seu art. 381 o seguinte: "El que condujere un vehículo a motor o ciclomotor con temeridad manifesta y pusiera en concreto peligro la vida o la integridad de las personas, será castigado con las penas de prisión de seis meses a dos años y privación del derecho a conducir vehículos a motor y ciclomotores por tiempo superior a uno y hasta seis años".

Pensamos que essa temeridade manifesta prevista na nova legislação penal espanhola poderia equiparar-se com a nossa direção perigosa na via pública, então, cabe verificar o que seria a temeridade manifesta.

Segundo Muñoz Conde, a temeridade equivale à imprudência em sua forma mais grave, significando que o motorista deve comportar-se com desprezo absoluto às regras mais elementares de trânsito, citando como exemplo dirigir a 100 km/h quando somente é permitido dirigir a 50 km/h; invadir a parte esquerda da estrada em uma curva sem visibilidade numa estrada de muito movimento. Porém, adverte o autor que a temeridade deve ser manifesta, é dizer, presente para terceiros. E conclui, afirmando que essa forma de dirigir deve ser analisada diante da iminência de perigo concreto para a vida ou integridade física das pessoas. Ou seja, o grau de perigo deve ser constatado pelo juiz em atenção às circunstâncias do fato, devendo pelo menos existir uma probabilidade grande de produzir um dano ou lesões à integridade física das pessoas.[548]

Observe-se que na exposição do supracitado professor estamos diante de um delito de perigo concreto, por isso a temeridade (em nosso Código o perigo) deve ser manifesta, ou seja, presente para terceiros, não se tipificando quando não ocorrer, ao menos, uma grande probabilidade de dano ou lesões a terceiros.

Por sua vez, Concepción Salgado afirma que o delito possui a estrutura própria dos delitos de perigo concreto, pois não só requerem

---

[547] Ver artigo a respeito do Prof. Luiz Flávio Gomes. *Revista Brasileira de Ciências Criminais*, ano 2, n. 8, outubro-dezembro de 1994.

[548] MUÑOZ CONDE, Francisco. *Derecho Penal*, Parte Especial, Tirant lo blanch, 1996, p. 593.

Imputação Objetiva

187

que a condução se execute com temeridade manifesta como dela se desprenda um concreto perigo para a vida ou a integridade das pessoas.[549]

Desse modo, pensamos também que a contravenção de direção perigosa em via pública é de perigo concreto, é dizer, necessita da demonstração de um perigo ao menos razoável de dano ou a integridade das pessoas. Assim Jescheck afirma que a ausência de toda a possibilidade de colocação em concreto de perigo pode servir, não obstante, para prescindir da punibilidade se a concorrência de perigo para os objetos de proteção conforme o tipo resulta excluída de modo absoluto.[550]

Com efeito, hoje discute-se que persista a tipicidade dos delitos de perigo abstrato no caso extremo de que se prove que se havia excluído de antemão todo o perigo. Em favor de negar sua existência, cabe alegar que deixa de ter sentido castigar uma conduta cuja relevância penal é proveniente da periculosidade que se supõe nela, quando do tal periculosidade aparece como inexistente desde o primeiro momento. Se a razão de todo o delito de perigo (seja abstrato ou concreto) é sua periculosidade, sempre deverá exigir-se que não desapareça neles todo o perigo.[551]

Então, melhor que dizer que os delitos de perigo abstrato não exigem um perigo efetivo, é formular a sua distinção a respeito dos delitos de perigo concreto, nos termos seguintes: nos delitos de perigo concreto, o tipo requer como resultado da ação a proximidade de uma concreta lesão (assim, que a ação haja estado a ponto de causar uma lesão a um bem jurídico determinado), enquanto nos delitos de perigo abstrato não se exige tal resultado de proximidade de uma lesão de um concreto bem jurídico, senão que basta a periculosidade da conduta, periculosidade que se supõe inerente à ação, salvo que se prove no caso concreto que ficou excluída de antemão. Os delitos de perigo concreto são, pois, delitos de resultado (de proximidade da lesão), enquanto os de perigo abstrato são de mera atividade (perigosa), mas ambos são verdadeiros delitos de perigo, porque exigem que não se exclua previamente todo perigo.[552]

---

[549] CARMONA SALGADO, Concepción, ob. cit., p. 110.

[550] JESCHECK, Hans-Heinrich. *Parte General*, Editorial Comanares, p. 238/239.

[551] MIR PUIG, Santiago, ob. cit., p. 209.

[552] Idem, p. 209/210.

Pois bem, caso reste provada que a periculosidade contida na ação era ineficaz para a produção de qualquer dano ou lesão ao bem jurídico tutelado, restaria atípica a conduta do autor no caso concreto, ou, ao menos, isenta de punibilidade. A solução correta deriva-se de uma interpretação teleológica e de índole sistemática, já que o bem jurídico protegido é a seguridade do trânsito (vida, integridade física), e, este delito situa-se em conexão com os delitos de perigo concreto, devendo exigir-se que se haja criado com o fato um risco para os bens jurídicos protegidos.

Importante a distinção e a crítica do Prof. Bustos Ramírez quando leciona que são delitos de perigo concreto aqueles em que a probabilidade da lesão concreta implica de algum modo uma comoção para o bem jurídico, é dizer, que temporal e espacialmente o bem jurídico provavelmente afetado esteve em relação imediata com a colocação em perigo; isto tem importância desde o ponto de vista processual-penal, pois é necessário então provar que um bem jurídico foi posto em perigo, que houve uma relação entre o comportamento típico do sujeito e o bem jurídico. Nos delitos de perigo abstrato, em câmbio, presume-se *ipso iure* o perigo para o bem jurídico, não havendo, pois, possibilidade de prova em contrário, basta comprovar a realização do comportamento típico, desde então que a doutrina se há declarado contra (cf. Barbero), pois se opõe ao princípio garantidor de *nullum crimem sine iniuria*, que surge de uma concepção material da antijuridicidade e do injusto. No fundo, mediante o recurso ao delito de perigo abstrato pode-se estar castigando criminalmente em razão a uma determinada visão moral, política ou social, ou bem, uma mera infração administrativa.[553]

Conclui o Prof. Bustos Ramírez dizendo que o que se quer assinalar é que há de comprovar-se e, portanto, implicar uma determinada relação de comoção com o bem jurídico, sendo suficiente falar de delitos de perigo concreto. Diferente é se se quer rebaixar a hipótese de probabilidade a simples possibilidade, pois conceitualmente então tudo é possível, não há conceitualmente nem ontologicamente nenhuma determinação; em tal caso a tendência é voltar aos delitos de perigo abstrato em que a prova do comportamento típico implica já o perigo, pois justamente essa foi a razão que inspirou o legislador, a razão

---

[553] BUSTOS RAMÍREZ, Juan. *Manual de Derecho Penal Español*, Parte general, Ariel Derecho, p. 191.

legislativa (ou estatal) se converte *ipso iure* em constitutiva do injusto sem mais.[554]

Desse modo é que pensamos que a contravenção do artigo 34 da Lei das Contravenções Penais também é de perigo concreto, ou seja, sempre necessitará de prova do perigo ao bem jurídico tutelado.

O Prof. Luiz Flávio Gomes advertiu que a doutrina moderna, em geral, inclusive consoante a advertência do Min. Cernicchiaro, vem se posicionando contra a existência de infrações de perigo abstrato (presumido) porque conflitam, inevitavelmente, com o princípio do *nullum crimem sine iniuria*. Em um Direito Penal garantidor, voltado para a proteção de bens jurídicos, só existe espaço para o perigo concreto (demonstrado, real, efetivo). O perigo, em outras palavras, para caracterizar a infração penal, precisa ser demonstrado no processo; não pode ser presumido pelo legislador. Sendo presumido pelo legislador, desobriga o acusador de comprovar ao menos a potencialidade lesiva da conduta (*a iniuria*). Mas isso significa sancionar só o desvalor do ato, sem consideração nenhuma com o desvalor do resultado, o que é lesivo à Constituição.[555]

Pense-se na hipótese do condutor que dirige seu veículo em zigue-zague à noite na via pública e que esta encontra-se totalmente deserta, ou no exemplo citado por Muñoz Conde do condutor que dirige seu veículo em uma praia deserta num dia de inverno às três da madrugada.[556] Se adotarmos que a contravenção é de perigo abstrato, nada precisa ser demonstrado pelo órgão acusador, ou seja, desnecessária a comprovação da potencialidade lesiva da conduta (que nos exemplos supra inexistem). Então, adotada a conceituação do delito abstrato, desvaloramos tão-somente a ação, sem preocupação com o desvalor do resultado.

Portanto, no caso da contravenção prevista no art. 34, deve-se concluir sempre pela demonstração no processo de um perigo concreto ao bem jurídico tutelado, desvalorando-se, então, o resultado, e não a ação.

---

[554] BUSTOS RAMÍREZ, Juan, ob. cit., p. 192.

[555] *Revista Brasileira de Ciências Criminais*, ano 2, n. 8, outubro-dezembro de 1994.

[556] Ob. cit., p. 600.

13. O princípio da intervenção mínima no Direito Penal

Atualmente existe acordo nos mais diversos setores da doutrina em proclamar o princípio da intervenção mínima do Direito Penal. Tudo parece indicar que a tendência que se considera desejável para o Direito Penal do presente e do futuro é a sua progressiva restrição.[557] Isso enlaçaria com a tradição liberal que arranca de Beccaria e que postula a humanização do Direito Penal: parte-se da idéia que a intervenção penal supõe uma intromissão do Estado na esfera de liberdade do cidadão, que somente resulta tolerável quando é estritamente necessária – inevitável – para a proteção desse mesmo cidadão. Depois disso se encontra a convicção de que é preciso defender ao cidadão do poder coativo do Estado.[558]

É evidente a coerência do princípio de intervenção mínima do Direito Penal com uma colocação liberal ou neoliberal. No entanto, deve-se indagar se é igualmente compatível dito princípio com a concepção atualmente dominante do Estado social intervencionista.[559] Ao tempo que, em maior ou menor medida, habitua-se a considerar positiva uma intervenção assistencial, de amparo e de fomento por parte do Estado, sentimos resistência ante a atividade repressiva do mesmo.[560] Não há nisso contradição alguma: a admissão de um Estado social, que intervém para procurar bem-estar aos cidadãos, não obriga postular como desejável um intervencionismo penal que restrinja a liberdade do cidadão mais além do imprescindível para sua própria

---

[557] MIR PUIG, Santiago. *El Derecho penal en el Estado social y democrático de derecho*, Editorial Ariel, 1994, p. 151.

[558] Id., ibid.

[559] Id., ibid.

[560] Id., ibid.

Imputação Objetiva

191

proteção. Ao contrário, em um Estado social a serviço do indivíduo, a intervenção penal somente se justifica quando é absolutamente necessária para a proteção dos cidadãos.[561]

Ainda que o princípio da intervenção mínima do Direito Penal é perfeitamente congruente com um Estado social corretamente entendido, a dinâmica própria do intervencionismo que lhe caracteriza carrega o perigo de comprometer a realização efetiva daquele princípio.[562]

O perigo é duplo. Por uma parte, um Estado intervencionista pode cair na tentação de utilizar o Direito Penal como apoio de uma política de governo determinada. É este o perigo mais intolerável, que tende à maximalização do poder público. Por outra parte, o Estado social pode confundir a necessidade de favorecer determinados interesses coletivos, difundidos entre amplas camadas da população, com a conveniência de uma intervenção penal para prevenir seu ataque. A bondade de uma ação do governo para a coletividade não justifica, sem mais, que busque o apoio em uma arma tão lesiva como o Direito Penal.[563]

As legislações previdenciária e tributária na esfera penal constituem dois exemplos da utilização da intervenção penal a serviço de uma política conjuntural determinada. Por outro lado, as crescentes reformas setoriais da legislação penal ampliam cada vez mais a intervenção em âmbito de interesses coletivos. Nesse tópico, pode-se constatar que nas mais diversas leis que são aprovadas, sempre há algum tipo penal introduzido nelas, é dizer, o legislador busca de qualquer maneira um reforço penal.

Não se trata de discutir a importância social dos interesses referidos nem tampouco a necessidade de uma proteção jurídica eficaz dos mesmos. Mas importa destacar que por esta via se está produzindo uma tendência à ampliação do Direito Penal que contrapõe ao programa de despenalização progressiva que em outras matérias se propugna em nome do princípio da intervenção mínima do Direito Penal.[564] Poderia suceder que ao mesmo tempo que se postula um Direito Penal mínimo e se advoga por uma progressiva abolição e substituição da pena, se esteja abonando uma importante tendência de sentido inverso. Convém chamar a atenção do fenômeno e refletir sobre os critérios que orien-

---

[561] MIR PUIG, Santiago, ob. cit., p. 151/152.

[562] Idem, p. 152.

[563] Id., ibid.

[564] Id., ibid.

tam o legislador na decisão de se determinada matéria "nova" exige – em princípio indesejável – intervenção penal.[565]

O problema manifestou-se na Itália, cuja doutrina penal pode comprovar os riscos de uma inflação penal produto de uma posição que viu na intervenção penal uma arma tentadora para sair ao passo de situações de emergência e de aparecimento de novos conflitos. Nessa segunda posição, pode incluir-se a proteção penal de interesses coletivos como os mencionados anteriormente, que Galgano considera inscritos num "Direito Penal da economia" manifestado em três posições:[566]

a) um Direito Penal de produção de riqueza, destinado à tutela do meio ambiente e da saúde;

b) um Direito Penal da circulação da riqueza que se manifesta no âmbito da criação de delitos monetários;

c) um Direito Penal financeiro, relativo à evasão fiscal.

No Brasil, adota-se posição semelhante com uma crescente inflação legislativa nessa área. Ocorre que não se discute a relevância dos interesses protegidos, até mesmo porque muitos deles encontram-se constitucionalmente previstos. O que se pergunta é se a técnica de tutela penal adotada é adequada ao objetivo: se verdadeiramente se dá vida a um Direito Penal da economia, ou melhor – e esta será a resposta –, a um Direito administrativo da economia penalmente sancionado. Há dispositivos penais nitidamente de caráter civil ou administrativo, que buscam a arrecadação por parte do Estado com a ameaça de pena.

A intenção de regular a economia mediante a intervenção penal seguramente se encontra destinada ao fracasso. Sem modificações profundas do sistema econômico, a lei penal, que raramente se aplicará neste âmbito, pode acabar convertendo-se em limitação ideológica, ou em armas politicamente utilizáveis em determinadas conjunturas.

Um dos exemplos, dentre vários que podemos citar, são os delitos previdenciários ou a evasão fiscal em que a ameaça penal pode influenciar em pequenos comerciantes ou microempresários. Pode-se dizer até mais, a grande maioria dos processos que tramitam nas Varas Criminais atinge tão-somente o pequeno e o médio empresários, portanto, falha, de qualquer maneira, a intervenção penal.

---

[565] MIR PUIG, Santiago, ob. cit., p. 152/153.
[566] Idem, p. 153.

Sem uma reforma profunda da complexa organização econômica e da tributação existente, perpetuar-se-á a evasão fiscal das grandes empresas, recaindo a lei penal sobre o pequeno e o médio empresários. Devemos evitar cair na tentação de estender ao Direito Penal o papel promocional que corresponde a outros setores do Direito em um Estado social. É exatamente contrária a aspiração da intervenção mínima do Direito Penal aquela posição que considera este ramo do Direito como idôneo para resolver os principais problemas de uma sociedade em crise.

O princípio da intervenção mínima do Direito Penal choca, por outra parte, com a tendência que se adverte na atualidade a uma atualização do Direito Penal como instrumento meramente sancionador, de apoio de normas não-penais. É que hoje em dia o Direito Penal tende a insinuar-se por qualquer lugar, a converter-se cada vez mais em simples sancionador da violação de normas de outra natureza: civil, mercantil, administrativa. Esta tendência se traduz na proliferação do Direito Penal – alguns dizem em sua "prostituição".[567] Vejam-se, por exemplo, alguns fatos que têm natureza civil, como a dívida do empresário com a Previdência e, no entanto, recebe uma sanção penal, contrariando a própria Constituição. Assim, o novo Código de Trânsito, que, além de pesadas sanções administrativas, procura reforçar a sua eficácia com normas de cunho penal, ultrapassando, até mesmo, os limites do próprio CP.[568]

A política criminal "moderna" nesse sentido está claramente caracterizada. Não opera, como até algum tempo atrás, com a descriminalização e a atenuação das penas, senão com a nova criminalização e agravamento das penas.[569] Concentra-se nos tipos e ameaças penais, e não nas conseqüências do Direito Penal. Ocupa os campos que hoje constituem centros de risco na percepção pública: meio ambiente, economia, impostos, drogas, processamento de dados.[570] Não se orienta já aos bens jurídicos clássicos concretos do indivíduo (vida, saúde, liberdade, etc.), senão a bens jurídicos em geral, que ademais, descrevem de forma tão ampla e vaga que se pode justificar com eles qualquer

---

[567] MIR PUIG, Santiago, ob. cit., p. 154.

[568] Nesse tópico, verifica-se que a pena da lesão corporal culposa no Código de Trânsito é maior que a lesão corporal dolosa prevista no Código Penal.

[569] HASSEMER, Winfried. *Crítica al Derecho Penal de Hoy*, traducción de Patricia S. Ziffer, AD-HOC, 1995, p. 58.

[570] Id., ibid.

ameaça penal: proteção do "bem-estar" do homem, saúde pública, capacidade de funcionamento do mercado de capital, fomento estatal da economia ou processamento de dados na economia e na administração.[571]

O Estado instrumentaliza a proteção destes bens jurídicos não através do tipo de delitos de dano ou lesão (entre cujos pressupostos de punibilidade está a comprovação de um dano concreto e sua causação pelo imputado), senão por meio dos delitos de perigo (geralmente abstrato) para os quais é suficiente com a comprovação de uma ação (que o legislador proibiu como perigosa).[572]

Esta política tem como fundamento a idéia de que o Direito Penal é um instrumento normativamente aceitável e realmente efetivo de condução e contracondução, um meio mais de política interna (segurança, saúde, economia etc.). Esta idéia afastou das tradicionais descrições de objetivos: o Direito Penal deve proporcionar proteção jurídica e garantir as liberdades justamente também para quem viola o direito; politicamente somente pode ser utilizado de forma subsidiária como *ultima ratio*, e deve limitar-se a umas lesões realmente graves.[573] Esta política superou ou reprimiu a dúvida que sempre acompanhou "as mãos torpes" do sistema penal da desconfiança frente à potência do Direito Penal para a solução dos conflitos sociais: seus instrumentos de coação, em uma aplicação extensa, seriam desproporcionais e contraproducentes devido aos mandatos de determinação (art. 103, II, GG; I, StGB), seria pouco flexível, devido ao "direito penal do fato"; ficaria fora de uma prevenção efetiva, devido ao princípio da culpabilidade e estaria concentrado nas pessoas, em lugar das grandes organizações ou nas "grandes situações".[574]

A política criminal atual percebe plenamente estes problemas. Mas não responde a eles tomando consciência de que um Direito Penal fiel a seus princípios não pode cumprir com as funções que lhe atribuem de repressão e condução eficiente da violência, senão, antes bem, com a decisão de relaxar a força vinculante destes princípios de Direito Penal: reduzir ao mínimo os pressupostos da punibilidade mediante a ampla utilização dos delitos de perigo abstrato, facilitar os pressupos-

---

[571] HASSEMER, Winfried, ob. cit., p. 58.

[572] Idem, p. 59.

[573] Id., ibid.

[574] Id., ibid.

tos da imputação ou agravar os meios de coação. A conseqüência desse processo, certamente, como já se pode ver, não é que o sistema penal assim equipado se encontre em condições de cumprir suas novas funções.[575]

A conseqüência é que estes âmbitos de Direito Penal "eficiente" estão permanentemente acompanhados de *"deficit* de execução" específicos, reprovados por todos. Disso se seguem, novamente, duas coisas: a intenção curta ou pequena de minimizar esses défices com mais agravações e um âmbito crescente de efeitos meramente simbólicos do Direito Penal: dado que não se podem esperar os efeitos reais e afirmados, o legislador pelo menos obtém o crédito político de haver respondido com celeridade aos meios e grandes perturbações sociais com os severos meios do Direito Penal.[576]

A razão por que se estima que só se deve recorrer ao Direito Penal quando, frente à conduta danosa de que se trate, fracassou o emprego de outros instrumentos sociopolíticos, radica em que o castigo penal põe em perigo a existência social do afetado, colocando-o à margem da sociedade e, com isso, se produz também um dano social.[577] Por tudo isso deve-se preferir às penas todas aquelas medidas que possam evitar uma alteração da vida em comum e que tenham para o afetado conseqüências menos negativas.[578]

Essa idéia normalmente expressa-se com a fórmula de que o Direito Penal deve ser a *ultima ratio* da política social. O Direito Penal é subsidiário a respeito das demais possibilidades de regulação dos conflitos, é dizer, só se deve recorrer a ele quando todos os demais instrumentos extrapenais fracassam.[579]

Também esse princípio pode fundamentar-se desde a teoria do Estado; os cidadãos atribuem ao Estado tanto poder como resulte necessário para assegurar a vida pacífica em comum, e a liberdade do cidadão pode ser afetada somente na medida em que resulte estritamente necessário para alcançar a mencionada meta.[580]

---

[575] HASSEMER, Winfried, ob. cit., p. 60.

[576] Id., ibid.

[577] ROXIN, Claus e outros, *Introducción al Derecho Penal y al Derecho Penal Procesal*, traducción de Luis Arroyo Zapatero y Juan-Luis Gómez Colomer, Editorial Ariel, 1989, p. 23.

[578] Id., ibid.

[579] Id., ibid.

[580] Id., ibid.

Agora, como a avaliação da eficácia das medidas sociais normalmente resulta discutível, para a solução da pergunta de se devemos castigar uma conduta socialmente danosa ou não, concede-se ao legislador um certo marco de liberdade de decisão.[581]

Em síntese, pode-se dizer que o Direito Penal serve subsidiariamente a proteção dos bens jurídicos e que sua existência se justifica exclusivamente quando a convivência pacífica dos cidadãos pode garantir-se tão-somente com o recurso a culminar com uma pena a conduta socialmente danosa. Esta justificação se deriva da finalidade do Estado, cujo poder se fundamenta, a sua vez, na vontade do povo manifestada nas urnas.[582]

Ademais, como marco de intervenção do Direito Penal, deve-se levar em conta a Constituição Federal, todo dispositivo penal posto na lei ordinária que seja contrário à Constituição não deve ser aplicado, posto que a Lei Maior é a garantia máxima do cidadão. O Professor Bernardo Feijóo advertiu que a interpretação funcional do direito positivo deve ser sempre uma interpretação constitucional.[583] É dizer, deve-se partir metodologicamente da existência de um sistema político e social com uma mínima legitimidade constitucional e no marco desse sistema constitucional é onde se deve ter em conta a função do Direito Penal.[584]

O compromisso do Direito Penal não é, no entanto, com a segurança coletiva ou individual, nem com doutrinas ou ideologias preocupadas em preservar intocável o *status quo*. No Estado de Direito, o Direito Penal não é policial de trânsito, não é vigia de esquina; não é zelador do patrimônio alheio; não é guarda do sossego de cada um; não é sentinela do estado leviatânico. Não tem o encargo de bloquear a maré montante da violência ou de refrear a criminalidade agressiva e ousada: o Estado verdadeiramente democrático reservou, para tais fins, outros órgãos de sua estrutura organizacional.

A missão do Direito Penal é bem outra: é exercer a função criativa nas balizas da norma incriminadora, é infundir, em relação a determinadas normas punitivas, o sopro do social; é zelar para que a lei

---

[581] ROXIN, Claus, ob. cit., p. 23.

[582] Idem, p. 23/24.

[583] FEIJÓO SANCHEZ, Bernardo. *El Injusto Penal y su Prevención ante el Nuevo Código Penal de 1995*, Editorial Colex, 1997, p. 27.

[584] Id., ibid.

oridinária nunca elimine o núcleo essencial dos direitos do cidadão; é garantir a ampla e efetiva defesa, o contraditório e a isonomia de oportunidades, favorecendo o concreto exercício da função da defesa; é invalidar provas obtidas com a violação da autonomia ética da pessoa; é livrar-se do círculo fechado do dogmatismo conceitual, abrindo-se ao contato das demais ciências humanas e sociais; é compatibilizar o Estado de Direito com o Estado social que lhe é subjacente; é, em resumo, ser o garante da dignidade da pessoa humana e da estrita legalidade do processo.

Bibliografia

ALVAREZ PASTOR, Daniel; EGUIDAZU PALACIOS, Fernando. *La prevención del blanqueo de capitales*. Pamplona: Aranzadi, 1998.

BACIGALUPO, Enrique. *Principios de Derecho Penal, Parte General*. 4. ed. Madrid: Akal.

BARROS, Marco Antonio. *Lavagem de Dinheiro*. São Paulo: Oliveira Mendes, 1998.

BATISTA, Nilo. *Concurso de Agentes*. Rio de Janeiro: Liber Juris, 1979.

BITENCOURT, Cezar Roberto. *Lições de Direito Penal*. Porto Alegre: Livraria Editora Acadêmica Ltda.

BLANCO CORDERO, Isidoro. *El delito de blanqueo de capitales*. Pamplona: Aranzadi, 1997.

BUSTOS RAMÍREZ, Juan. *Manual de Derecho Penal Español, Parte General*. Barcelona: Ariel Derecho, 1984.

CALLEGARI, André Luís. "Breves Anotações Sobre o Concurso de Pessoas". *Revista dos Tribunais*, São Paulo, vol. 761, ano 88, março. 1999.

——. Delitos de Perigo Concreto e Delitos de Perigo Abstrato – Algumas Considerações sobre a Contravenção Prevista no Art. 34. *Revista dos Tribunais*. São Paulo, ano 87, p. 504/508, v.748, fev. 1998.

——. O Princípio da Intervenção Mínima no Direito Penal. *Boletim do Instituto Brasileiro de Ciências Criminais*, São Paulo, n. 70, Edição Especial do IV Seminário Internacional do IBCCrim, set. 1998.

CANCIO MELIÁ, Manuel. *Conduta de la víctima e imputación objetiva en Derecho penal*. Barcelona: J.M. BOSCH Editor, 1998.

——. La Exclusión de la tipicidad por la responsabilidad de la víctima ("imputación a la víctima"). *Revista de Derecho Penal y Criminologia*. Universidad Nacional de Educación a Distancia. Madrid, 2ª época, n. 2.

——. La teoría de la adecuación social en Welzel, *Anuario de Derecho Penal y Ciencias Penales*. Ministerio de Justicia, Madrid, Tomo XLVI, Fasciculo II, 1993.

CARMONA SALGADO, Concepción. *Manual de Derecho Penal, Parte Especial*. Madrid:Editoriales de Derecho Reunidos, 1994.

CARPIO DELGADO, Juana. *El delito de blanqueo de bienes en el nuevo Código Penal*. Valencia: Tirant lo blanch, 1997.

CEREZO MIR, José. *Curso de Derecho Penal Español, Parte General II*. Madrid: Tecnos, 1997.

CERVINI, Raúl; TERRA DE OLIVEIRA, Willian; GOMES, Luiz Flávio. *Lei de Lavagem de Capitais*. São Paulo: Revista dos Tribunais, 1998.

COBO DEL ROSAL, M. / VIVES ANTÓN, T.S. *Derecho Penal, Parte General*. 5.ed. Valencia: Tirant lo blanch, 1999.

CORCOY BIDASOLO, Mirentxu. *El delito imprudente – criterios de imputación del resultado*. Barcelona: PPU, 1989.

COSTA, Renata Almeida. *A Sociedade Complexa e o Crime Organizado: A Contemporaneidade e o Risco nas Organizações Criminosas*. Rio de Janeiro: Lumen Juris, 2004.

COSTA JUNIOR, Paulo José da. *Curso de Direito Penal. Parte Geral*. V.1 2. ed. São Paulo: Saraiva, 1992.

——. *Direito Penal Objetivo*. Rio de Janeiro: Forense Universitária, 1989.

CUELLO CONTRERAS, Joaquin. *El Derecho Penal Español, parte general, Nociones Introductorias, Teoria de delito 1*. 2. ed. Madrid:Editorial Civitas, 1996.

D'AVILLA, Fábio Roberto. "A Certeza do Crime Antecedente como Elementar do Tipo nos Crimes de Lavagem de Capitais". *Boletim do Instituto Brasileiro de Ciências Criminais*, ano 7, n. 79, jun.1999.

DELMANTO, Celso. *Código Penal Comentado*. 3. ed. Rio de Janeiro: Renovar, 1991.

DIAZ-MAROTO Y VILLAREJO, Julio. *El blanqueo de capitales en el Derecho Español*. Madrid: Dykinson, 1999.

DIEZ RIPOLLÉS, José Luis. *El blanqueo de capitales procedente del tráfico de drogas, em Actualidad Penal*, n. 32, 1994

FABIAN CAPARROS, Eduardo. *El delito de blanqueo de capitales*.Madrid: Colex, 1998.

FEIJOÓ SANCHEZ, Bernardo. *El Injusto Penal y su Prevención ante el Nuevo Código Penal de 1995*. Madrid:Colex, 1997.

——. *Homicidio y lesiones imprudentes: requisitos y límites materiales*. Madrid:Editorial EDIJUS, 1999.

——. *Límites de la participación criminal – Existe una "proibición de regreso" como límite general del tipo en derecho penal?* Granada: Editorial Comares, 1999.

FRAGOSO, Heleno. *Lições de Direito Penal, A Nova Parte Geral*. 10. ed. Rio de Janeiro:Forense, 1986.

——. *Lições de Direito Penal, Parte Especial*. v. 1, 10. ed. Rio de Janeiro: Forense, 1988.

——. *Lições de Direito Penal, Parte Especial*. v. II, 5. ed. Rio de Janeiro:Forense, 1986.

FRANCO, Alberto Silva. *Crimes Hediondos*. 3. ed. São Paulo: Revista dos Tribunais, 1994.

——. *Código Penal e Sua Interpretação Jurisprudencial*. 2. ed. São Paulo: Revista dos Tribunais, 1987.

FRISCH, Wolfgang. *Tipo Penal e Imputación Objetiva*. Traducción de Manuel Cancio Meliá, Beatriz de la Gándara Vallejo, Manuel Jáen Vallejo e Yesid Reyes Alvarado.Madrid: Colex, 1995.

GARCÍA ARÁN, Mercedes. *Conducción de Vehículos Bajo Influencia del Alcohol*. Revista Jurídica de Catalunya, Barcelona, 1987, Any LXXXVI.

GIACOMOLLI, Nereu José. "Função Garantista do Princípio da Legalidade". *Revista Ibero-americana de Ciências Penais*, Centro de Estudos Ibero-Americano de Ciências Penais, Porto Alegre, n.0, p. 49, maio/agost. 2000

GOMES FILHO, Antônio Magalhães. *Direito à Prova no Processo Penal*. São Paulo: Revista dos Tribunais, 1997.

———. *Presunção de Inocência e Prisão Cautelar*. São Paulo: Saraiva, 1991.

GOMES, Luiz Flavio. A Contravenção do Art. 32 da Lei das Contravenções Penais é de Perigo Abstrato ou Concreto? (A Questão da Incostitucionalidade do Perigo Abstrato ou Presumido). *Revista Brasileira de Ciências Criminais*, ano 2, n. 8, out-dez.1994.

GOMEZ INIESTA, Diego J. Medidas Internacionales Contra el Blanqueo de Dinero y su Reflejo en el Derecho Español. *Estudios de Derecho Penal Económico*. Universidad de Castilla-La Mancha, 1994.

———. *El delito de blanqueo de capitales en Derecho Español*. Barcelona: Cedecs, 1996.

GONZÁLEZ DE MURILLO, José Luis Serrano. Teoría del delito imprudente (Doctrina general y Regulación legal). *Ministerio de Justicia*, Centro de Publicaciones, Madrid, 1991.

GONZALEZ-CUELLAR SERRANO, Nicolas. *Proporcionalidad y Derechos Fundamentales en el Proceso Penal*. Madrid:Colex, 1990.

HANS WELZEL. *Derecho Penal Aleman*. Santiago:Editorial Jurídica de Chile, 1993.

HASSEMER, Winfried. *"Rasgos y crisis del Derecho Penal moderno", Anuario de Derecho Penal y Ciencias Penales*. Madrid: Tomo XLVI, Fasciculo II.

———. *Crítica al Derecho Penal de Hoy*. Traducción de Patricia S. Ziffer. Buenos Aires:AD-HOC, 1995.

———. Segurança Pública no Estado de Direito. *Revista Brasileira de Ciências Criminais*, São Paulo, RT, ano 2, n. 5, janeiro-março. 1994.

HUNGRIA, Nelson. *Comentários ao Código Penal*. v. 1, Tomo 2. Rio de Janeiro: Forense, 1953.

JAKOBS, Günther. *A imputação objetiva no Direito Penal*. Tradução de André Luís Callegari. São Paulo: RT, 2003.

———. *Fundamentos do Direito Penal*. Tradução de André Luís Callegari. São Paulo: RT, 2000.

———. *Derecho Penal, Parte General – Fundamentos y teoría de la imputación*. Traducción de Joaquin Cuello Contreras y Jose Luis Serrano Gonzales de Murillo. Madrid: Marcial Pons, 1997.

———. *La imputación objetiva en derecho penal*. Traducción de Manuel Cancio Meliá. Buenos Aires: AD-HOC, 1996.

Imputação Objetiva

———. *La prohibición de regreso en derecho penal*. Traducción de Manuel Cancio Meliá. Bogotá: Universidad Externado de Colombia, 1998.

JESCHECK, Hans-Heinrich. *Tratado de Derecho Penal, Parte General*. 4.ed. Tradución de José Luis Manzanares Samaniego. Granada: Comares, 1993.

———. *Tratado de Derecho Penal, Parte General*. Traducción de S. Mir Muig y F. Muñoz Conde. v. I. Barcelona: Bosch, 1981.

JESUS, Damásio de. *Direito Penal, Parte Especial*. v.2. 11. ed. São Paulo: Saraiva, 1988.

———. *Direito Penal, Parte Geral*. 10. ed. São Paulo: Saraiva, 1995.

———. *Direito Penal – Parte Geral*. v.1. São Paulo: Saraiva, 2003.

KREBS, Pedro. *Teoria Jurídica do Delito*. Barueri: Manole, 2004

LASCURAIN SANCHEZ, Juan Antonio. *Comentarios al Codigo Penal*. Madrid:Editorial Civitas, 1997.

LUZÓN PEÑA, Diego – Manuel. *Curso de Derecho Penal, Parte General I*. Madrid: Editorial Universitas, S. A, 1996.

———. *Derecho Penal de la Circulación*. 2.ed. Barcelona: PPU, 1990.

MAGALHÃES NORONHA, E. *Direito Penal*. v. 4. 20 ed. São Paulo: Saraiva, 1995.

MARTÍNEZ ESCAMILLA, Margarita. *La imputación objetiva del resultado*. Madrid: EDERSA, 1992.

MAURACH, Reinhart; ZIPF, Heinz. *Derecho Penal, Parte general 1*. Buenos Aires: Astrea, 1994.

———; GÖSSEL, Karl Heinz; ZIPF, Heinz. *Derecho Penal, Parte General 2*. Tradución por Jorge Bofill Genzsch.Buenos Aires: Astrea, 1994.

MIR PUIG, Santiago. *Derecho Penal, Parte General*. 4.ed. Barcelona: PPU, 1996.

———. *El Derecho penal en el Estado social y democrático de derecho*. Barcelona: Editorial Ariel, 1994.

MIRABETE, Julio Fabbrini. *Manual de Direito Penal, Parte Geral*. 7.ed. São Paulo:Atlas, 1986.

———. *Manual de Direito Penal – Parte Especial*. vol. 2. 3. ed. São Paulo: Atlas, 1986.

———. *Manual de Direito Penal*. São Paulo: Atlas, 2004.

MONTAÑES PARDO, Miguel Angel. *La presunción de Inocencia*. Pamplona: Aranzadi,1999.

MUÑOZ CONDE, Francisco. *El desistimiento voluntario de consumar el delito*. Barcelona: Bosch, Casa Editorial, 1972.

———. *Teoria Geral do Delito*. Porto Alegre: Sergio Antonio Fabris Editor, 1988.

———; GARCÍA ARÁN, Mercedes. *Derecho Penal, Parte General*. Valencia: Tirant lo blanch, 1996.

NAUCKE, Wolfgang; OTTO, Harro; JAKOBS, Günther; ROXIN, Claus. *La prohibición de regreso en derecho penal*. Traducción de Manuel Cancio Meliá e Marcelo Sancinetti. Colombia: Universidad Externado de Colombia, 1998.

PALOMO DEL ARCO, Andrés. "Receptación y Figuras Afines". *Estudios sobre el Código penal de 1995 (Parte Especial)*, Estudios de Derecho Judicial 2, Madrid, 1996.

PEDROTTI, Marcelo Líscio. Do concurso de agentes nos delitos de lesões corporais e homicídios culposos na direção de veículo automotor. *Revista Ibero-Americana de Ciências Penais*, ano 2, n.2, janeiro/abril, 2001, Centro de Estudos Ibero-Americano de Ciências Penais, Porto Alegre, 2001, p.59.

PEÑARADA RAMOS, Enrique. *La participación en el delito y el principio de accesoriedad*. Madrid: Tecnos, 1990.

———; GONZÁLEZ, Carlos Suárez; MELIÁ, Manuel Concio. Um novo sistema do Direito Penal. Considerações sobre a teoria de Günther Jakobs. Organização e tradução de André Luís Callegari e Nereu José Giacomolli. São Paulo: Manole, 2003.

PIERANGELLI, José Henrique. *Escritos Jurídicos Penais*. São Paulo: Revista dos Tribunais, 1992.

PRADO, Luiz Regis. *Curso de Direito Penal Brasileiro, Parte Geral*. 2. ed. São Paulo: Revista dos Tribunais, 2000.

PRADO, Luiz Regis. *Curso de Direito Penal Brasileiro. V. 2 – Parte Especial*. São Paulo: Revista dos Tribunais, 2000.

QUINTERO OLIVARES, Gonzalo. *Manual de Derecho Penal, Parte General*. Pamplona: Aranzadi, 1999.

RENART GARCÍA, Felipe. El Blanqueo de capitales en el Derecho suizo. *Poder Judicial*. Madrid, n. 50, 1998.

REYES ALVARADO, Yesed. *Imputación objetiva*. Bogotá: Temis, 1994.

RIBEIRO LOPES, Maurício Antônio. "Apontamentos sobre o crime organizado e notas sobre a Lei nº 9.034". *Justiça Penal, Críticas e Sugestões*, São Paulo, n. 3, RT,1995.

RODRIGUEZ MOURULLO, Gonzalo. *Comentarios al Código Penal*. Madrid: Editorial Civitas, 1997.

———. *Derecho Penal, Parte General*. Madrid: Civitas, 1978.

ROXIN, Claus. *Autoría y Dominio del Hecho en Derecho Penal*. Madrid: Marcial Pons, 1998.

———. *Derecho Penal, parte general*. Tomo I. Traducción y notas Diego-Manuel Luzón Peña, Miguel Díaz García Conlledo y Javier de Vicente Remesal. Madrid: Civitas, 1997.

——— e outro. *Introducción al Derecho Penal y al Derecho Penal Procesal*. Traducción de Luis Arroyo Zapatero y Juan-Luis Gómez Colomer. Barcelona: Editorial Ariel, 1989.

SAINZ CANTERO, José A. *Lecciones de Derecho Penal, Parte General*. 3. ed. Barcelona: Bosch, 1990.

SILVA FRANCO, Alberto. *Código Penal e Sua Interpretação Jurisprudencial*. 2. ed. São Paulo: Revista dos Tribunais.

SILVA SÁNCHEZ, Jesús-María. *El Nuevo Código Penal: Cinco Cuestiones Fundamentales*. Barcelona: José Maria Bosch Editor, 1997.

STOCO, Rui. *Código Penal e sua Interpretação Jurisprudencial*. v. 1, tomo II, 6. ed. São Paulo: Revista dos Tribunais, 1997.

Imputação Objetiva

STRATENWERTH, Günter. *Derecho Penal, Parte General, I.* Tradução de Gladys Romero. Madri: EDERSA, 1982.

SUMALLA, Jose Maria Tamarit. *Comentarios a la Parte Especial del Derecho Penal.* Pamplona: Arazandi Editorial, 1996.

TAVARES, Juarez. *A Controvérsia em torno dos crimes omissivos.* Rio de Janeiro: Instituto Latino-Americano de Cooperação Penal, 1996.

VIDALES RODRIGUEZ, Caty. *Los delitos de receptación y legitimación de capitales en el Código Penal.* Valencia:Tirant lo blanch, 1997.

WELZEL, Hans. *Derecho Penal Aleman.* Tradución de Juan Bustos Ramírez y Sergio Yáñez Pérez. Santiago: Editorial Jurídica de Chile.

WESSELS, Johannes. *Direito Penal, Parte Geral.* Tradução de Juarez Tavares. Porto Alegre: Sergio Antonio Fabris Editor, 1976.

ZAFFARONI, Eugenio Raúl; PIERANGELLI, José Henrique. *Da Tentativa.* 3. ed. São Paulo: Revista dos Tribunais, 1992.

ZARAGOZA AGUADO, Javier. "El blanqueo de dinero. Aspectos sustantivos. Su investigación". *Cuadernos de Derecho Judicial*, Madrid, 1994.

Impressão:
Editora Evangraf
Rua Waldomiro Schapke,77 - P. Alegre, RS
Fone: (51) 3336-2466 - Fax: (51) 3336-0422
E-mail: evangraf@terra.com.br